Les défis du développement local au Sénégal

LES DÉFIS DU DÉVELOPPEMENT
LOCAL AU SÉNÉGAL

Rosnert Ludovic Alissoutin

CODESRIA

Conseil pour le développement de la recherche
en sciences sociales en Afrique

ISBN : 2-86978-210-1
ISBN 13 : 9782869782105

Mise en page : Daouda Thiam
Couverture : Ibrahima Fofana
Impression : Imprimerie Saint Paul, Dakar, Sénégal
Distribué en Afrique par le CODESRIA

Le Conseil pour le développement de la recherche en sciences sociales en Afrique (CODESRIA) est une organisation indépendante dont le principal objectif est de faciliter la recherche, de promouvoir une forme de publication basée sur la recherche, et de créer des forums permettant aux chercheurs africains d'échanger des opinions et des informations. Le Conseil cherche à lutter contre la fragmentation de la recherche à travers la mise en place de réseaux de recherche thématiques qui transcendent les barrières linguistiques et régionales.

Le CODESRIA publie une revue trimestrielle, intitulée *Afrique et Développement*, qui est la plus ancienne revue de sciences sociales basée sur l'Afrique. Le Conseil publie également *Afrika Zamani*, qui est une revue d'histoire, de même que la *Revue Africaine de Sociologie*, la *Revue Africaine des Relations Internationales (AJIA)*, et la *Revue de l'Enseignement Supérieur en Afrique*. Le CODESRIA co-publie également la revue *Identité, Culture et Politique : un Dialogue Afro-Asiatique,* ainsi que la *Revue Africaine des Médias*. Les résultats de recherche, ainsi que les autres activités de l'institution sont diffusés par l'intermédiaire des «Documents de travail», la «Série de Monographies», la «Série de Livres du CODESRIA», et le *Bulletin du CODESRIA*.

Le CODESRIA exprime sa gratitude à l'Agence suédoise de coopération pour le développement International (SIDA/SAREC), au Centre de recherche pour le développement international (CRDI), à la Fondation Ford, à la fondation MacArthur, Carnegie Corporation, au NORAD, à l'Agence danoise pour le développement international (DANIDA), au ministère français de la Coopération, au Programme des Nations Unies pour le développement (PNUD), au ministère des Affaires étrangères des Pays-bas, à la Fondation Rockefeller, FINIDA, CIDA, IIEP/ADEA, OCDE, OXFAM America, UNICEF, et le gouvernement du Sénégal pour leur soutien généreux à ses programmes de recherche, de formation et de publication.

Sommaire

Liste des abréviations vi

Remerciements viii

Préface ix

1. Introduction 1

2. Le développement local et la décentralisation 6

   La décentralisation au Sénégal 6

   Tentative d'approche du développement local 41

   Les relations entre le développement local et la décentralisation ... 57

   L'échec de la politique de décentralisation rurale 59

   Les conséquences de cet échec sur le développement local 72

3. Les problèmes du développement local 74

   Le faible engagement des acteurs 74

   La survivance d'attitudes traditionnelles 85

   L'irruption de forces non officielles dans le pouvoir décisionnel ... 87

   Les biais des interventions des partenaires au développement ... 91

   Le déficit de citoyenneté active 98

   Le casse-tête des finances 100

   Le retard économique 108

   La politisation à outrance du développement local 115

4. Les pistes du développement local 118

   Les acteurs 118

   L'action 126

   Les moyens 138

   La Clinique du Développement local 143

   La CASE du développement local 147

   La Charte du Développement local 153

5. Conclusion 157

Notes 160

Références 166

Liste des abréviations

ADRAO : Association pour le Développement de la Riziculture en Afrique de l'Ouest

AFVP : Association française des Volontaires du Progrès

AJDA : Actualité juridique, Droit administratif

AMS : Association des Maires du Sénégal

ANCAR : Agence nationale de Conseil agricole et rural

ANCR : Association nationale des Conseillers ruraux

ARD : Agence régionale de Développement

ASC : Association sportive et culturelle

CERP : Centre d'Expansion rurale polyvalent

CLAC : Centre de Lecture et d'Animation culturelle

CNCR : Conseil national de Concertation des Ruraux

CNDFI : Centre national de Documentation, de Formation et d'Information

CTL : Conservation des Terres du Littoral

DGL : Décentralisation et Gouvernance locale

Dir. : Sous la direction de

DISC : Décentralisation et Initiatives de Santé communautaire

ECB : École communautaire de Base

EPT : Éducation pour Tous

EQPT : Éducation de Qualité pour Tous

FNPJ : Fonds national pour l'Emploi des Jeunes

GIE : Groupement d'Intérêt économique

GPF : Groupement de Promotion féminine

GREF : Groupe de Recherches, d'Études et de Formation

IAD : Institut africain pour la Démocratie

IIED : Institut international pour l'Environnement et le Développement

IRD : Institut de Recherche pour le Développement

ISRA : Institut sénégalais de Recherches agricoles

JORS : Journal officiel de la République du Sénégal

LGDJ : Librairie générale de Droit et de Jurisprudence

MARP : Méthode active de Recherche et de Planification participatives

NEPAD : Nouveau Partenariat pour le Développement de l'Afrique

OCB : Organisation communautaire de Base

ONG :   Organisation non gouvernementale
OP :   Organisation de Producteurs
PADDEL : Projet d'Appui à la Décentralisation et au Développement local
PADMIR : Programme d'Appui à la Décentralisation en Milieu rural
PAGT :   Plan d'Aménagement et de Gestion des Terroirs
PBA :   Programme Bassin arachidier
PCR :   Président du Conseil rural
PDM :   Partenariat pour le Développement municipal
PDU :   Plan Directeur d'Urbanisme
PLD :   Plan local de Développement
PMEDP : Programme pour des Moyens d'Existence durables dans la Pêche
PNDL :   Programme national de Développement local
PSIDEL : Programme de Soutien aux Initiatives de Développement local
RADI :   Réseau africain pour le Développement intégré
RAF :   Réorganisation agraire et foncière
RMDL :   Rencontres mondiales du Développement local
SAED :   Société d'Aménagement et d'Exploitation du Delta du Fleuve Sénégal
SDAU :   Schéma directeur d'Aménagement et d'Urbanisme
SFD :   Systèmes financiers décentralisés
TRIMF :   Taxe représentative de l'Impôt du Minimum fiscal.

Remerciements

Que le Professeur Babacar Kanté, pour son appui scientifique précieux, et Abdoul Hamid Seck, qui s'est chargé de l'éprouvante tâche de relecture, trouvent dans ces lignes, l'expression de la profonde gratitude de l'auteur.

Préface

Une invitation à rédiger une préface est toujours un honneur fait au préfacier par l'auteur. Et quand l'auteur est un ancien étudiant, au plaisir du reste naturel d'être honoré, s'ajoute, chez le professeur, une fierté que tout enseignant peut comprendre aisément. Cette fierté est d'autant plus grande que l'ouvrage est une somme sur un sujet aussi difficile que le développement local.

Que Monsieur Rosnert Ludovic Alissoutin commette un aussi brillant essai sur un tel sujet n'est pourtant pas surprenant. Il a en effet, depuis longtemps, montré non seulement des qualités exceptionnelles pour la recherche mais aussi un intérêt pour tout ce qui concerne le développement en général.

S'il avait choisi la carrière universitaire, Monsieur Alissoutin serait certainement « un premier de concours ». Classé en tête de liste à l'entrée de la première promotion d'étudiants à l'Unité d'Enseignement et de Recherche (UER) de Sciences juridiques de l'Université de Saint-Louis, l'auteur en est sorti major avec une maîtrise de droit public option collectivités locales. Mais avant même l'obtention de la maîtrise, il a commencé à développer des compétences dans le domaine de la recherche sur la gestion des collectivités locales. Il a fait partie d'une équipe de recherche sur la gestion des ressources naturelles par les communautés rurales au Sénégal. De cette expérience, est peut-être née sa passion pour le développement local.

Après son Diplôme d'Études approfondies (DEA) de Droit public obtenu à l'Université Cheikh Anta Diop de Dakar, il a soutenu une thèse de doctorat d'État en droit avec comme sujet : « La gestion de l'eau en milieu aride ». En même temps, il coordonne le Groupe de Recherches, d'Études et de Formation (GREF), un bureau d'études et de conseil créé par des étudiants de la première promotion de l'Université de Saint-Louis, diplômés de Sciences juridiques et politiques. Ce capital d'expérience l'autorise, sans aucun doute, à participer au débat récurrent sur le développement local.

Beaucoup d'autres travaux d'excellente facture ont déjà été publiés sur le sujet. Mais l'originalité de l'œuvre de Monsieur Rosnert Ludovic Alissoutin se trouve dans la combinaison harmonieuse d'une analyse juridique rigoureuse avec une démarche empirique résultant d'une enquête de terrain. L'auteur réconcilie ainsi le droit et la sociologie politique. On reproche en effet très souvent aux juristes une approche trop normative de la décentralisation.

L'auteur s'appuie sur un appareil scientifique particulièrement solide et utilise des outils conceptuels éprouvés. Dans un style très alerte et parfois même caustique, il passe en revue le processus et le contenu de la décentralisation, en rapport avec le développement local. En s'inscrivant dans une dynamique historique, il s'interroge sur la mise en œuvre des politiques de décentralisation, leur réception et la réaction des populations locales.

Au terme d'une démarche dont la pédagogie reste une des caractéristiques essentielles, il arrive à des conclusions parfois iconoclastes, mais toujours fondées sur des exemples qui, bien que souvent croustillants, n'en sont pas moins pertinents. L'idée maîtresse de sa thèse tient en trois propositions dont chacune fait l'objet d'une partie : d'une part, la politique de décentralisation rurale au Sénégal a été un échec ; d'autre part, cet échec s'explique par un certain nombre de facteurs qui ont été identifiés, enfin, des pistes d'un développement local existent malgré tout. Monsieur Alissoutin arrive ainsi à mettre en relief les paradoxes et les effets pervers de la décentralisation. Il s'appuie sur une argumentation sophistiquée, basée sur des distinctions subtiles entre, par exemple, la gestion de l'eau et l'hydraulique, la culture et le folklore, le développement local et le développement territorial.

Les critiques sont cependant toujours suivies de propositions concrètes comme les « praticiens » et les « politiques » les aiment. C'est donc un ouvrage utile tant pour les universitaires, les décideurs, les organisations de la société civile que les partenaires au développement. Il soulève en effet des problèmes communs à un certain nombre de pays de la sous-région, même si le contexte économique et social n'est pas partout le même.

Il ne manquera pas cependant de susciter des réactions ; ce qui est d'ailleurs le propre d'un vrai travail de recherche digne d'intérêt. Il n'est pas évident que les acteurs du développement local partagent certaines critiques et solutions de l'auteur. Il en est ainsi notamment de celles relatives aux causes et aux échecs de la décentralisation, à l'augmentation du taux de la taxe rurale et de l'imposition de l'agriculture et de l'élevage.

Mais il faut admettre que l'auteur s'inscrit dans la dynamique d'une jeune école de pensée dont les tenants sont des déçus d'une transition démocratique sans fin. Non seulement ces chercheurs ne s'imposent pas de limite dans leur champ d'investigation, mais ne peuvent pas concevoir qu'on leur impose des tabous. Leur liberté de ton les conduit parfois à nous renvoyer une image qui n'est pas toujours positive de nous-mêmes. Il va falloir, heureusement ou malheureusement, apprendre à s'y habituer. Cette approche a le mérite de bousculer les idées reçues et de faire bouger les lignes. Rien que pour cette raison, l'ouvrage de Monsieur

Rosnert Ludovic Alissoutin mérite une place importante dans la production scientifique sur le développement local.

Babacar Kanté
Professeur à l'Université Gaston Berger de Saint-Louis
Vice-président du Conseil constitutionnel du Sénégal

1

Introduction

Et si l'Afrique refusait le développement[1]
(Kabou 1999) local aussi ?

Au lendemain du désastre des politiques publiques dans une Afrique noire minée par l'ethnocentrisme, les scandales économiques, les tueries banalisées, la passivité coupable de la justice (Alissoutin 2004 : 107, 10, 9), l'agrippement viscéral au pouvoir, etc., l'espoir suscité par l'émergence des alternatives locales semble aboutir au désenchantement. Le mal-développement local est en effet le maître-mot qui vient enrichir le vocabulaire pathologique du destin de l'Afrique.

Mais, le développement local est-il à l'ordre du jour ? Est-il temps, au moment où les forces vives de la planète convergent, dans un élan irréversible, vers la mondialisation et la globalisation, d'opérer un repli sur les particularismes locaux (Houée 2001 : 7)? À supposer que le développement local soit pertinent comme démarche, a-t-il été efficace comme réponse concrète à une demande sociale multiforme et grandissante ? La multiplication fulgurante des initiatives de développement prises localement a-t-elle permis de faire mieux que l'État ? Le développement local est-il alors un ensemble d'actions palpables pouvant induire des changements sociaux et économiques suffisamment significatifs pour s'inscrire dans la durabilité ou un simple discours, un simple mouvement d'affirmation des spécificités d'un groupe solidaire et de résistance aux tendances hégémoniques de l'État ?

L'observation de l'évolution et des contraintes des dynamiques dites de développement local autorise à penser que le phénomène du développement local devra, pour maintenir l'engouement qu'il suscite au lendemain de l'échec des solutions étatiques dirigistes et centralisatrices, résoudre l'équation du point d'équilibre entre le local et le global et réconcilier la légitimité de la démarche à l'efficacité de l'action. Que des groupes sociaux culturellement et géographiquement homogènes revendiquent l'appropriation de la gestion de leur espace vital est tout à fait légitime, encore faut-il que les stratégies spécifiques qu'ils développent et les moyens propres qu'ils mobilisent conduisent à des résultats probants et dans des délais acceptables. Sans quoi, ils auront gagné un défi politique sans résoudre les contraintes de survie quotidienne qui sont malheureusement prioritaires dans une Afrique économiquement précaire.

Dans un pays comme le Sénégal, le développement rural demeure une préoccupation centrale des pouvoirs publics du fait, notamment, de la proportion des citoyens qu'il concerne (60% de la population). Le Sénégal est en effet un pays essentiellement rural, eu égard à ses caractéristiques géographiques, humaines et socio-économiques. Mais à quoi renvoie le concept « rural » ?

Dans la mentalité urbaine africaine, l'expression « rural » est plus ou moins péjorative. Au Sénégal, les appellations wolof[2] « kaw-kaw et nitu al »[3] rendent compte de cette tendance qui fait paradoxalement de la ville la référence, réduisant de facto la campagne à un pis-aller. La campagne apparaît, dans cette conception, comme le cadre naturel de l'ignorance et de la pauvreté, le théâtre de traditions surannées et le lieu de prédilection de langues vernaculaires. Cette opinion est renforcée par les villageois eux-mêmes qui voient dans la ville un lieu d'accumulation de richesses, de foisonnement d'opportunités professionnelles et donc un espace qu'il faut découvrir à tout prix. La négation du rural se manifeste également par l'agression du monde urbain sur le monde rural dans le cadre de la compétition pour l'espace (Gueye et Tall 2001 : 10) et le flux exponentiel de jeunes ruraux vers les villes, à la recherche d'un mieux être.

Pour des raisons faciles à deviner, les gouvernants d'hier et d'aujourd'hui caressent le monde rural dans le sens du poil, malgré son incapacité à sortir de sa torpeur. Dans cette optique paternaliste, les ruraux deviennent des défavorisés qu'il faut traiter avec délicatesse, des pauvres à qui il faut donner à manger en période de soudure, des non-émancipés dont les manquements à la loi ne doivent surtout pas être sanctionnés, … Cette attitude est de nature à perpétuer l'immobilisme et à promouvoir l'attentisme. Elle inhibe l'ardeur de la frange majoritaire de la population dans l'effort national de développement.

Cette conception péjorative de la campagne anime malheureusement les «spécialistes du monde rural» dont les analyses sont biaisées par des préjugés urbains coriaces, d'où l'urgence d'approcher les problèmes du monde rural avec un regard neuf et neutre.

Le développement local en milieu rural dispose, en effet, d'importants atouts :

- les populations rurales sont généralement solidaires et peuvent s'appuyer sur cet avantage pour entreprendre des actions communes d'envergure, sécurisées par le respect collectif du bien commun qui reste, malgré tout, une valeur présente dans la conscience populaire traditionnelle ;

- le principe de la décentralisation, introduit dans le monde rural depuis plus de trente ans au Sénégal,[4] est un acquis précieux ayant subi d'importantes réformes progressistes qui autorisent les acteurs locaux à intervenir dans des domaines aussi variés que la santé, l'environnement, l'éducation, la jeunesse, etc. ;

- des partenaires externes de plus en plus nombreux appuient la décentralisation et le développement local en mobilisant d'importants moyens financiers, souvent au bénéfice direct des populations.

Paradoxalement, les communautés rurales demeurent dans un immobilisme économique et social inquiétant qui a surpris cet ancien Ministre de la Décentralisation qui, s'adressant à des partenaires venus appuyer la construction de nouvelles maisons communautaires fonctionnelles, avoue : « J'ai fait le tour des communautés rurales, mais je vous assure : il n'y a rien ! ».[5] À l'observation, on constate que la pauvreté rurale perdure et s'aggrave à certains endroits, la campagne se vide de bras valides démobilisés, les ressources naturelles, principales richesses du monde rural, se dégradent sans qu'aucune stratégie significative de conservation et de gestion organisée et durable ne soit développée, les systèmes de production agricole, pastorale et halieutique se suffisent de techniques rudimentaires et d'outils moyenâgeux conduisant à des rendements dérisoires et parfois ridicules.

Ce retard économique et social des communautés rurales malgré les multiples programmes d'aide et d'appui incite à une réflexion profonde sur les stratégies mises en œuvre pour le développement local en milieu rural. Une telle entreprise se heurte à plusieurs dilemmes, tant du point de vue de la démarche d'investigation, que de la méthode de rédaction et de restitution des résultats de l'analyse. En effet, comment définir, de manière précise, le développement local pour délimiter le champ d'investigation, sans élaguer, avec une dose d'arbitraire, de multiples facettes de cette notion si dynamique et sur laquelle aucun consensus conceptuel n'est à ce jour établi ? Comment concilier le refus de partir d'une branche scientifique précise, constitutive d'un angle d'analyse exclusif donc réducteur et la crainte d'adopter des approches multiples et croisées, susceptibles de disperser la réflexion, donc de diluer le discours ? Comment allier la tentation de recourir aux procédés les plus raffinés de la démarche scientifique et la nécessité de simplifier le discours, pour l'ouvrir au plus grand nombre de lecteurs ? Comment étayer les différents propos par des données fiables, sachant que celles-ci font amplement défaut dans le monde rural, qui demeure, de ce fait, le siège de *la pauvreté cachée* ? (Chambers 1990 : 11). La difficulté à exciper des indices probants, parce que chiffrés et datés, de nature à illustrer et à crédibiliser l'argumentaire constitue donc une première limite de l'étude. Celle-ci paraîtra également, sur certains thèmes, théâtres de malversations et de dérives, plus ou moins allusive. Des actes manifestement illégaux et hautement répréhensibles sont évoqués, mais l'exigence de courtoisie et le caractère général de l'approche défendent d'en citer nommément les auteurs. Cette réserve est néanmoins sans effet sur l'option d'analyse sans complaisance ni euphémisme du comportement des acteurs concernés.

Pour conformer la démarche d'investigation au caractère concret de ce thème du développement local, une précaution fondamentale consiste à s'arrimer au réel et à tendre une oreille attentive aux cibles. Cette option ne dispense pas du recours aux méthodes classiques de recherche comme : la revue des données secondaires, les enquêtes et interviews, l'interprétation des faits pertinents observés,… Aux termes de la recherche documentaire, à chaque fois que les auteurs semblent peu prolixes sur des questions sensibles comme le droit rural, le caractère mystique des pouvoirs locaux, la psychologie de la pauvreté rurale, etc., il s'est avéré nécessaire d'aller à la rencontre des réalités tangibles, telles que vécues par les acteurs locaux. Sur la question délicate de la définition du développement local, la parole a été largement donnée aux acteurs, dans le cadre d'une enquête certes sommaire, mais fort édifiante à l'arrivée. Les enquêtes de terrain sont toujours guidées – et parfois mal guidées – par des présupposés méthodologiques. Dans une analyse qui nous invite à une profonde introspection,[6] Srinivas, Shah et Ramaswany relèvent que « a plupart des hommes de terrain arrivent sur place avec un bon bagage théorique dans leur discipline, surtout dans les domaines qui les intéressent particulièrement, et ils ne connaissent la région que par des informations de seconde main. Le terrain commande alors, et le résultat dépend de l'interaction entre l'homme de terrain et le terrain lui-même… » (Srinivas, Shah, Ramaswany 1979 : 8). L'immersion totale, si chère aux anthropologues (Olivier de Sardan 1995 : 55), est l'un des palliatifs à cette dérive potentielle. Elle a été réalisée dans plusieurs localités de la Région de Saint-Louis, à l'occasion des investigations liées à la préparation d'une Thèse d'État sur le thème de la *Gestion de l'eau en milieu aride*.[7] Sans pousser jusqu'à l'extrémité du doute cartésien (Descartes 2000 : 54), cette immersion, étalée sur de longs mois instructifs, a contribué, en partie, à désamorcer les postulats préconçus ainsi que les approches stéréotypées et à poser sur les réalités étudiées, un regard souple et libre.

Les analyses et prises de position sont également inspirées par une modeste expérience acquise lors de diverses prestations d'études et de formation en développement local. Qu'on ne soit donc pas surpris, compte tenu de la formation – ou de la déformation – de l'auteur, d'apercevoir dans l'analyse, la méthode juridique, notamment sur les aspects liés à la décentralisation et à la fiscalité. Cette méthode consiste, de manière générale, à analyser la règle de droit, à interroger le contexte de son édiction et à apprécier ses conditions d'application. Elle doit, pour être plus dynamique, être associée à la science politique. Cette ouverture a permis d'aller au-delà de la norme, pour interroger la réalité des rapports de pouvoir au sein de la société. Le recours au droit comparé permet également, dans le cas d'espèce, de prendre conscience et d'analyser dans une perspective comparative, l'existence, à côté d'un arsenal normatif officiel, de systèmes juridiques traditionnels qui déterminent les comportements quotidiens des acteurs et les détournent parfois du respect de la règle de droit positif.[8] Mais le développement local est un sujet que se disputent également les économistes, les sociologues, les géographes, les politistes, les historiens, les anthropologues notamment. Se suffire de l'une de ces branches, dont aucune ne détient le monopole absolu de la légitimité, conduirait à s'offrir au piège de l'exclusivisme scientifique. Au lieu de plonger dans l'analyse avec une méthode prédéterminée et donc potentiellement biaisée, il semble plus pertinent, de saisir le fait tel qu'il se présente et de convoquer la méthode qui, du point de vue de son évolution, de son orientation et de ses outils, parait présenter plus d'ouvertures pour l'analyser. Cette option garantit la liberté qui, suivant la formule consacrée du mathématicien, physicien et philosophe Jules Henri Poincaré, « est pour le scientifique, ce que l'air est pour l'animal » (Poincaré 1991 : 5). Le refus d'une méthodologie hermétique et rigide contribuera sans doute à mettre l'ouvrage à la portée de tous : praticiens, universitaires, chercheurs en sciences sociales toutes disciplines confondues, animateurs communautaires, membres des organisations de base, etc.

Lorsqu'on se propose de chercher, par cette démarche volontairement réaliste, à élucider le retard du monde rural, des questions sous-jacentes surgissent : pourquoi les multiples programmes d'appui au développement rural n'ont-ils pas produit les effets escomptés ? Qu'est ce qui n'a pas fonctionné dans le système ? Le monde rural avait-il atteint ce degré de maturité politique indispensable à l'appropriation et à la mise en œuvre de la décentralisation ? Le développement local en milieu rural est-il condamné à se suffire de petites initiatives de subsistance traversées par des cloisons ethniques et insignifiantes à l'échelle nationale ? À qui et à quoi faut-il imputer ce retard indigne d'un pays dont les ressources humaines sont souvent citées en exemple ? D'où viendra le déclic ? Le savoir local est t-il capable à lui seul d'impulser un développement local durable ? Les interventions externes sont-elles toujours pertinentes ? Ne poursuivent-elles pas une logique incompatible avec les perceptions locales et qui risque de perturber les équilibres sociaux traditionnels ?

Compte tenu du caractère polysémique de la notion de développement local, ces interrogations, qui intéressent aussi bien le chercheur que l'acteur local, appellent un diagnostic transversal du contexte et des pratiques de développement local en milieu rural au Sénégal.

Comme élément fondamental de ce contexte, la décentralisation dans le monde rural semble avoir pris une trajectoire irréversible quoique critiquable. C'est pourquoi, l'analyse des problèmes du développement local (Chapitre 3) doit être précédée de l'étude des relations entre la décentralisation et le développement local (Chapitre 2). Cette analyse doit s'affranchir des stéréotypes académiques, interroger les faits réels et esquisser des pistes du développement local (Chapitre 4).

2

Le développement local et la décentralisation

Vouloir appréhender le développement local, sans intégrer dans l'analyse la décentralisation territoriale, qui est une donnée juridique tangible, conduirait à une analyse incomplète. Les collectivités locales, actrices incontestables du développement local, sont le résultat de la mise en œuvre de la politique de décentralisation et ont vocation à concevoir, à programmer et à mettre en œuvre les projets de développement économique, éducatif, social et culturel dans l'espace décentralisé.

Si le contenu du concept de la décentralisation au Sénégal peut être appréhendé à la lecture des lois et règlements, il n'en est pas de même pour la notion de développement local. Une tentative de définition du développement local est pourtant nécessaire pour clarifier les relations entre ces deux notions. Un regard critique porté sur l'application des principes de la décentralisation et les résultats obtenus conduit immanquablement à un constat d'échec. Cet échec, bien évidemment, produit des effets pervers sur le développement local.

La décentralisation au Sénégal

> Le processus de décentralisation consiste en un double mouvement : d'une part, redistribuer les compétences du haut vers le bas afin de régler les problèmes au niveau où ils se posent concrètement ; d'autre part, rapprocher les citoyens de l'exercice des décisions touchant à leur avenir (Herzog 1982 : 310).

Une analyse dynamique du processus de décentralisation rurale au Sénégal doit, après avoir tiré les conséquences de la genèse de ce processus, évaluer l'application des principes classiques de la décentralisation au monde rural.

Genèse du processus de décentralisation

Au Sénégal, la décentralisation urbaine a précédé et inspiré la décentralisation rurale

La décentralisation urbaine

La période coloniale était caractérisée par une forte centralisation administrative liée à l'impératif d'une gestion autoritaire des peuples nouvellement colonisés. La fin des résistances coloniales ainsi que l'émergence de pôles urbains à la faveur de la culture de l'arachide, du développement du chemin de fer et de l'atout de la façade maritime, conduisent l'administration coloniale à la création d'un certain nombre de communes. Le décret du 10 août 1872 consacre la création des communes de Saint-Louis et de Gorée. Celles de Rufisque et de Dakar vont suivre respectivement en 1880 et 1887.

Le souci de prudence et le constat de « l'immaturité des indigènes » dénaturent ce système de décentralisation par l'avènement de la notion de commune mixte en 1891. Dans celles-ci, le personnel était nommé et orienté par le gouverneur et la gestion municipale dirigée par des fonctionnaires acquis à l'autorité du chef du territoire, alors que dans les communes dites de plein exercice, l'élection au suffrage universel était le passage obligé pour être membre de la commission municipale. À mi-chemin entre ces deux systèmes, le régime de commune de moyen exercice renvoyait à un conseil municipal élu au suffrage universel avec, à sa tête, un Maire nommé par le Gouverneur parmi les fonctionnaires placés sous son autorité.

Ainsi, la puissance coloniale avait opté pour une décentralisation progressive dont le rythme était tributaire du degré d'émancipation des populations. Cette méthode paraît fort logique puisque la décentralisation, école de la démocratie locale, exige de ses acteurs, une certaine maturité politique, gage de la capacité à se prendre en charge durablement.

Cette décentralisation à plusieurs vitesses prend fin au moment des indépendances avec la dotation de statut de plein exercice pour les 33 communes que comptait le Sénégal indépendant. Un nouveau pas est franchi en 1966 par l'adoption du Code de l'Administration communale (Loi n° 66-64) qui uniformise et précise les règles applicables aux communes malgré la survivance de communes à statut spécial.[9] « L'idée municipale est donc introduite en Afrique comme un mode colonial de gouvernance administrative. La municipalisation de certaines villes africaines n'est en réalité qu'une modalité parmi d'autres d'administration de la colonie. L'institution municipale débarque donc, sur le sol africain, par la côte atlantique avant de se répandre dans les colonies et territoires administrés par la France » (Nach Mback 2001 : 259).

Le mouvement de déconcentration se présente également comme un réaménagement du legs colonial : « Aux douze cercles, aux subdivisions et aux 185 cantons, la loi du 13 janvier 1960 substitue 7 régions, 27 cercles devenus départements en 1964 et 86 arrondissements ; mais en réalité, 3 cercles plus la délégation de Dakar ont été érigés en 4 régions dans les frontières antérieures, tandis que les autres 9 cercles ont été regroupés par trois pour former les 3 autres régions ; les nouveaux départements correspondent aux anciennes subdivisions et les cantons ont été regroupés pour former les arrondissements » (Bockel 1979 : 73).

La décentralisation urbaine d'après les indépendances n'est donc que la poursuite d'un processus initié par les autorités coloniales. En revanche, la décentralisation rurale est une véritable innovation de l'État sénégalais.

La décentralisation rurale

L'extension de la politique de décentralisation au monde rural ne débute que cent ans après la création de la première commune du Sénégal, en 1972 (Loi n° 72-25, *JORS* n° 4224 du 13 mai 1972 : 755-763).

La création des communautés rurales s'est faite par étape, région après région, sans doute dans le même souci de prudence et d'expérimentation qui avait animé le colon. Elle touche :

- Thiès en 1972 ;

- Le Sine Saloum (Régions actuelles de Kaolack et Fatick) en 1974 ;

- Diourbel (Régions actuelles de Diourbel et Louga) en 1976 ;

- La Casamance (Régions actuelles de Kolda et Ziguinchor) en 1978 ;

- La Région du Fleuve (Régions actuelles de Saint-Louis et Matam) en 1980 ;

- Le Sénégal oriental (Région de Tambacounda) en 1982.

À côté des communes, le Sénégal se dote donc de communautés rurales que l'article premier de la loi de 1972, précitée, présente comme des personnes morales de droit public dotées de l'autonomie financière, « constituées par un certain nombre de villages appartenant au même terroir, unis par une solidarité résultant notamment du voisinage, possédant des intérêts communs et capables de trouver des ressources nécessaires à leur développement ». Mais, suivant ce principe de progression prudente, l'essentiel de la gestion financière reste dans les mains du sous-préfet, agent de l'État, et ne sera confié aux présidents de conseils ruraux que 18 ans plus tard, en 1990 (Loi n°90-37, *JORS* n° 5372 du 13 octobre 1990 : 477-479.).

Un grand bond en avant est accompli incontestablement en 1996 avec l'adoption notamment de la loi n° 96-06 (*JORS* n° 5689 du 20 mai 1996 : 194-227) portant code des collectivités locales et la loi n° 96-07 (*JORS* n° 5689 du 20 mai 1996 : 228-235) portant transfert des compétences aux trois catégories de collectivités locales du Sénégal que sont la région, la commune et la communauté rurale. Cette avancée significative consacre trois innovations fondamentales :

- l'érection de la Région en collectivité locale dotée de la personnalité juridique, de l'autonomie financière et d'une assemblée élue au suffrage universel ;

- le transfert de neuf domaines de compétences aux collectivités locales ;

- l'allègement du contrôle des collectivités locales.

Ces trois aspects résument, dans une certaine mesure, l'orientation actuelle de la politique de décentralisation. Il convient maintenant d'interroger l'application et donc la pertinence de cette politique en milieu rural.

L'application de la décentralisation au monde rural

« L'administration locale décentralisée est un mode de gestion des affaires locales qui se caractérise par deux traits : l'autonomie et l'autogestion. Les intérêts collectifs d'un groupe localisé d'habitants sont donc pris en charge par une collectivité territoriale autonome, dotée de la personnalité morale, juridiquement indépendante de l'État : celle-ci, disposant de ses propres moyens financiers et en personnel, organise elle-même ses propres services, ordonnés dans une structure indépendante de celle de l'État. Et cette collectivité est dirigée par des responsables désignés directement par la population concernée » (Bockel 1979 : 183)).

Quel bilan peut-on faire de l'application des principes de la décentralisation dans le monde rural ? Force est de constater, à l'analyse, que ces principes ne recoupent pas toujours les préoccupations des populations et sont parfois peu compatibles avec l'univers mental du monde rural en général, qu'il s'agisse de la personnalité juridique, du respect de la légalité, des compétences propres, de l'autonomie financière ou de l'assemblée élue.

La personnalité juridique

La décentralisation territoriale appelle l'érection de portions du territoire, ainsi que des populations et des ressources qui les composent en personne morale de droit public. Cette opération abstraite n'est que la reproduction du principe de l'institutionnalisation du pouvoir étatique selon lequel, le pouvoir du peuple est dissocié des mains des gouvernants pour être confié à une personne abstraite, en l'occurrence « l'État ». Ainsi, au plan local, la communauté rurale en tant qu'institution se distingue des élus qui, pour une durée limitée de cinq ans, sont chargés de l'animer. Cette construction juridique permet notamment à l'institution communautaire de survivre à l'éviction des élus qui en exercent temporairement le pouvoir et de distinguer le patrimoine communautaire du patrimoine privé des élus. L'institution communautaire peut ainsi, au même titre qu'une personne physique, disposer de ses biens, ester en justice, faire des emprunts, etc.

L'application optimale de ce système exige, il faut l'avouer, un sens assez élevé du civisme et un bon niveau d'acquisition des valeurs républicaines. Or, en milieu rural notamment, les mentalités, encore sous l'influence des formes traditionnelles d'exercice du pouvoir, confondent, souvent de manière inconsciente, l'institution (permanente) et les personnes qui en exercent (temporairement) le pouvoir. L'expression « Président de la Communauté rurale » en lieu et place de celle de « Président du Conseil rural » rend compte moins d'une habitude de langage que de cette confusion. Par ailleurs, le Président du Conseil Rural garde avec lui tous les documents de l'institution, même après son mandat. Il les consigne dans son cartable ou à son domicile, de sorte que le citoyen qui requiert un service communautaire se dirige non pas vers le siège de l'institution, mais vers le « Président de la Communauté rurale ». Les correspondances ordinaires adressées à la communauté rurale ne sont pas reçues et traitées par le secrétariat, mais bien souvent saisies par le Président et gérées comme un bien propre.

Ces attitudes inconscientes, qui dénaturent l'institution communautaire, ne sont pas de nature à favoriser le respect de la légalité.

Le respect de la légalité

La décentralisation territoriale ne saurait signifier une autonomie absolue des collectivités locales. Même dans le système fédéral, les entités fédérées restent constitutionnellement liées à l'État fédéral. Ce dernier est dépositaire de compétences générales s'appliquant sur toute l'étendue du territoire fédéral et transcendant souverainement les spécificités de ces entités fédérées. C'est dire que la décentralisation territoriale ne remet nullement en cause le principe de l'unité de l'État.

Ainsi, la vocation de la collectivité locale à s'organiser librement autour d'une vision spécifique ne la libère pas de l'obligation d'insérer ses activités dans le cadre prévu par les lois et règlements. La Constitution de la République du Sénégal a posé, sans équivoque, le principe de la libre administration des collectivités locales.[10] Mais la loi, dans le souci de préserver à la fois l'autorité de l'État, l'intérêt général et les libertés publiques, fixe les limites à apporter au principe de la libre administration des collectivités locales. Malheureusement, on observe sous ce chapitre de la légalité, la violation de la réglementation, l'existence de vides juridiques et la faiblesse du contentieux de la légalité.

La violation de la réglementation

Il n'est un secret pour personne qu'au sein des communautés rurales, les lois et règlements en vigueur sont quotidiennement bafoués. C'est le cas, par exemple, en matière d'état civil.

Ce service local sensible est soumis à un certain nombre de principes et règles.[11]

- Le président du conseil rural (PCR)[12] est officier de l'état civil du centre secondaire. Il exerce cette fonction sous le contrôle et la responsabilité du sous-préfet, officier de l'état civil du centre principal.

- Le PCR peut déléguer son pouvoir en matière d'état civil. Pour cela, il doit dresser un acte de délégation qu'il soumet à l'appréciation du sous-préfet. Ce dernier adresse une copie de l'acte au procureur du tribunal régional.

- L'officier de l'état civil est tenu de respecter scrupuleusement la confidentialité des actes d'état civil. La violation de cette obligation, tout comme les fraudes commises dans l'établissement ou la délivrance des documents d'état civil, l'expose à des sanctions pénales et administratives.

- Le PCR, dans l'exercice de ses compétences en matière d'état civil ne peut délivrer que des actes relatifs aux faits survenus dans l'année en cours. A la fin de l'année, précisément au 31 décembre à minuit, il doit transmettre toutes les déclarations enregistrées dans l'année à l'officier de l'état civil du centre principal, donc au sous-préfet. Ce dernier est seul habilité à délivrer des extraits ou copies d'actes relatifs à des faits survenus avant l'année en cours.

- Pour assurer la continuité du service, le PCR doit disposer en permanence d'imprimés et de registres d'état civil. L'achat de ces fournitures est d'ailleurs considéré comme une dépense budgétaire obligatoire.[13]

- Le PCR doit également commander des vignettes d'état civil destinées à être vendues aux usagers et apposées sur les copies et extraits délivrés, pour produire des recettes budgétaires.

- Pour gérer ces recettes, le PCR peut nommer un régisseur qui, comme tous les collecteurs locaux, est soumis à l'autorité du receveur de la communauté rurale à qui il verse le produit de ses ventes ;

- Les naissances et décès doivent être déclarés dans un délai d'un mois. À défaut de cette déclaration faite par les parents, le médecin ou toute autre personne ayant assisté à la naissance ou détenant des renseignements sur l'état civil du défunt, le chef de village est tenu de le faire dans les 15 jours suivants. Au-delà de ce délai de 45 jours, une déclaration tardive est encore possible dans les 12 mois qui suivent la naissance ou le décès.

- Le PCR est seulement habilité à constater les mariages,[14] c'est-à-dire à certifier les mariages conclus traditionnellement et à dresser l'acte de mariage. Dans les 6 mois de la conclusion du mariage coutumier, les époux doivent se présenter personnellement devant le PCR ou son délégué, aux fins de déclaration tardive. Ils doivent être accompagnés chacun de deux témoins majeurs.

- En cas de déclaration hors délai, un jugement d'autorisation d'inscription fait par le tribunal départemental est obligatoire pour la transcription de l'acte. Auparavant, le sous-préfet délivre un certificat de non-inscription prouvant que l'acte n'a pas été dressé. Avec ce jugement, le déclarant revient auprès de l'officier de l'état civil du centre secondaire pour la transcription de l'acte.

Il est surprenant de noter que, dans un domaine aussi délicat, les règles sont constamment bafouées et souvent en toute impunité.

Les pénuries d'imprimés d'état civil sont fréquentes et parfois les déclarations sont enregistrées dans de simples cahiers ou feuilles volantes.

Les audiences foraines s'organisent avec une permissivité déconcertante (Alissoutin 2005 : 9).

La plupart des villageois qui ont dépassé l'âge requis pour s'inscrire à l'école ou obtenir certains services réservés aux usagers ne dépassant pas un certain âge, attendent sereinement les audiences foraines pour « renaître ». Des déclarations sont enregistrées avec de faux témoignages qu'on ne prend pas la peine de vérifier. Les usagers se plaignent constamment des sommes exagérées qui leur sont exigées lors de ces audiences foraines en violation de la loi qui n'exige que le prix de la vignette. L'idée des audiences foraines n'est pas mauvaise en soi : il s'agit d'un assouplissement des conditions d'accès des citoyens au service public par un déplacement de l'administration judiciaire vers les populations. Mais la pratique est souvent désastreuse. « Sous le chapitre de la surveillance de l'état civil, rares sont les présidents de tribunaux départementaux qui assurent le contrôle des centres d'état civil relevant de leur ressort territorial tel que prévu par la loi. Il ressort du code de la famille que l'appareil judiciaire occupe une place primordiale en la matière, de sorte que toute négligence ou insuffisance influence directement le fonctionnement normal de l'état civil » (DGL-Félo 2002*)*.

Beaucoup de naissances ne figurent pas dans les registres d'état civil. Les décès ne sont presque jamais déclarés, car les populations n'en voient pas l'utilité. Les morts sont enterrés hâtivement et parfois clandestinement, sans autorisation d'inhumer délivrée par le chef de village ou le sous-préfet dans le chef-lieu d'arrondissement. Beaucoup de présidents de conseil rural conservent les registres au-delà de l'année d'exercice, parfois sans aucune sanction ni mise en demeure du sous-préfet qui joue pourtant le rôle de chef du centre d'état civil principal. Certains centres d'état civil secondaires délivrent des extraits pour des naissances et des décès, parfois non déclarés ni inscrits sur les registres, datant de plusieurs années.

Les rares PCR qui s'engagent à constater des mariages n'observent presque jamais les éléments de procédure prévus par la loi. Ils ne vérifient pas la réalité des consentements et entérinent des mariages forcés assez fréquents en milieu rural ; ils ne vérifient pas l'âge des époux et enregistrent de ce fait des mariages souvent illégaux parce que précoces ; ils n'accomplissent pas les formalités de publicité et laissent échapper d'éventuelles oppositions.

Sous un autre registre, les marchés de travaux, de prestation de services et de fournitures sont conclus dans un mépris constant des règles les plus élémentaires de gestion publique avec un népotisme libéralisé par l'absence de contrôle-sanction. Les commissions chargées d'octroyer les marchés ne sont pas toujours un exemple de probité. L'entrepreneur, bien qu'il soit souvent le cousin, le beau-frère ou l'ami d'un de leurs membres ne peut percevoir son reliquat qu'en acceptant de verser une « ristourne » financière. Le non-respect des délais ne fait l'objet d'aucune pénalité de retard ; des matériaux de construction de basse qualité sont commandés sur la base de factures délibérément gonflées dans l'optique d'une marge financière à empocher et partager. Les opérations d'exécution du contrat administratif se déroulent sans qu'aucune règle de transparence ne permette de comparer, en temps réel, les moyens octroyés au coût exact des dépenses effectuées.

La commission de réception des travaux fait souvent preuve d'une nonchalance et d'une complaisance qui laissent s'échapper de nombreux manquements portant préjudice au contribuable local. Ces malversations se déroulent parfois avec la complicité passive des autorités investies du pouvoir de contrôle des marchés publics. Ces agressions massives à l'orthodoxie financière, qui se trouve ainsi travestie par le vice et l'ignorance ne sont, certes pas propres au monde rural, mais il est tout de même regrettable que cet espace de solidarité, de familiarité et de partage soit ainsi vicié par le jeux des appétits individualistes.

En matière foncière, les violations et les manquements sont plus apparents.

La loi sur le domaine national (Loi n° 64-46, *JORS* n° 3292 du 11 juillet 1964 : 905 et 906) a posé un certain nombre de règles précises.

- Sur les terres du domaine national situées dans la zone des terroirs, le conseil rural est seul compétent pour affecter, désaffecter et réaffecter des parcelles de terre.

- L'affectataire ne dispose que d'un droit d'usage sur cette parcelle ; Il ne peut donc ni la mettre en bail, ni la céder à titre onéreux ou gratuit, ni en faire un bien successible.

- Le conseil rural peut affecter une terre à une personne ou à des personnes réunies en groupement ou association.[15]

- Le demandeur d'une parcelle de terre doit être membre de la communauté rurale et être capable, seul ou avec le concours de sa famille, de mettre en valeur la superficie demandée. Cette capacité de mise en valeur des terres du domaine national est appréciée par le conseil rural.

- Nul ne peut obtenir une affectation de terre s'il n'a pas adressé une demande écrite au conseil rural et si ce dernier, compte tenu des conditions ci-dessus, n'a pas pris à son égard une délibération positive approuvée par le sous-préfet.

- En cas de décès de l'affectataire ou de dissolution du groupement affectataire, les terres en question reviennent au conseil rural qui peut les réaffecter sur demande.

- Le chef de village est membre de droit de la commission domaniale intervenant dans son village.

Après plus de quarante ans d'existence, cette loi n'est toujours pas acceptée par ses destinataires. La vente des terres du domaine national à des non-résidents est monnaie courante, notamment dans les communautés rurales du littoral. Les grands propriétaires terriens détenteurs de droits traditionnels héréditaires sur leurs terres sont pratiquement intouchables en raison de leur statut social ou politique. Ils accaparent les terres, les louent et les font exploiter par des ouvriers agricoles pendant que des membres de la communauté rurale sont privés de parcelles. L'obligation de mettre en valeur la parcelle affectée est comprise a contrario. Les populations pensent, en effet, que toute personne qui occupe une « terre vacante » et qui y prouve sa capacité de mise en valeur en devient propriétaire.

Ces manquements graves se déroulent sous le regard passif et impuissant du représentant de l'État chargé du respect de la légalité. L'État lui-même viole ses propres règles notamment en ne rendant pas effectives les mesures d'accompagnement des compétences transférées, en laissant des chefs de village sans nomination officielle manier la taxe rurale,[16] etc.

En matière administrative notamment, de nombreux dysfonctionnements sont dus à des vides juridiques.

Les vides juridiques
L'examen de la légalité révèle également un certain nombre de silences juridiques. C'est le cas notamment dans la convocation du conseil rural.

La communauté rurale est dotée de la personnalité juridique, de l'autonomie financière et s'administre librement par une assemblée élue au suffrage universel. Les délibérations organisant la vie communautaire sont donc prises par le collège des conseillers ruraux dûment convoqué. En dehors des pouvoirs propres conférés au PCR dans le cadre du dédoublement fonctionnel (gestion de l'état civil, application des mesures de police, publication et exécution des lois et règlements sur le territoire communautaire), toutes les décisions concernant la vie de la communauté rurale et plus précisément le développement local, sont prises par délibération du conseil rural. Le conseil rural est donc l'instance décisionnelle de la communauté rurale. Cette assertion appelle deux commentaires :

dès lors que les délibérations du conseil s'imposent à tous les citoyens de la communauté rurale, il convient de s'assurer de leur qualité : les conseillers ont-ils tous été convoqués ? L'ordre du jour a-t-il bien été fixé ? Le délai de la convocation a-t-il permis de bien préparer la réunion ?

la procédure de convocation ne dépend pas du conseil rural. Elle est fixée par la loi. Il importe alors de prendre les dispositions utiles pour que les actes relatifs à la convocation des conseillers soient conformes à la loi. En effet, le représentant de l'État peut s'opposer à l'application d'une délibération du conseil rural si la procédure de prise de décision, notamment la convocation des conseillers, s'avère illégale.

Que dit donc la loi sur cette question ?

La réglementation de la convocation du conseil rural répond à cinq questions essentiellement.

– *Qui peut convoquer ?* Le président du conseil rural peut convoquer le conseil aussi souvent qu'il le juge utile. Le sous préfet peut demander au PCR de convoquer le conseil. Un tiers des conseillers peut demander au président du conseil rural de convoquer le conseil.[17] Dans ces deux derniers cas, le président est tenu de convoquer le conseil. Toutefois, lorsqu'il est saisi par le tiers des conseillers et qu'il constate que l'ordre du jour de la réunion projetée porte sur un objet illégal ou étranger aux compétences du conseil rural, il peut refuser de convoquer le collège des conseillers en s'en référant au sous-préfet. Enfin, le sous préfet est obligatoirement informé des réunions du conseil.

– *Quand convoquer ?* Le délai pour convoquer la réunion est de cinq jours francs à compter de l'envoi des convocations. En cas d'urgence, ce délai est ramené à 24 heures. Lorsque la réunion est une nouvelle fois convoquée pour cause de quorum non atteint, le délai est de trois jours.

– *Où convoquer ?* Les réunions du conseil rural se tiennent à la maison communautaire dont l'entretien est une dépense obligatoire[18] Un siège (ou abri) provisoire peut être utilisé en cas d'absence ou de défaut de fonctionnalité de la maison communautaire. Mais dans tous les cas, la réunion officielle du conseil rural se tient obligatoirement dans le village chef-lieu de la communauté rurale.

– *Comment convoquer ?* Les convocations sont écrites, individuelles et comportent la date et l'ordre du jour de la réunion projetée. Elles sont transmises aux conseillers par les moyens les plus appropriés.[19]

– *Quelles sanctions sont prévues contre les conseillers absents ?* Le conseiller rural qui, sans motif jugé valable par le conseil rural, manque à trois réunions successives dûment convoquées peut être déclaré démissionnaire par le PCR, après avoir été invité à fournir des explications sur ses absences répétées.[20]

Cette réglementation pose plusieurs problèmes en raison de vides juridiques.

La loi est silencieuse sur la date des réunions du conseil rural et cela peut causer des dysfonctionnements. Au Sénégal, on retrouve plusieurs religions et croyances et chacune d'elles célèbre des fêtes spéciales. Rien n'empêche le président du conseil rural de convoquer une réunion à la veille du *Magal*[21] ou du *Gamou*.[22] En somme, il n'y a pas de garanties obligeant le PCR à convoquer la réunion à une date où il est susceptible d'obtenir le maximum de présences. Il peut même manipuler cette ouverture à des fins politiciennes en convoquant le conseil à un moment où la survenance d'un événement local rend incertaine la présence de conseillers qui lui portent la contradiction. Le quorum peut donc souffrir de ce pouvoir discrétionnaire du PCR lorsque ce dernier ne choisit pas une date pertinente pour la convocation des conseillers.

La réunion du conseil rural devrait être convoquée à une heure où le conseiller le plus éloigné du chef lieu de la communauté rurale peut se présenter raisonnablement et suivant les moyens de communication disponibles dans la communauté rurale. Il faut éviter, en effet, que le président de séance reporte une réunion convoquée, par exemple, très tôt le matin au motif que le quorum n'est pas atteint, alors qu'il ne pouvait l'être à cette heure en raison, notamment, de l'enclavement de certains villages et de l'état des voies de communication. Sauf urgence ou cas de force majeure, la réunion doit également se terminer à une heure raisonnable permettant aux conseillers non-résidents du lieu de la réunion, de regagner en toute sécurité leurs foyers respectifs, à moins que le conseil rural prenne en charge leur hébergement et leur restauration pour une session devant durer plusieurs jours. Le village de Keur Samba Guèye[23] par exemple, qui reçoit généralement de très fortes pluies, est isolé d'une bonne partie de la communauté rurale, en période d'hivernage, par un cours d'eau. Certains conseillers sont ainsi obligés de le traverser en pirogue de circonstance ou à la nage, à défaut de faire le détour par la Gambie pour répondre aux convocations du conseil rural. Ces contraintes ne sont pas sans effet sur leur assiduité et leur ponctualité et invitent à une réflexion profonde sur les critères de choix de la date et de l'heure de la réunion de l'instance locale.

Certains conseillers se demandent, d'une part, s'ils peuvent quitter la salle de réunion dès lors que l'heure fixée par consensus pour la fin de la réunion est dépassée et, d'autre part, si les délibérations prises par les conseillers qui ont choisi de siéger au-delà de l'heure fixée sont valables.

Ces questions sont souvent négligées parce que rattachées à la cuisine interne des conseils ruraux respectifs, mais elles ont souvent été la cause d'échecs ou d'ajournements de réunions. Certes, il faut éviter de produire une réglementation rigide incompatible avec la souplesse que requiert la conduite des initiatives locales, mais il convient également de garder à l'esprit que le défaut d'une réglementation claire conduit à l'absence d'une solution stable en cas de conflit.

Les communautés rurales sont fondées à utiliser tout moyen jugé utile pour la transmission de la convocation. Les procédés usités dans les communes sont ici rarement mis en œuvre : utilisation d'un cahier de transmission, envoi de lettre recommandée avec accusé de réception, etc. L'impossibilité d'apporter la preuve de la réception de la convocation par tous les conseillers soulève quelques problèmes.

- La question de savoir si le quorum est atteint n'a de sens que si tous les conseillers ont effectivement reçu leurs convocations respectives. Si le «quorum des convocations» n'est pas atteint, il y a peu de chances que le quorum de la réunion soit atteint.

- Puisque des procédés plus ou moins informels sont utilisés pour convoquer les conseillers (bouche à oreille, transmission des convocations aux bons soins de personnes non élues, utilisation du tam-tam dans les marchés hebdomadaires, recours à la radio communautaire etc.), certains conseillers sont informés de la réunion cinq jours avant comme le prévoit la loi, d'autres par contre deux jours avant, d'autres encore le même jour ou … le lendemain. Les conseillers ne disposent donc pas tous du même temps de préparation de la réunion. C'est ainsi qu'un conseiller rural qui, en se rendant à une cérémonie familiale au village-centre, constate la tenue d'une réunion du conseil dont il n'était pas informé a demandé au PCR de reporter cette réunion pour vice de forme et rupture de l'égalité entre les conseillers. Il soutient par ailleurs que l'absence de temps de préparation ne lui permettait pas d'accomplir un vote éclairé contrairement aux autres conseillers.

- Dans le cas spécifique du vote du budget, la loi fait obligation au PCR de déposer le projet de budget et les rapports correspondants au moins quinze jours avant le début de la session budgétaire pour permettre aux conseillers de réactiver la commission des finances et de mener les investigations nécessaires à l'appréciation du projet de budget. Très souvent, les conseillers ne sont pas informés du dépôt du projet de budget dans les délais prévus par la loi, ce qui les amène, si malgré tout ils participent à la session budgétaire, à se livrer à un vote mécanique non éclairé par des investigations et critiques préalables. Le vote doit-il même être validé si le projet de budget n'a pas été déposé 15 jours avant comme le prévoit la loi ?

- Le conseiller qui s'absente à trois réunions successives sans motif jugé valable peut être démis de ses fonctions par le conseil rural. En l'absence de cahier de transmission comportant la signature du conseiller attestant qu'il a reçu la convocation, la preuve de cette convocation est presque impossible. Or, pour exclure un conseiller pour manque d'assiduité aux réunions, il faut prouver que ce conseiller a bien reçu les convocations portant sur les réunions litigieuses. Un PCR peut délibérément éviter de convoquer un conseiller de l'opposition dans l'unique dessein de le destituer après trois absences successives.

L'initiative de la convocation appartient, rappelons-le, concurremment au PCR, au tiers des conseillers et au sous-préfet. La loi est silencieuse sur les pouvoirs dont dispose la population pour s'adresser officiellement au collège des conseillers. Le PCR peut s'abstenir de convoquer le conseil pour des raisons politiciennes. Si les conseillers de l'opposition ne font pas le tiers du conseil rural, ils ne peuvent pas obliger le PCR à convoquer le collège des conseillers. Si le sous-préfet constate que la rareté des réunions du conseil ne constitue pas une illégalité en soi et s'il n'a aucun motif de convocation, il peut, lui aussi, s'abstenir de convoquer les conseillers. La population se trouve ainsi devant un conseil rural inactif et léthargique qui, en dehors des réunions obligatoires (constitution du bureau, vote du budget, examen des comptes budgétaires), ne prend pas de décisions susceptibles de promouvoir le développement local. La réglementation ne permet pas aux populations, dans l'esprit d'une démocratie locale de proximité, de provoquer une réunion des conseillers élus par elles. Ainsi, dans le cadre restreint de la communauté rurale, la population, même décidée à l'unanimité, n'a aucun pouvoir juridique de convocation du conseil rural pour l'interpeller sur un cas précis, l'entendre ou lui faire des propositions formelles. Bien entendu, les populations peuvent saisir le PCR, mais il s'agit d'une saisine sans portée juridique puisque rien n'oblige le PCR à réagir positivement et rien n'assure que le problème sera posé en conseil rural tel qu'il a été soulevé par les populations.

La loi permet désormais aux fonctionnaires et autres agents des services publics et privés de siéger dans les différents conseils des collectivités locales, sauf cas d'incompatibilité. Ainsi, « les employeurs son tenus de laisser aux salariés de leur entreprise ou service, membres du conseil rural, le temps nécessaire pour participer aux séances plénières de ce conseil ou des commissions qui en dépendent ».[24] Ces agents sont donc autorisés à assister aux réunions des conseils même pendant les heures de service. Toutefois, ils doivent déposer une demande de permission d'absence permettant au chef de service de prendre toutes mesures utiles pour éviter les dysfonctionnements que pourrait causer leur absence. Cela suppose que l'agent soit informé à temps, qu'il détienne la convocation écrite qu'il devra joindre à la demande de permission d'absence et qu'il dépose cette demande dans des délais permettant au chef de service de réagir utilement. Or, si l'agent sert loin de la communauté rurale, il se pose, pour le conseil rural, un problème d'acheminement de la convocation écrite indispensable à sa libération, du fait de la faiblesse des moyens de communication en milieu rural. Cette situation se complique davantage en cas de convocation d'urgence dans un délai de 24 heures. La présence de ces conseillers travailleurs généralement d'un certain niveau intellectuel est pourtant fortement souhaitable, si on se réfère au taux d'alphabétisation des conseils ruraux encore faible.

À côté de la formation des conseillers ruraux en techniques de réunion, plusieurs initiatives paraissent utiles pour combler ces vides juridiques en matière de convocation :

–   obliger les PCR à envoyer les convocations par le biais d'un registre de transmission portant la preuve que tous les conseillers ont reçu la convocation au moins cinq jours avant la réunion ; Cette formalité étant largement à la portée de toutes les communautés rurales, elle pourrait être érigée en condition de validité des réunions ;

- utiliser le même procédé pour informer les conseillers du dépôt du projet de budget, du compte administratif et du compte de gestion, nonobstant les convocations aux réunions pour délibération sur ces mêmes documents ;

- donner la possibilité à la population, forte d'un nombre donné de signatures, de provoquer une réunion du conseil rural autour d'un ordre du jour intéressant le développement local. Des garanties pourraient y être apportées afin d'éviter un recours abusif à cette ouverture qui risquerait de paralyser le travail du conseil ;

- réaménager la libération du conseiller travailleur. Pour ce faire, suggérer au conseil rural de publier à l'avance, un calendrier approximatif des sessions de l'année, et permettre au travailleur ou fonctionnaire de se libérer pour assister à une session du conseil rural d'urgence, sur simple information écrite ou verbale et sans attendre une convocation écrite souvent hypothétique ; la preuve de la tenue effective de cette session pouvant être apportée par la suite par tout moyen.

La jurisprudence n'a malheureusement pas pu combler ces vides juridiques en raison de la faiblesse du contentieux de la légalité.

La faiblesse du contentieux local de la légalité
Le respect de la légalité suppose également la mise en place de mécanismes judiciaires adéquats de prévention et de sanction effective des violations de la loi. C'est en effet la constance de la sanction qui garantit la pérennité de la règle. Or, bien souvent, le recours aux tribunaux et autres institutions judiciaires est fortement compromis par la persistance, dans l'ordre traditionnel, de règles coutumières de gestion des conflits. C'est ainsi que des coups et blessures graves entre agriculteurs et éleveurs sont soumis à des règlements traditionnels écartant la justice officielle ; des chefs de village rendent des sentences et fixent des amendes ; des détournements de la taxe rurale sont réglés à l'amiable par des remboursements étalés dans le temps, etc.

À cela, il faut ajouter la peur du prétoire entretenue par l'idée que les tribunaux de l'État, vitrines de la modernité, sont par essence hostiles aux modes de vie traditionnels. Cet état de fait est aggravé par la dévolution du contentieux des actes pris par les collectivités locales au Conseil d'État, juridiction unique, basée dans la capitale et donc géographiquement et psychologiquement éloignée des justiciables potentiels, dans un pays pauvre et médiocrement loti en moyens de communication.

Le Professeur Lazare Crinot relève que

l'une des caractéristiques fondamentales de la sociologie africaine est qu'elle a horreur des voies juridictionnelles de règlement des conflits, de sorte qu'en matière contentieuse, celles-ci ne sont qu'un ultime recours, après l'échec de toutes les autres voies :

transaction, négociation et conciliation. Par conséquent, ni l'État ni les populations ne vont y recourir pour régler les conflits qui les opposeront. Un vieux proverbe ne dit-il pas qu'un mauvais arrangement vaut mieux qu'un bon procès ? … Il ne faut pas perdre de vue que, pendant longtemps, les structures de droit moderne de règlement des conflits n'ont pas inspiré confiance aux paysans, car selon ces derniers, le juge est formé, nommé et payé par l'État tout puissant pour servir ses intérêts et non les leurs (Crinot 1998 : 100-101).

Dans la mentalité générale, attaquer en justice un acte administratif, c'est défier l'autorité qui a pris l'acte, donc courir des risques.

Il faut une énorme dose de patience pour arriver, aujourd'hui encore, à convaincre les nombreux africains vivant dans les campagnes que l'État ne peut pas tout faire, qu'il ne peut pas impunément porter atteinte à leurs droits et, surtout, qu'ils ont la possibilité, lorsque l'État les lèse, de le faire condamner par un juge (Seck 2001 : 129).

Le représentant de l'État peut soumettre au contrôle du juge les actes pris par les collectivités locales et non placés sous son contrôle d'approbation. Malheureusement, certains actes ne lui sont pas transmis et s'appliquent sans aucune entrave. Parmi les actes non transmis, on retrouve même des décisions qui, suivant l'article 336 du code des collectivités locales, restent soumis à l'approbation préalable du représentant de l'État. C'est le cas des affectations de terres. La présence du représentant de l'État aux réunions du conseil rural n'est pas obligatoire. Ce dernier ne peut ni se transporter constamment sur les lieux de prise de décision, ni examiner la légalité d'actes dont il ignore l'existence.

De manière générale, des mesures urgentes s'imposent pour assurer le respect de la légalité par les actes des collectivités locales et mettre fin à l'anarchie impunie. A côté du respect de la légalité, la reconnaissance de compétences propres est une autre condition de la décentralisation territoriale.

Les compétences propres

La décentralisation suppose que soit réservé à la collectivité locale un certain nombre d'attributions qui excluent toute intervention de l'État, sauf s'il s'agit d'une mise en œuvre du pouvoir de substitution. La réforme précitée de 1996 a reprécisé et élargi les compétences des communautés rurales. Celles-ci sont limitativement énumérées. Il convient ici de les présenter en ce qui concerne les communautés rurales et de les commenter.

DE LA GESTION ET DE L'UTILISATION DU DOMAINE PRIVÉ DE L'ÉTAT, DU DOMAINE PUBLIC ET DU DOMAINE NATIONAL

Article 16 – Le territoire sénégalais est le patrimoine commun de la nation.

Article 17 – Dans le respect des principes et dispositions de la loi sur le domaine national et du code du domaine de l'État, en tout ce qui n'est pas contraire à la présente loi, les compétences transférées aux régions, communes et communautés rurales en matière domaniale concernent la gestion et l'utilisation du domaine privé de l'État, du domaine public et du domaine national.

DU DOMAINE PRIVÉ DE L'ÉTAT

Article 18 – L'État peut céder aux collectivités locales tout ou partie de ses biens meubles ou immeubles relevant de son domaine privé ou passer avec ces collectivités des conventions portant sur l'utilisation desdits biens.

La cession par l'État des biens meubles et immeubles cités à l'alinéa premier du présent article, notamment des immeubles bâtis ou non bâtis, aux collectivités locales pour leur permettre d'exécuter leurs missions et d'abriter des agences décentralisées ou des équipements collectifs, peut être opérée, soit à l'initiative des collectivités locales, soit à l'initiative de l'État.

Article 19 – L'État peut, conformément aux dispositions de l'article 18 de la présente loi, soit faciliter aux collectivités locales l'accès à la pleine propriété de tout ou partie des biens meubles et immeubles relevant de son domaine privé, soit affecter simplement le droit d'usage à ces collectivités locales de certains de ses biens meubles et immeubles.

DU DOMAINE PUBLIC

Article 20 – Pour les projets ou opérations initiés sur le domaine public maritime et le domaine fluvial par les personnes physiques, les collectivités locales ou toute autre personne morale, il est requis l'autorisation du conseil régional par délibération, après avis de la commune ou de la communauté rurale où se situe le projet.

Cette délibération est soumise à l'approbation du représentant de l'État.

Article 21 – Pour les projets ou opérations initiés par l'État sur le domaine public maritime et sur le domaine fluvial, soit dans le cadre de l'exercice de la souveraineté, soit dans l'optique de la promotion du développement économique et social, l'État prend la décision après consultation du conseil régional, sauf impératif de défense nationale ou d'ordre public. L'État communique la décision pour information au conseil régional.

Article 22 – Dans les zones du domaine public maritime et du domaine public fluvial, dotées de plans spéciaux d'aménagement approuvés par l'État, les compétences de gestion sont déléguées par ce dernier aux régions, communes et communautés rurales concernées respectivement pour les périmètres qui leur sont dévolues dans lesdits plans.

Les redevances y afférentes sont versées aux collectivités locales concernées.

Les actes de gestion qu'elles prennent sont soumis à l'approbation du représentant de l'État et communiqués, après cette formalité, au conseil régional pour information.

Article 23 – Le domaine public artificiel reste géré par l'État.

Toutefois, l'État peut transférer aux collectivités locales, suivant des modalités de classement qui sont fixés par décret, la gestion des monuments historiques…

DU DOMAINE NATIONAL

Article 24 – Les projets ou opérations initiés sur le domaine national par une personne physique, une collectivité locale où toute autre personne morale distincte de l'État, sont établis conformément aux dispositions de la loi sur le domaine national.

Pour les projets et opérations qu'il initie sur le domaine national, l'État prend la décision après consultation du conseil régional et de la communauté rurale ou des communautés rurales concernées, sauf impératif de défense nationale ou d'ordre public.

Cette décision est communiquée, pour information, au conseil régional et à la communauté rurale ou aux communautés rurales concernées.

Article 27 – Lorsque des terres précédemment situées dans des zones pionnières sont reversées dans des zones de terroir, l'État conserve la gestion des parties des zones pionnières ayant fait l'objet d'un aménagement spécial et y exerce les prérogatives nécessaires quant à leur mode de gestion.

L'État peut affecter ou céder tout ou partie de ces zones d'aménagement spécial, suivant des critères fixés par décret, à des personnes physiques, des collectivités locales ou à toute personne morale, pour la réalisation de projets de développement économique et social ».

À l'analyse, les communautés rurales ont peu de maîtrise sur leur territoire. Il faut rappeler que la loi sur le domaine national, dont la réforme est annoncée mais toujours attendue, dispose que « l'État détient les terres du domaine national ».[25] L'essentiel des terres situées dans les communautés rurales sont des terres du domaine national comprises dans la zone des terroirs. Le conseil rural dispose de pouvoirs généraux d'affectation, de désaffectation et de réaffectation des terres. L'État se réserve le droit d'immatriculer des portions du domaine national pour les céder à un privé porteur d'un projet d'intérêt général, les conserver dans son domaine privé ou les reverser dans le domaine public.

Dans les communautés rurales, on note l'absence de cadastres fonciers permettant de distinguer de manière rationnelle, l'appartenance domaniale des terres. Ainsi, la frontière est mal maîtrisée entre les dépendances du domaine national et celles du domaine public maritime et fluvial. Des conseils ruraux délibèrent allègrement sur les dépendances du domaine public sans autorisation de l'État.

La loi portant transfert des compétences en ce qui concerne les domaines a esquivé un certain nombre de problèmes délicats.

Le premier de ces problèmes est lié à l'exploitation fiscale des terres du domaine national. Celles-ci constituent la principale ressource des communautés rurales. D'ailleurs l'essentiel des délibérations des conseils ruraux est relatif aux opérations foncières d'affectation et parfois de désaffectation et la plupart des conflits locaux sont des conflits fonciers. Il aurait été pertinent d'instituer une taxe locale d'accès aux terres du domaine national due par tout affectataire et pour tout usage. Cette matière fiscale potentielle paraît plus indiquée que celles en vigueur qui se sont presque toutes révélées inadaptées et improductives.

Un autre problème concerne l'opportunité ou non de privatiser les terres du domaine national. Dans la réglementation en vigueur, l'affectataire n'a qu'un droit d'usage précaire et révocable notamment pour des raisons liées à l'intérêt communautaire ou général. Il faudra bien qu'on aborde un jour, avec beaucoup plus de courage politique et beaucoup moins de calculs partisans, la question de la sécurité foncière en milieu rural si on veut promouvoir les investissements et moderniser l'agriculture.

Enfin, le statut des zones irriguées constitue une autre nébuleuse dans la réglementation. Que devient le statut des terres du domaine national lorsqu'elles sont inondées suivant des mécanismes relevant de phénomènes naturels ou pour les besoins de l'irrigation ? Quel est le statut juridique des bassins de rétention, si, situés sur le domaine national, ils reçoivent et accumulent des eaux qu'on ne peut soustraire du domaine public ? Quels sont les pouvoirs du conseil rural aux abords du bassin ? Pour le Professeur Serigne Diop,[26]

> Le code de l'eau a consacré la domanialité publique de l'eau dans le but de soustraire l'ensemble des ressources en eau à toute appropriation privée. Cette soustraction de l'eau aux organismes et aux personnes privés est-elle compatible avec la loi sur le domaine national, qui permet au paysan un droit d'usage sur sa parcelle ? Un effort devra être entrepris pour l'harmonisation de ces deux composantes essentielles à l'agriculture irriguée (Diop 1998 : 543).

La difficulté à déterminer l'appartenance domaniale d'une parcelle en dehors de l'intervention d'un acte administratif classant expressément l'espace considéré dans un domaine précis, résulte bien souvent de la nature même de l'eau. L'eau est attractive du domaine public alors que sa consistance est instable parce que liée aux contingences climatiques. Elle occupe des espaces et les libère parfois durablement (cas des vallées fossiles) au rythme des crues et des précipitations. Pourtant, « le juriste ne peut rester insensible à la description de l'ampleur et de la complexité des bouleversements spectaculaires occasionnés par les phénomènes naturels. Les flots marins, les fleuves, les vents, les pluies, la végétation se donnent sans retenue pour sculpter un paysage dans lequel, comme dans un jeu de jonchets, le technicien du droit doit mettre de l'ordre. Définir les limites du domaine public maritime donc en déduire celles des propriétés riveraines, lorsque le rivage change sans cesse sous l'effet des marées, des estuaires et des mouvements de sable, peut relever de l'empirisme » (Parmentier 2003 : 5). La raréfaction des pluies et l'engouement progressif pour l'irrigation comme méthode culturale alternative, invite le législateur à préciser le statut juridique des zones inondées ainsi que des zones inondables.

DE L'ENVIRONNEMENT ET DE LA GESTION DES RESSOURCES NATURELLES

Article 30 - La communauté rurale reçoit les compétences suivantes :

- *la gestion des forêts sises en zones de terroir sur la base d'un plan d'aménagement approuvé par l'autorité compétente de l'État ;*

- *la délivrance d'autorisation préalable de toute coupe à l'intérieur du périmètre de la communauté rurale ;*

- *la quote-part d'amendes prévues par le code forestier ;*

- *la constitution et le fonctionnement des comités de vigilance, en vue de lutter contre les feux de brousse ;*

- *l'avis sur la délivrance par le président du conseil régional d'autorisation d'amodiation des zones de chasse ;*

- *la gestion de sites naturels d'intérêt local ;*

- *la création de bois et d'aires protégées ;*

- *la création et l'entretien de mares artificielles et de retenues collinaires à des fins agricoles et autres ;*

- *la gestion des déchets ;*

- *la lutte contre l'insalubrité ;*

- *l'élaboration et la mise en œuvre du plan local d'action pour l'environnement ».*

Il est heureux que ce texte ait prévu « l'élaboration et la mise en œuvre du plan local d'action pour l'environnement ». Les ressources naturelles ne peuvent être gérées comme des éléments épars (eau, terres, forêts, pâturages, etc.) mais comme un système foncièrement interactif d'où l'opportunité pour les communautés rurales de concevoir un plan intégré de gestion des ressources naturelles prenant en compte à la fois les préoccupations environnementales, l'impératif de légalité et le savoir local.

Le statut de l'eau présente une certaine ambiguïté. L'eau est une ressource naturelle et sa gestion est bien une compétence transférée à la communauté rurale. Le code des collectivités locales précise en son article 195 que « le conseil rural délibère en toute matière pour laquelle compétence lui est donnée par la loi notamment sur … le régime et les modalités d'accès des points d'eau de toute nature ». Mais le code de l'eau (Loi n° 81-13, *JORS* n° 4828 du 11 avril 1981 : 411 à 418) et le code du domaine de l'État (Loi n° 76-66, *JORS* n° 4506 du 28 septembre 1976 : 1110 à 1117) font de l'eau une dépendance du domaine publique placée sous l'autorité de l'État. La loi portant transfert des compétences dispose en son article 23 que « le domaine public artificiel reste géré par l'État ». Le puits du village n'est-il pas une dépendance du domaine public artificiel ?[27] N'est-il pas également un point d'eau dont la communauté rurale doit définir « le régime et les modalités d'accès » ?[28]

La lecture de la loi ne permet pas de distinguer avec précision les conditions dans lesquelles l'eau est réglementée comme bien du domaine public relevant de l'État de celles dans lesquelles elle est réglementée comme ressource naturelle entrant dans les compétences de la collectivité locale. Si l'hydraulique n'est pas une compétence formellement transférée, alors comment distinguer la gestion de l'eau de l'hydraulique ? L'ampleur et la complexité des problèmes d'accès à l'eau dans un pays sahélien comme le Sénégal ont conduit au développement d'une hydraulique traditionnelle dite villageoise qui, dans bien des cas, échappe à l'État.

La loi portant transfert des compétences n'est pas le seul texte qui réglemente la gestion des ressources naturelles. Elle est complétée par le code de l'environnement, le code du domaine de l'État, le code forestier, le code de la chasse et de la protection de la faune, le code de la pêche, le code de l'hygiène, etc. Cette dispersion des textes réglementant des ressources, certes différentes mais interactives, peut conduire à des confusions et à des difficultés d'appréciation et d'interprétation. Les textes devraient favoriser une gestion globale des ressources naturelles dont l'une des principales caractéristiques est leur interdépendance. « L'accroissement de la pollution due aux eaux de l'agriculture, de l'industrie et des ménages est susceptible de détruire les peuplements de poissons et d'autres espèces aquatiques, ainsi que la subsistance et l'alimentation de ceux qui en dépendent. La dégradation de l'environnement est également une cause majeure de l'augmentation du nombre et de la gravité des catastrophes dites naturelles lorsqu'il y a peu d'eau en cas de sécheresse ou trop d'eau en cas d'inondation » (PNUD 2003).

Le Burkina Faso a tenté une expérience originale en adoptant la loi portant Réorganisation agraire et foncière (RAF) (Loi/96/ADP du 26 mai 1996) « qui tranche avec les textes antérieurs, du moment où elle rassemble, en un seul corpus de normes, les régimes de l'eau, de la terre, de la forêt et de la faune ; c'est un texte intégré qui réglemente des activités aussi diverses que l'exploitation forestière, la chasse, la pêche et les carrières » (Kamto & Bomba 1998).

DE LA SANTÉ, DE LA POPULATION ET DE L'ACTION SOCIALE

Article 33 - La communauté rurale reçoit les compétences suivantes :

Sante et Population

- *la construction, la gestion, l'entretien et l'équipement des postes de santé, des maternités et cases de santé.*

Action sociale

- *la participation à l'entretien et à la gestion de centres de promotion et de réinsertion ;*
- *l'organisation et la gestion de secours au profit des nécessiteux ;*
- *l'appui au financement de projets productifs au profit des populations déshéritées ».*

L'absence de politique locale de population est un des traits caractéristiques de l'incapacité des collectivités locales à maîtriser leurs ressources humaines. Aucune vision locale prospective n'est clairement exprimée dans ce domaine. Le recensement de la population et des contribuables est souvent bâclé ; l'état civil est traversé par des irrégularités manifestes ; les mesures prises pour préserver les populations de certains risques sociaux prévisibles sont dérisoires lorsqu'elles existent.

La loi portant transfert de compétences est silencieuse sur le rôle des communautés rurales en matière de population. Le décret d'application de la loi (Décret n°96-1135 du 27 décembre 1996) ne mentionne même pas le concept de population.

La loi a également manqué l'occasion de mentionner la promotion de la médecine traditionnelle comme action à mener par la communauté rurale dans le cadre de l'exercice de ses compétences en matière de santé. Il est évident que la médecine traditionnelle, qui a acquis ses lettres de noblesse dans les milieux traditionnels authentiques, est de plus en plus convoitée par les sciences dites modernes. Le conseil rural géographiquement et psychologiquement proche de cette réalité, aurait pu être investi d'une mission impérieuse de collecte, de protection et de rationalisation des acquis de la médecine traditionnelle.

Les Journées nationales de lutte contre le paludisme, le SIDA, la tuberculose, etc. devraient avoir des répercussions locales afin que chaque collectivité locale conçoive et développe, compte tenu de ses spécificités et de ses ressources, des stratégies adaptées de prévention sanitaire.

DE LA JEUNESSE DES SPORTS ET DES LOISIRS

Article 35 - La communauté rurale reçoit les compétences suivantes :

-   *la promotion et l'animation du sport et des activités de jeunesse ;*

-   *la construction, l'équipement et la gestion des stades ruraux et aires de jeux ;*

-   *la participation à l'acquisition et la mise à la disposition des associations culturelles et sportives d'équipements sportifs ».*

La jeunesse a-t-elle bénéficié d'une attention spécifique dans le processus de décentralisation ? Les jeunes ont-ils eu une influence sur ce processus ? Les mécanismes institutionnels mis en place depuis l'indépendance ont-ils favorisé ou compromis l'implication des jeunes dans les instances décisionnelles locales ? Dans quelle mesure les préoccupations spécifiques de la jeunesse sont-elles prises en compte par les collectivités locales ?

Les jeunes semblent noyés dans la masse anonyme des citoyens. Et l'histoire montre que la jeunesse est sollicitée moins en termes de segment spécifique de la population, avec des droits et des devoirs propres vis-à-vis de la collectivité locale, qu'en terme de bétail électoral. Le législateur a toutefois entrepris une avancée non négligeable dans la responsabilisation des collectivités locales en matière de jeunesse.

-   La loi n° 72-25 du 19 avril 1972 relative aux communautés rurales ne comportait aucune référence significative à la dimension jeunesse alors qu'on pouvait s'attendre à une politique spéciale organisant les jeunes autour d'activités locales rentables pour réduire l'exode rural ;

- En revanche le nouveau code des collectivités locales opère une rupture fondamentale en cela qu'elle transfert aux collectivités locales le bloc de compétences «jeunesse, sports et loisirs ».

Quoiqu'elle traduise une avancée significative en matière d'implication des collectivités locales dans les questions relatives à la jeunesse, la loi portant transfert de compétences ne confie pas expressément aux collectivités locales la responsabilité précise de concevoir et de mettre en œuvre une politique locale de jeunesse. Dans ce domaine, il apparaît que les collectivités locales accusent un retard par rapport aux programmes développés par l'État. En effet, dans les attributions des collectivités locales, on note l'absence de lien structurel entre la jeunesse et l'emploi, alors que de nombreux services relevant de l'emploi sont rattachés au Ministère de la jeunesse : (Agence nationale pour l'Emploi des Jeunes, Fonds national de Promotion de la Jeunesse, etc.).

De manière générale, on constate que :

i) par manque de formation, les élus assimilent la gestion de la compétence jeunesse à des activités sportives et festives ;

ii) les collectivités locales manquent de moyens pour répondre à la demande sociale des jeunes et les retenir dans les terroirs respectifs.

DE LA CULTURE

Article 39 - La communauté rurale reçoit les compétences suivantes :

- *l'organisation de journées culturelles, de manifestations culturelles traditionnelles et de concours littéraires et artistiques ;*

- *la création et la gestion d'orchestres, d'ensembles lyriques traditionnels, de corps de ballets et de troupes de théâtre ;*

- *la création et la gestion des centres de lecture et d'animation culturelle (C.L.A.C.) ;*

- *la surveillance et le suivi de l'état de conservation des sites et monuments historiques ;*

- *la collecte de la tradition orale, des contes, mythes, proverbes, symboles et valeurs et la promotion de la culture nationale et locale ».*

Les textes semblent assimiler la culture à la tradition et au folklore. « La culture n'est pas le folklore ! …» (Fanon 1918 : 3).

La culture, comme compétence transférée, ne devrait-elle pas avoir pour but principal la promotion de la citoyenneté locale ? Malheureusement, elle est plus ou moins revêtue d'aspects traditionnels, récréatifs et festifs. Les journées culturelles sont presque exclusivement animées par des danseurs dont l'insouciance tranche avec la gravité et l'urgence des problèmes sociaux. La loi aurait dû inciter les conseils ruraux à collecter les aspects positifs du savoir local traditionnel, à les systématiser, à les consigner dans des documents de référence pour les mettre au service du développement local. En dépit de la conviction du Président-Poète Léopold Sédar Senghor selon laquelle « Le Nègre est l'homme de la nature », l'Africain ne maîtrise pas toujours totalement son propre terroir. Souvent, ce sont des européens ou des américains qui viennent faire des recherches sur ses propres réalités pour en consigner les résultats dans des livres qu'ils lui vendent et qu'il lit, souvent naïvement.

Dans le contexte actuel de sous-développement, la culture paraît stérile si elle ne participe pas à l'œuvre primordiale de promotion de valeurs sociales positives comme leviers du progrès. Elle doit contribuer au réarmement moral des citoyens et recentrer les mentalités autour d'idéaux utiles au développement.

DE L'ÉDUCATION, DE L'ALPHABÉTISATION, DE LA PROMOTION DES LANGUES NATIONALES ET DE LA FORMATION PROFESSIONNELLE

Article 42 - La communauté rurale reçoit les compétences suivantes :

Éducation

- *la construction, l'équipement, l'entretien et la maintenance des écoles élémentaires et des établissements préscolaires ;*

- *la participation à l'acquisition de manuels et fournitures scolaires ;*

- *la participation à la gestion et à l'administration des écoles préscolaires, élémentaires et des collèges par le biais des structures de* dialogue et de concertation.

Alphabétisation

- *l'exécution des plans d'élimination de l'analphabétisme ;*

- *le recrutement d'alphabétiseurs ;*

- *la mise en place d'infrastructures et d'équipements éducatifs ;*

- *l'entretien des infrastructures et équipements éducatifs ;*

- *la mobilisation des ressources.*

Promotion des langues nationales

- *la collecte et la traduction des éléments de la tradition orale (contes, mythes, légendes,...) en vue d'en faciliter la publication ;*

- *l'introduction des langues nationales à l'école ;*

- *la promotion d'un environnement lettré par le développement de l'édition en langues nationales ;*

- *la promotion de la presse parlée et écrite en langues nationales ;*

- *la mise en place d'infrastructures et d'équipements ;*

- *la mobilisation des ressources.*

Formation technique et professionnelle

- *l'élaboration d'un plan prévisionnel de formation visant des secteurs de métiers adaptés à chaque communauté rurale ;*

- *l'entretien préventif, la maintenance des centres et instituts de formation ;*

- *le recrutement et la prise en charge du personnel d'appoint ;*

- *la participation à l'acquisition de matériel didactique (fournitures et matières d'œuvre) ;*

- *la participation à la gestion et à l'administration des centres de formation par le biais des structures de dialogue et de concertation ;*

- *l'appui à de petits projets visant à créer de petites unités d'ateliers itinérants en mécanique-auto, soudure, électricité, etc.*

- *l'élaboration d'un plan local d'insertion professionnelle des jeunes ;*

- *l'aide à la détection et à l'établissement de contrats de partenariat école/entreprise pour une réelle formation en alternance ».*

Deux reproches principaux peuvent être faits au contenu des compétences transférées en matière d'éducation.

- Dans l'ensemble, le rôle des communautés rurales se réduit en une participation à la réalisation des programmes d'éducation de l'État. A de rares exceptions près, la loi ne mentionne pas expressément la responsabilité des communautés rurales de construire des stratégies et programmes d'éducation et de formation spécifiques et complémentaires aux programmes nationaux. Mais il se pose, en milieu rural, la question de la disponibilité de ressources humaines suffisamment qualifiées pour concevoir des stratégies d'éducation. A défaut, les pouvoirs publics et les partenaires au développement devraient renforcer les capacités des collectivités locales pour leur meilleure implication dans la conception et la réalisation de la politique de l'État en la matière.

- l'éducation est évoquée ici dans une vision presque exclusivement scolaire. Le rôle de la famille (Gomis 2003 : 112). dans la réussite scolaire de l'élève n'est pas mis en exergue alors qu'il demeure fondamental dans le contexte sociologique actuel. L'un des atouts du continent africain c'est l'attachement, à l'épreuve des vagues déferlantes du modernisme de type occidental, à des valeurs traditionnelles qui fondent l'homme et l'intègrent dans sa communauté. Parmi ces valeurs, celles qui paraissent positives, parce que propices au progrès social, sont des leviers que l'autorité locale peut activer pour contribuer à l'éducation des enfants et des autres couches sociales.

Mais ceci doit se faire dans une perspective associant les exigences du respect des spécificités locales et celles de l'ouverture aux acquis de l'extérieur.

Plusieurs axes paraissent utiles à explorer comme responsabilités à confier aux communautés rurales.

- La promotion des écoles communautaires de base

Le secteur de l'éducation nationale est le plus gros poste de dépense de l'État.[29] Mais, il reste soumis à des contraintes pernicieuses comme l'insuffisance de l'offre éducative par rapport à la demande réelle, les déperditions scolaires, le déséquilibre entre les sexes dans les structures d'accueil, le manque de débouché des diplômés, les grèves récurrentes d'élèves et d'enseignants, etc. L'École communautaire de base (ECB) est une des solutions locales à ces contraintes. Du fait de son insertion dans l'éducation non formelle, elle bénéficie d'un taux d'encadrement relativement faible des services de l'État (Inspections d'Académie et Inspections départementales), davantage préoccupés par la résolution des imperfections et des dysfonctionnements du secteur formel de l'éducation. La communauté rurale devrait combler cette lacune en assurant une gestion de proximité de ces écoles encore appelées écoles du terroir. L'ECB présente plusieurs avantages. Elle récupère les déperditions du système formel et admet des apprenants ayant dépassé l'âge maximum d'accès à la Classe d'Initiation (CI). Elle offre au bout d'environ quatre ans, des possibilités de transit vers le secteur formel. L'enseignement n'est pas forcément diplômant. Elle est plutôt qualifiante et s'efforce de répondre aux besoins spécifiques du terroir. Le déroulement du contenu pédagogique s'accompagne d'activités extra-muros dont la plupart sont des activités génératrices de revenus servant à la fois à l'apprentissage de la vie active et au bon fonctionnement de l'école.

En un mot, l'école communautaire est fortement intégrée à la communauté, utilise principalement les personnes-ressources du terroir et développe un contenu propre au milieu. Elle ne peut et ne doit pas laisser indifférents les élus du milieu.

À côté de l'ECB, on voit se développer des écoles dites informelles comme l'école des parents, l'école de brousse, etc. Tous ces palliatifs aux insuffisances de l'école officielle se présentent comme un domaine naturel d'intervention de la collectivité locale à côté de ses responsabilités officielles malencontreusement exprimées en termes statiques de construction, entretien, équipement de bâtiments. L'Ecole Communautaire gagnerait à ne plus se cantonner à la récupération des déperditions du système formel pour intégrer d'autres cibles comme les adultes, d'autres préoccupations comme l'alphabétisation qui demeure une préoccupation centrale en milieu rural.

L'éducation en zone rurale est d'ailleurs un problème récurrent dans les pays africains. Au Mali, des Centres d'Éducation pour le Développement (CED) sont créés sous l'égide de l'ONG Plan international et appuyés par les collectivités locales. Au Burkina Faso, l'État et l'UNICEF tentent l'expérience des Centres d'Éducation de Base non formelle (CEBNF). Partout, l'engagement est constant, les résultats encourageants mais les soutiens insuffisants.

- La promotion à des petits métiers ruraux

La formation professionnelle que doit développer la communauté rurale est celle qui est à sa portée. La loi évoque à juste titre l'« élaboration d'un plan prévisionnel de formation visant des secteurs de métiers adaptés à chaque communauté rurale ». La formation technique et professionnelle, outre les ouvertures qu'elle offre pour l'exercice d'une profession dans les grandes villes, doit occuper les jeunes dans leurs terroirs respectifs, les amener à mettre leur expertise au service du développement local tout en leur assurant des revenus suffisants, ce qui peut à terme limiter l'exode rural. L'offre locale existe bel et bien et les populations exigent de plus en plus que, pour la réalisation de certaines opérations (construction de salles de classe, adduction d'eau etc.), l'on fasse appel à l'expertise locale et à la main-d'œuvre résidente.

- Le développement des cantines scolaires

Il s'agit d'une responsabilité dont les communautés rurales peuvent être valablement investies. En effet les cantines scolaires ne peuvent fonctionner normalement sans une supervision de proximité du conseil rural. Le besoin est patent. Un nombre d'enfants, non encore élucidé par une enquête sérieuse, accède à l'école le matin le ventre vide. A la récréation, les plus chanceux d'entre eux se rabattent sur les aliments peu consistants vendus dans la cour de l'école avec une hygiène parfois douteuse. En fin de matinée, il leur faut : soit consommer la pause avec une faim accablante, soit regagner la maison en faisant plusieurs kilomètres exténuants avant de manger. La communauté rurale ne devrait pas rester passive face à ce phénomène lié à la protection de l'enfance. Elle doit, notamment en s'appuyant sur l'association des parents d'élèves, contribuer à assurer à ses enfants des conditions d'études saines tant au plan physique que mental.

- La scolarisation des jeunes filles

Éduquer un garçon, c'est éduquer un homme ; mais éduquer une fille, c'est éduquer la communauté en raison du rôle primordial que joue la femme dans le développement social. L'objectif de scolarisation des filles mérite une attention particulière en milieu rural où les structures d'éducation sont largement insuffisantes et où les préjugés tendant à confiner la petite fille aux travaux ménagers sont encore vivaces. Les engagements de Jomtien[30] en faveur de l'Éducation Pour Tous (EPT[31]) ne pourront être réalisés que par l'implication des administrations de proximité, au premier rang desquelles se trouvent les collectivités locales, dans la sensibilisation de masse des cibles concernées, en particulier les parents, notables et autres leaders d'opinion. Cette sensibilisation s'intègre d'ailleurs dans le cadre plus global de l'éducation au genre.

DE LA PLANIFICATION

Article 46 - La communauté rurale reçoit les compétences suivantes :

- *L'élaboration et l'exécution des plans locaux de développement (PLD).*

La planification est une vieille attribution des communautés rurales. L'innovation se situe du point de vue de la possibilité, pour la communauté rurale engagée dans un processus de planification, de s'appuyer sur la nouvelle Agence Régionale de Développement.[32] Mais, la loi n'oblige pas expressément le conseil rural à élaborer le plan local de développement durant son mandat.[33] Les élus peuvent donc, pendant toute la durée de leur mandat (5 ans), s'abstenir de produire un document stratégique décrivant leur vision et leur ambition pour l'espace local qu'ils administrent et c'est malheureusement trop souvent le cas.

La loi prévoit que les collectivités locales élaborent les plans de développement avec le concours de l'État et l'appui de l'Agence régionale de Développement. Le recours à l'État et à l'ARD est-il une obligation ou une simple faculté en planification ? La communauté rurale qui entreprend d'élaborer son Plan local est-elle libre de choisir ses partenaires ?

Suivant le décret d'application de la loi portant transfert de compétences en matière de planification, « Il est créé au niveau de chaque collectivité locale, une commission chargée de préparer le plan de développement de la collectivité concernée en rapport avec l'Agence Régionale de Développement. Les membres de cette commission sont nommés pour la communauté par le président du conseil rural ». L'État et l'ARD apportent à la planification locale un appui technique. L'un des objectifs de cet appui est la conciliation des options locales avec les options régionales (Plan Régional de Développement Intégré) et nationales de développement. Mais dans la réalité, les appuis du Service Régional de la Planification et de l'ARD pour l'élaboration et le suivi des PLD restent faibles, en raison, notamment, de l'insuffisance des ressources humaines et matérielles au sein de ces services. Les relations entre les ARD et les communautés rurales demeurent d'ailleurs balbutiantes. Le président de l'Association nationale des Conseillers ruraux (ANCR) fait remarquer à ce propos que « l'ARD semble fonctionner au service exclusif de la région » (Direction des Collectivités locales 2002). La proximité de ce service généralement logé dans les locaux du conseil régional y est, sans doute, pour quelque chose.

DE L'AMENAGEMENT DU TERRITOIRE

Article 49 - Chaque conseil donne son avis sur le projet de schéma régional d'aménagement du territoire avant son approbation par l'État.

Il est regrettable que l'espace régional soit exclusivement mentionné pour l'élaboration du schéma d'aménagement du territoire. La communauté rurale, en principe, n'est pas fondée à construire son schéma d'aménagement du territoire ; elle ne peut que donner son avis sur le schéma régional. Cet avis n'est pas suspensif de l'application du schéma régional sur son territoire.

Le décret d'application du transfert de compétences en matière de planification prévoit en son article 4 que « le plan de développement de chaque collectivité locale est élaboré en tenant compte des objectifs et orientations retenus en matière d'Aménagement du territoire ». Cette disposition contribue à la cohérence des options régionales et locales de développement, mais réduit la marge de manœuvre des communautés rurales.

Le schéma d'aménagement aurait pu être décliné au plan micro dans l'optique d'une application de proximité. Les conseils ruraux, en quête de visibilité politique, ont tendance à réaliser les rares dépenses d'investissement dans le village chef-lieu à forte concentration humaine, au détriment du reste de la communauté rurale qui apparaît bien souvent comme un désert démographique, économique et social. Une politique locale optimale d'aménagement aurait pour effet, dans le cadre géographique des terroirs respectifs, une meilleure répartition des hommes et de leurs activités en fonction des ressources naturelles et des infrastructures et équipements judicieusement distribués dans le cadre d'un interventionnisme rationnel (Biarez 1983 : 87). Sur ce plan d'ailleurs, la pratique a devancé la réglementation. Les partenaires au développement appuient de plus en plus les villages dans la conception, l'exécution et le suivi-évaluation de « *Plans d'Aménagement et de Gestion des Terroirs villageois* » (PAGT).

DE L'URBANISME ET DE L'HABITAT

Article 52 – La communauté rurale reçoit les compétences suivantes :

- *l'élaboration de termes de référence des Plans Directeurs d'Urbanisme (PDU), des Schémas Directeurs d'Aménagement et d'Urbanisme (SDAU), des Plans d'Urbanisme et d'Habitat de détail, des Zones d'Aménagement concerté (ZAC), de Rénovation et de Remembrement ;*

- *les lotissements, leur extension ou restructuration, la délivrance de permis de construire, d'accords préalables, de certificats d'urbanisme et de permis de démolir.*

Article 53 – La coordination et les études en matière d'urbanisme et d'habitat, de planification, d'aménagement du territoire et d'environnement sont du ressort de l'Agence Régionale de Développement (ARD) dont l'organisation et le fonctionnement sont fixés par décret.

L'urbanisme et l'habitat constituent sans doute le bloc de compétence le moins maîtrisé par les communautés rurales. Les élus sont généralement sans expertise pour élaborer les documents techniques requis. Un effort de simplification et d'adaptation s'impose au législateur. Il se pose également un problème d'application de la loi. Les permis de construire et de démolir ne sont presque jamais requis. L'occupation anarchique de l'espace s'observe dans certains gros villages qui ont pourtant vocation à devenir des quartiers centraux de futures communes. Lorsque ces villages deviennent, du fait de la poussée démographique, de grandes agglomérations, les occupations non réglementées et le désordre spatial y rendent difficile la conception des infrastructures et équipements de base. Les opérations de restructuration ne s'exécutent alors qu'au prix de démolitions regrettables et coûteuses. Il faut dire que les exigences de l'urbanisme moderne sont souvent incompatibles avec les modes d'habitat villageois et bien souvent, la décision de concevoir des lotissements n'est motivée que par l'empressement de recouvrer les frais de bornage.

Pour l'exercice de ces compétences transférées, la communauté rurale, comme les autres collectivités locales, bénéficie de deux mesures d'accompagnement essentiellement : le transfert de dotations pour compensation des charges de compétences transférées et la mise à disposition des services techniques de l'État.

Le législateur sénégalais a le mérite d'avoir procédé à une énumération assez précise des compétences transférées et à leur répartition entre les trois catégories de collectivités locales. Le transfert des compétences doit en effet être « net et clair et éviter, dans la mesure du possible, les chevauchements d'attribution entre l'État et les collectivités territoriales » (Clausel 1996 : 12).

L'article 6 de la loi n° 96-07 portant transfert des compétences prévoit des mesures financières d'accompagnement à réaliser grâce à un prélèvement sur le fonds de dotation de la décentralisation créé par la loi de finances et recevant une dotation équivalant à un pourcentage de la Taxe sur la Valeur Ajoutée perçue au profit du budget de l'État.

Dans la pratique, ce dispositif connaît trois contraintes majeures :

-   les fonds annuels pour la compensation des charges de compétences transférées sont mis à la disposition des collectivités locales très tardivement ;[34]

-   ces fonds sont jugés largement insuffisants eu égard à l'ampleur des nouvelles missions confiées aux collectivités locales ;

-   ils ne concernent qu'un nombre limité de compétences (éducation, culture, jeunesse, santé, …).

Mais l'exercice des compétences transférées est-il obligatoire ?

La réglementation des collectivités locales ne donne aucune réponse tranchée à cette question. Elle précise pourtant que « les transferts de compétences par l'État doivent être accompagnés au moins du transfert concomitant aux régions, communes et communautés rurales des moyens et des ressources nécessaires à l'exercice normal de ces compétences ». Est-ce à dire que la communauté rurale est fondée à ne pas exercer les compétences transférées tant que « *les ressources concomitantes* » ne sont pas mises à sa disposition ? Rien ne permet de le nier ni de l'affirmer. Toutefois, une fois que ces ressources sont mises à la disposition de la collectivité locale, elles sont affectées à des dépenses précises et obligatoires. L'article 259 du code des collectivités locales est sans équivoque sur cette question : « Sont obligatoires les dépenses induites par les transferts de compétences de l'État aux collectivités locales, dans les conditions prévues par la loi de transfert ».

Les charges compensées par le fonds de dotation sont celles induites par l'exercice des compétences nouvellement transférées par la réforme de 1996. Mais la communauté rurale a bien d'autres attributions auxquelles elle doit faire face en recherchant des moyens propres destinés à lui conférer une autonomie financière.

L'autonomie financière

Le principe de l'autonomie financière fait l'objet de plusieurs conceptions. Dans une approche théorique et statique, on estime que la collectivité locale bénéficie de l'autonomie financière parce qu'elle dispose d'un budget propre, c'est-à-dire distinct de celui de l'État, contrairement aux circonscriptions administratives qui s'appuient sur le budget de l'État. Dans une approche plus dynamique, l'autonomie financière existe à chaque fois que les conditions suivantes sont réunies au sein de la collectivité locale :

- la disponibilité de ressources propres ;

- la liberté de décider de l'utilisation de ces ressources ;

- l'existence d'un contrôle uniquement a posteriori.

Cette deuxième approche plus large et plus souple est généralement préférée à la première pour analyser ce critère de l'autonomie financière.

La disponibilité de ressources propres

Les communautés rurales éprouvent de grandes difficultés à financer le développement local. Les infrastructures susceptibles de polariser des activités imposables sont quasi-inexistantes. De plus, la majeure partie de l'initiative privée locale se développe de manière informelle et donc échappe généralement à la fiscalité. Le manque de ressources financières est le trait caractéristique principal des communautés rurales. Ce déficit persistant s'explique notamment par l'absence de civisme fiscal, les cycles de sécheresse, l'inadaptation de la matière fiscale, la faiblesse des capacités en matière de coopération,…

Mais quels critères utiliser pour estimer que la communauté rurale dispose ou non de ressources propres suffisantes ? Le consensus n'est pas encore établi sur la détermination d'un pourcentage d'autofinancement constitutif du seuil de viabilité financière d'une collectivité locale située dans un État qui, lui-même, ne jouit pas de l'autonomie financière.

Même si elle disposait de ressources en quantité, la collectivité locale n'a pas d'autonomie financière si elle n'est pas libre d'user de ces ressources comme elle l'entend.

La liberté de décider de l'utilisation des ressources

Cette liberté est fortement compromise au sein des collectivités locales du Sénégal. Certaines dépenses sont obligatoires, d'autres sont interdites. Il appartient à l'État de fixer le taux ou la fourchette, l'assiette et les modalités de recouvrement de tous les impôts et taxes. Les fonds de toutes les collectivités locales sont versés au trésor public et ne sont pas productifs d'intérêts. Le recouvrement et la garde des fonds des collectivités locales sont effectués par l'État. Par ailleurs, les opérations de dépenses et de recettes sont prévues selon une nomenclature fixée par l'État. Cette nomenclature est statique, rigide et ne permet pas une ventilation des dépenses selon les programmes arrêtés par les collectivités locales.

Le décret de 1966 portant régime financier des collectivités locales (Décret n° 66-510, *JORS* du 23 juillet 1966 : 891-900) est applicable aussi bien aux communes qu'aux communautés rurales bien qu'il ne mentionne pas le terme «communauté rurale » dans ses dispositions du fait de son antériorité à la création de cette institution en 1972. Les communes disposent de la possibilité de se doter d'un personnel présentant le profil requis, soit par recrutement soit par mise à disposition opérée par l'État. Ces conseillers et agents techniques peuvent donc appuyer le Maire dans la production des documents comptables. Les communautés rurales, en revanche, du fait de l'interdiction des dépenses de personnel, n'ont pas d'agent professionnel propre (si ce n'est un assistant communautaire récemment recruté, non spécialisé en finances locales et souvent écarté de la gestion par un PCR jaloux de ses pouvoirs) et sont obligées, pour les tâches financières et comptables, de recourir au comptable nommé par l'État. Ce dernier a plusieurs collectivités locales en charge et ne peut manifestement pas sacrifier les responsabilités délicates dont il est investi sous prétexte de jouer le rôle de conseiller financier permanent des communautés rurales. Rares sont les élus qui maîtrisent les concepts d'engagement, de liquidation et d'ordonnancement des dépenses. Il s'agit pourtant d'opérations comptables indispensables qu'ils sont appelés à effectuer quotidiennement.

La collectivité locale, restant un démembrement de l'État, doit subir un contrôle budgétaire. Ce contrôle, pour laisser intact le principe de l'autonomie financière, devrait s'effectuer uniquement a posteriori, donc après exécution.

Un contrôle uniquement a posteriori

Le budget des collectivités locales au Sénégal reste soumis à l'approbation préalable du représentant de l'État. Ainsi, aucune opération financière délibérée par le conseil de la collectivité locale ne peut être exécutée sans l'accord du représentant de l'État, sauf recours devant la juridiction compétente. Ce dernier exerce donc un contrôle budgétaire lourd. Il vérifie le respect des règles relatives notamment aux délais d'adoption du budget, à l'équilibre du budget, à l'inscription des dépenses obligatoires, … et se substitue à l'autorité locale si ces règles ne sont pas respectées.

De manière générale, on retiendra que l'autonomie financière des collectivités locales du Sénégal n'est que virtuelle, car leurs ressources propres sont précaires, leurs opérations de dépenses et de recettes restent soumises à des règles rigides déterminées de l'extérieur et enfin, elles subissent encore un contrôle budgétaire a priori. En attendant l'aboutissement du projet de réforme de la fiscalité locale initié par l'État, des mesures correctives intermédiaires peuvent être envisagées :

- la décentralisation de la matière fiscale dans le cadre d'une politique volontariste d'aménagement du territoire ;

- la transparence dans la gestion des ressources existantes ;

- le développement de l'initiative privée ;

- la promotion des projets communautaires dans le cadre d'un interventionnisme économique efficace des collectivités locales ;

- l'effort d'adaptation des impôts et taxes à la conjoncture et aux réalités culturelles des collectivités locales, …

Enfin, la décentralisation suppose l'exercice des compétences locales par des ressources humaines propres, élues par les citoyens locaux.

L'assemblée élue

Comme les autres collectivités locales, la communauté rurale est administrée par une assemblée élue au suffrage universel. Mais le processus électoral est dominé par la politique en ce sens que nul ne peut être candidat aux élections locales s'il n'est pas investi comme tel par un parti politique ou une coalition de partis. Le libre choix des électeurs est ainsi restreint par la reconnaissance juridique des partis politiques comme seules instances devant choisir les personnes à élire.

Le scrutin est également un scrutin de liste dont on peut douter de l'adaptabilité à un corps électoral dont le taux d'alphabétisation est relativement bas. Les rares électeurs sachant lire et écrire se voient donc imposer des noms de candidat au choix desquels ils n'ont pas été associés. Un électeur peut avoir de la sympathie pour un parti donné sans apprécier les personnes que ce parti lui impose dans sa liste.

Ces lacunes auraient pu être contournées si les électeurs portaient un choix objectif, non pas sur les partis ou les personnes proposées par ces partis, mais sur les programmes suggérés par ces partis. Or, on voit bien que rares sont les partis qui, au moment des campagnes électorales, tiennent un discours cohérent et sérieux aux électeurs. La pratique découvre plutôt des dénigrements, invectives et injures. L'échéance électorale locale plonge le monde rural dans un moyen âge politique où des candidats sans aucune notion, même vague, de l'idéologie de leur parti d'origine, invoquent leur appartenance familiale comme principal argument électoral ou brandissent un marabout comme directeur de campagne pour émouvoir le corps électoral. Parmi les votants, rares sont ceux qui sont conscients des enjeux d'un choix entre le socialisme, le libéralisme ou le communisme. Le vote ne repose sur aucune conviction idéologique, aucun choix de programme. Il est guidé par des considérations affectives, familiales ou ethniques. Qu'importe la qualité du candidat et la pertinence de son discours ; on vote pour lui dès l'instant qu'il est un parent, un membre de la belle-famille, un membre de l'association religieuse, etc. « La campagne électorale au lieu d'être un moment grave où les partis présentent au peuple des stratégies pertinentes de sortie de crise, se présente comme le lieu privilégié du folklore stérile, d'activités récréatives et même de mangeailles festives. Le terrain politique est le lieu de prédilection du narcissisme et de la sorcellerie. Certaines organisations religieuses excellent dans l'art de confisquer la citoyenneté de leurs fidèles par les consignes de vote » (Alissoutin 2004 : 10 et 2005 : 10).

Cette attitude est révélatrice d'un déficit de culture politique et d'esprit civique. Camille Desmoulins estimait à ce sujet que « Le véritable patriote ne connaît point de personne, il ne connaît que des principes » (Desmoulins 1792).

L'électeur local ignore l'identité de la personne qui va diriger le prochain conseil élu même si le parti de son choix est majoritaire, car le président du conseil est élu par ses pairs dans le cadre du suffrage indirect. Rien n'impose que le président du conseil soit issu de la majorité élue. C'est ainsi que le conseil régional de Tambacounda est présidé par un conseiller issu d'une formation politique minoritaire au conseil. Juridiquement, le choix est régulier ; mais politiquement, le corps électoral local pourrait ruminer un goût de trahison parce que son choix majoritaire est trahi par les jeux des dissensions et alliances.

L'analphabétisme, qui trouve son principal terrain de prédilection dans un monde rural faiblement loti en infrastructures et équipements d'éducation et de formation adéquats, est une des causes de l'immaturité politique des populations. Les partis politiques profitent de cette situation pour les épater par des promesses chimériques. Certains d'entre eux demandent aux populations de ne plus payer les impôts pour s'attirer leur sympathie. D'autres plantent des poteaux d'électrification à l'approche de la campagne électorale pour faire croire à l'arrivée imminente de l'électricité dans le village, puis les déterrent dès la fin des élections pour les retourner au bercail où ils attendent d'être redéployés pour les prochaines élections.

Au total, le monde rural présente un certain nombre de caractéristiques qui ne sont pas toujours compatibles avec les principes classiques de la décentralisation. « L'introduction d'une véritable décentralisation dans les campagnes est un problème auquel se sont heurtés tous les pays africains. Le contexte se prête mal, en effet, à l'introduction d'un système inspiré des modèles européens, applicable à la rigueur dans les villes plus modernes ; l'analphabétisme quasi général, la dispersion géographique en petits villages souvent fort espacés et la force des structures traditionnelles appellent des solutions particulières » (Bockel 1979 : 192). Les dysfonctionnements notés çà et là auraient dû conduire au retour à une démarche plus patiente, encadrée par un système de corrections progressives. La précipitation des autorités dans ce domaine conduit à s'interroger sur les véritables motivations qui ont animé le processus de décentralisation.

L'analyse du processus de décentralisation

Dans une de ses rencontres, le Parti Socialiste du Sénégal s'est demandé si « dans ce contexte de crise économique persistante, il était opportun de faire franchir à notre décentralisation une nouvelle étape et si ce bond qualitatif donnera des résultats économiques probants dans les délais acceptables »[35] (Conseil national du Parti socialiste du Sénégal 1989 : 3). Les étapes précédentes de la décentralisation ont-elles donné des résultats suffisamment satisfaisants pour justifier l'espoir que l'étape de 1996 allait constituer une solution durable à la pauvreté ? Analysant le processus de la décentralisation, une étude du PADDEL s'interroge : « Le Sénégal pour la mise en œuvre de ses textes de cadrage, n'a pas fait le choix du débat, comme au Mali et au Burkina. Choix stratégique, calcul politique ou simple carence révélatrice d'un divorce croissant entre le civil et le politique ? Eviter le débat pour éviter l'affrontement ? Le déroulement du processus, au-delà des discours, hypothèque sensiblement l'option d'un choix de société pour l'avenir du Sénégal. La logique de l'appareil semble devoir l'emporter : ce processus n'est-il qu'une coquille vide privilégiant l'organe (la collectivité locale) plutôt que la fonction (développement) ? » (Debris 1997).

Pourquoi créer des communautés rurales qui n'ont manifestement aucune viabilité financière ?

Un bilan sommaire du comportement des communautés rurales montre que le législateur semble en avance sur les populations locales. Certaines dispositions de la loi initiale de 1972 ne sont toujours pas appliquées par les communautés rurales. Aujourd'hui, l'obligation pour les conseils ruraux d'afficher les délibérations régulièrement adoptées et approuvées dans les 8 jours à l'intention des populations n'est presque jamais accomplie, alors qu'elle a été consacrée depuis la loi de 1972.[36] Certains conseillers absents délèguent leur femme ou leurs enfants aux réunions du conseil rural avec possibilité de prendre la parole et parfois de voter en leur nom.

La réforme de 1990 fait du PCR, l'ordonnateur du budget à la place du sous-préfet. Cette décision est certes conforme à l'esprit de la décentralisation et a été applaudie comme telle. Mais, dans la pratique, aujourd'hui encore, des présidents de conseil rural faute de formation, s'en remettent encore aux sous-préfets pour l'élaboration du budget et au Trésor pour la confection des bons d'engagements. Un élu a pu dire sur ce point que « les textes vont plus vite que les mentalités ».

De nouvelles compétences sont transférées aux collectivités locales alors que celles-ci n'étaient pas encore parvenues à s'approprier la plénitude de leurs attributions traditionnelles. Alors que la totalité des communautés rurales s'est empêtrée dans d'insolubles difficultés dans la gestion du domaine national, elles reçoivent en 1996 de nouvelles compétences en matière de gestion du domaine public et du domaine privé l'État. Cet entêtement de l'État à avancer plus vite que la maturité politique des populations est même suspect aux yeux de certains observateurs qui considèrent que la création de communautés rurales immatures répond au dessein politique du parti au pouvoir de quadriller le territoire rural en plaçant ses militants à la tête des institutions. D'autres pensent que le transfert de compétences est une manière pour l'État de se débarrasser des contraintes qu'il rencontrait dans la gestion de ces compétences.

Il est évident que les mesures d'accompagnement n'ont pas été mises en application de manière adéquate. André Sonko, Ministre de l'Intérieur à l'époque, avait signalé en 1989 à ses camarades de parti que « pour être réelle, la décentralisation a besoin : de l'appui rapproché des représentants de l'État au niveau local et cela suppose une déconcentration administrative ; de l'adhésion des populations concernées, donc de leur participation responsable ; d'une répartition judicieuse des activités économiques sur le territoire national, ce qui implique une politique de décentralisation industrielle et des activités commerciales ; de moyens financiers et humains adéquats permettant aux collectivités locales d'assurer correctement leur mission ; de s'appuyer sur la planification » (Sonko 1999: 11). Le développement est l'objectif officiel de la décentralisation. Mais quel développement ? Gilbert Rist constate qu'« après quarante ans d'efforts de développement, les Africains vivent globalement moins bien qu'à l'époque des indépendances, et pourtant, personne ne semble vouloir tirer les conséquences de ce fait, comme si l'espoir du bonheur à venir l'emportait sur les enseignements de l'histoire. Le développement est toujours perçu comme un impératif indiscutable en dépit des échecs passés » (Rist 1996, et 1997 : 7). Les postulats de départ ont sans doute été mal posés. Dans bien des cas, ils ont été posés de l'extérieur par des institutions peu soucieuses des réalités nationales. L'influence des bailleurs de fonds est incontestable. « La décentralisation en Afrique de l'Ouest ne prend réellement son essor que dans les années quatre-vingt-dix par une accélération du mouvement de démantèlement des États sous la pression des bailleurs » (Totté et al. 2003 : 11). La Banque Mondiale soutient que « les programmes publics donnent de meilleurs résultats lorsqu'ils sont exécutés avec la participation des bénéficiaires et lorsqu'ils exploitent le potentiel associatif de la collectivité » (Banque mondiale 1998 : 11). Ainsi, bien souvent, les réformes hâtivement jugées victorieuses ont été inspirées beaucoup plus par le diktat insidieux des bailleurs de fonds utilisant la dette comme moyen de chantage, que par une évaluation responsable et endogène des acquis et des contraintes des réformes précédentes.

L'évaluation de la politique de décentralisation en milieu rural ne saurait se suffire d'une lecture stérile des textes applicables aux communautés rurales. Elle doit intégrer une dimension pratique d'appréciation de l'applicabilité et de l'application de ces textes aux faits réels ainsi que leur capacité à promouvoir le développement local. Mais encore faut-il s'entendre sur la notion de développement local.

Tentative d'approche du développement local

Les chercheurs ont éprouvé de nombreuses difficultés à définir la notion de développement local. De quelle discipline scientifique cette notion relèverait-elle ? Sous quel angle faut-il l'appréhender ? L'économie ? La sociologie ? La science politique ? Le droit ?… Une seule branche scientifique suffit-elle à appréhender une notion aussi complexe ? Une définition « trop scientifique » ne risque-t-elle pas de nous éloigner des réalités concrètement vécues par les acteurs ruraux ? Laurent Lhopitallier (2005 : 28) nous invite à une approche transversale : « Affranchissez-vous de votre déformation professionnelle : un vétérinaire peut s'intéresser à autre chose que l'élevage ». Pour Henri Poincaré (1991 : 5), « la pensée ne doit jamais se soumettre ni à un dogme, ni à un parti, ni à une passion, ni à un intérêt, ni à une idée ».

Ainsi, une définition hâtive d'une notion aussi complexe et recouvrant des réalités aussi diverses paraît périlleuse. Une démarche plus prudente consiste à déterminer les ingrédients qui entrent dans la composition du concept de développement local (A). Partant de là, il sera plus aisé d'appréhender le développement local au Sénégal (B).

Les éléments constitutifs du développement local

Il convient de distinguer les éléments fondamentaux (1) des autres éléments (2) moins déterminants.

Les éléments fondamentaux

Ces éléments sont déterminants pour toute tentative d'approche du développement local. Ils ne font pas toujours l'unanimité au sein des chercheurs, mais on peut retenir essentiellement : le terroir, la participation, l'ambition commune et la disponibilité des ressources (d).

Le terroir

Le développement local est assis sur un espace physique dont les acteurs cherchent à s'approprier la gestion. La notion de terroir ne se confond pas toujours à celle de territoire. Au sens strict, le territoire est une notion purement physique alors que le terroir porte une charge psychologique, humaine et affective. Le terroir est en effet, un territoire sur lequel s'exerce une certaine solidarité. Mais de nombreux chercheurs utilisent indifféremment les notions de terroir, de pays (pays sérère, pays mandingue, …) et de territoire (Ferguène : 2001 : 12). C'est ainsi que les notions de développement local et de développement territorial, au-delà des subtilités sémantiques, renvoient quasiment à la même réalité, les facteurs constants étant la proximité avec une idée d'échelle relationnelle directe (qui semble l'opposer à la mondialisation) (Pecqueur 2001 : 3) et la solidarité.

Les acteurs engagés doivent être liés par un commun vouloir de transformer ou de modifier à leur profit l'espace collectif auquel ils s'identifient. Il y a donc un lien à la fois entre les membres du même terroir et entre ces membres et leur terroir. Cette solidarité ne signifie pas pour autant la réduction des diversités ou le bâillonnement de la liberté d'expression et de pensée. La diversité des opinions enrichit la solidarité surtout lorsqu'elle s'exerce dans la communion des esprits et des cœurs. Le terroir et la solidarité qu'il développe évitent la dispersion des forces en développement local et facilitent, en principe, les consensus du fait du partage des mêmes valeurs culturelles.

Mais la « monoculture » est-elle un critère du terroir ? L'appartenance au même terroir ne signifie pas une parfaite identité culturelle ni une totale convergence de visions. Elle n'exclut pas la diversité culturelle. Cette diversité est « une dynamique et non une dynamite » (Sizoo 2004 : 10). Des différences peuvent se retrouver à l'intérieur d'une même culture. Elles peuvent provenir de « la classe sociale, du niveau d'éducation, du genre, de l'âge, du statut économique et social, de la fonction professionnelle, de la psychologie personnelle » (Sizoo 2004 : 10). La notion de terroir transcende les individualités culturelles. Au Sénégal comme partout en Afrique, de même que l'appartenance familiale dépasse les liens de sang, l'appartenance au même terroir dépasse les spécificités culturelles et cultuelles.

Mais il convient aujourd'hui de relativiser cette notion de terroir comme élément constitutif du développement local. La mondialisation, la mobilité des citoyens et les déplacements consécutifs aux politiques d'aménagement du territoire peuvent conduire des groupes initialement peu homogènes à se retrouver sur un territoire nouveau. Rien n'empêche qu'ils engagent un processus de développement local. Le terroir n'est donc pas toujours une donnée naturelle ; il peut également être une qualité à forger. L'essentiel réside peut-être dans la mobilisation et la participation des acteurs engagés.

La participation

Après l'échec des recettes miracles parrainées par un interventionnisme quasi-unilatéral accordant peu de crédit au savoir local, on cherche maintenant à associer les destinataires de la décision à la prise de décision. Gandhi disait à l'époque, dans la plupart de ses discours : « Ce que vous voulez faire pour moi, vous le ferez toujours mal si vous le faites sans moi ». S'adressant aux bailleurs de fonds,

Mamadou Cissokho, acteur de développement, estime que : « Ce sont ceux que vous appelez bénéficiaires qui sont les vrais acteurs et non pas ceux qui les aident ».[37]

Aujourd'hui la participation est considérée comme le principal critère de la qualité des interventions des partenaires au développement. Les assistances les plus inopportunes et les plus douteuses ont été blanchies au motif qu'elles ont été conçues avec la participation des populations. Certains praticiens de la MARP[38] se vantent du monopole de l'approche participative. Mais les outils qu'ils utilisent (matrices, transects,[39] diagrammes, cartes du terroir, etc.) sont conçus en dehors des populations. Dans bien des cas, il s'agit de méthodes académiques qu'on s'efforce d'adapter à l'analphabétisme. Le contresens consiste à vouloir identifier des perceptions locales sur un sujet déterminé en utilisant des recettes et des méthodes étrangères au milieu.

Cette conception de la participation est d'ailleurs erronée. En développement local, la participation signifie la mobilisation libre et éclairée des acteurs autour d'actions communes. Ce sont les intervenants extérieurs qui doivent participer à la conception et à la réalisation des stratégies locales initiées et entreprises par les acteurs locaux et non le contraire.

Une autre erreur dans ce domaine repose sur l'illusion de la planification locale participative. Certains chercheurs se vantent d'avoir aidé à la conception de plans locaux participatifs en utilisant les méthodes participatives de recherche. En réalité, c'est le processus de collecte d'informations qui est participatif et non pas l'organisation des actions et des moyens autour d'objectifs prioritaires. Dans bien des cas, les intervenants utilisent les populations au moment des investigations, mais se réservent le monopole d'analyser les résultats de ces investigations selon leurs propres conceptions et de proposer des panacées suivant les recettes qu'ils ont apprises à l'école.

La participation est d'abord locale. Elle doit être soutenue par une ambition commune.

Une ambition commune

Le lancement d'une dynamique de développement local doit avoir une ambition de départ. La communauté d'ambition et de vision est l'élément qui fédère les forces vives autour des actions identifiées pour atteindre cette ambition. Même si un objectif précis n'est pas fixé au départ, il faut un idéal qui motive les acteurs.

L'atteinte d'un objectif (ou la résolution d'un problème) n'implique pas la fin de la dynamique de développement local ; Ils font naître de nouveaux défis. La tendance au progrès est inhérente à la nature humaine et fait dire à Jules Lachelier que « L'homme ne peut rester lui-même qu'en travaillant sans cesse à s'élever au-dessus de lui-même » (Lachelier : 1872).

L'objectif qui rassemble et mobilise les forces locales n'est ni forcément quantitatif, ni obligatoirement prisonnier d'échéances contraignantes. La précipitation est incompatible à la perfection et le Duc De Levis cherche à nous en convaincre en nous rappelant dans un raccourci pertinent que *le temps use l'erreur et polit la vérité* (Lévis 2005).

Dans les pays en développement, la principale motivation des dynamiques de développement local est évidemment la lutte contre la pauvreté. Dans d'autres endroits de la terre où les hommes et les femmes sont à l'abri des préoccupations primitives (manger, se loger, se vêtir,...) d'autres motivations peuvent se développer comme : la solidarité, l'écoute, le partage, etc.

Mais l'ambition, aussi légitime soit-elle, ne peut se réaliser sans les moyens correspondants.

La disponibilité des moyens

L'ambition qui motive les acteurs du développement local reste une idée, un rêve tant que les moyens de la réaliser ne sont pas identifiés puis mobilisés. La présidente des groupements de promotion féminine de la communauté rurale de Mpal,[40] estime que « sans moyens financiers, une initiative de développement local verse dans la gesticulation et la palabre : pour chercher de l'argent, il faut d'abord avoir de l'argent ».[41] Ces moyens peuvent être mobilisés au sein du terroir ou recherchés auprès des différents partenaires externes. Mais la recherche de revenus financiers n'est pas la seule ambition du développement local. Elle peut, lorsqu'elle est poussée à l'extrême, favoriser l'individualisme. On remarque d'ailleurs, de par le monde, que les gouvernements de gauche sont plus prompts à soutenir les initiatives de développement local. D'autres préoccupations peuvent motiver les acteurs locaux comme une meilleure gestion des ressources disponibles et, en particulier, leur meilleure répartition entre les membres du terroir. Bien souvent, ce n'est pas une absence totale de moyens qui est en cause, mais un défaut de valorisation des ressources si minimes soit-elles dans le cadre de projets cohérents et ambitieux. Donc, plus que la disponibilité des moyens, c'est la capacité à faire preuve d'inventivité et d'originalité pour transformer en gains financiers les opportunités du terroir et la promptitude à capter les financements externes qui fondent la durabilité d'une dynamique de développement local.

Ces éléments paraissent déterminants dans la définition du développement local et ils sont interactifs : c'est l'ambition commune qui détermine l'unité du terroir ; c'est la disponibilité des moyens qui permet de réaliser l'ambition commune ; c'est la participation qui anime le terroir, engage les acteurs et les mobilise vers un objectif solidaire.

Les autres éléments

D'autres éléments de définition sont utiles à évoquer.

Il s'agit, notamment, du partenariat, de la transparence et de la laïcité.

Le partenariat

Le développement local n'est pas un repli sur le terroir. Les acteurs locaux gagnent à s'ouvrir aux expériences et aux expertises extérieures. Dans le contexte de pauvreté, le partenariat externe se présente généralement comme une source précieuse de financement et d'expertise destinée à irriguer les initiatives prises à la base. Mais la recherche de partenaires ne devrait pas être confinée à des motivations exclusivement financières. Elle doit intégrer les préoccupations stratégiques d'ouverture, d'échange et de partage d'expérience, d'arrimage aux programmes de développement nationaux et internationaux dans la mesure de leur pertinence en rapport avec les priorités locales.

La multiplicité des acteurs engagés, du fait notamment de ce partenariat, fait peser sur eux l'exigence de transparence.

La transparence

Elle est indissociable de la démocratie locale. Elle rassure les acteurs et consolide leur engagement. La loi a tenté d'organiser cette transparence notamment par le droit des populations d'assister aux séances du conseil, l'obligation d'affichage des délibérations, le droit de consultation des documents, l'examen du compte administratif de l'exécutif local, etc.

Mais l'élu local peut aller plus loin dans ce souci de transparence. Rien n'empêche en effet, qu'à la faveur de la proximité, des fora s'organisent régulièrement sous l'arbre à palabre pour informer la communauté du détail des ressources mobilisées et des activités réalisées, apprécier ses réactions et prendre avec elle des engagements pour l'avenir.

Enfin, la laïcité est un autre critère du développement local.

La laïcité

Les pratiques religieuses reposent sur le respect dogmatique de textes immuables. Le développement local est une œuvre innovante qui s'enrichit du choc des idées et admet la remise en cause et la reformulation des choix initiaux. Le développement local peut s'enrichir des valeurs suggérées par les religions[42] (comme l'amour chrétien, la charité musulmane …) mais, il ne saurait s'identifier à l'une d'elles. Les convictions religieuses personnelles des acteurs ne doivent pas compromettre la liberté absolue de conscience et l'objectivité des choix sur le terrain du développement local.

Pour définir le développement local, une démarche plus honnête consiste à donner la parole aux principaux acteurs qui le vivent et l'animent. À cet effet, une enquête sommaire a été réalisée dans trois communautés rurales pour sonder la perception que les acteurs locaux ont de cette notion de développement local. Le souci d'élargir l'éventail des réponses a conduit au choix de trois sous-échantillons[43] géographiquement, culturellement et économiquement différents. La question est de savoir si la définition de la notion de développement local est contingente parce que happée par les réalités du moment ou objective et universelle parce que transcendant les situations temporelles et spatiales particulières.

La communauté rurale de Sangalkam est située dans la région de Dakar, département de Rufisque. On y retrouve une composition ethnique hétéroclite avec des autochtones et des migrants de plus en plus nombreux, versés notamment dans l'horticulture, l'aviculture, le tourisme.

La communauté rurale de Gamadji Saré est située au nord du Sénégal dans la région de Saint-Louis, département de Podor. Elle est presque exclusivement habitée par les populations Al Pular (encore appelées Toucouleurs), d'ordinaire jugées très conservatrices. Les activités économiques de la zone se déploient principalement dans l'élevage extensif imposé par la sécheresse et les cultures de décrue autour du fleuve et de ses affluents.

La communauté rurale de Dionewar est située au sud-ouest du Sénégal dans la région de Fatick, département de Foundiougne. C'est un ensemble de villages insulaires fortement dominés par l'ethnie Sérère Niominka essentiellement occupée par la pêche artisanale.

Dans chaque communauté rurale, une centaine de personnes a été interpellée sur deux questions simplifiées à dessein :

- qu'entendez-vous par développement local ?

- quelles sont, d'après vous, les priorités du développement local ?

Le caractère réduit de l'échantillon (300 personnes sur plus de 6 millions d'habitants vivant dans les communautés rurales du Sénégal) ne permet évidemment pas de généraliser les résultats de l'enquête. Mais ces résultats livrent des tendances non négligeables qui pourraient servir de postulats à une étude plus fine.

La synthèse des réponses donne les résultats suivants :

• La perception de la notion de développement local

Dans les trois espaces visités, les populations conçoivent, en majorité, le développement local comme l'auto-prise en charge par le terroir de son développement. Le développement local serait alors un développement solidaire, endogène, participatif et intégré. Cette majorité est même absolue à Sangalkam (67%) et à Dionewar (51%). Pour le cas de Sangalkam, il semble que la proximité de Dakar, qui concentre les grandes sources d'information, ainsi que les contacts fréquents avec les partenaires au développement qui apportent un appui méthodologique aux populations organisées en groupements, aient induit une conception plus ou moins homogène du développement local. Une lecture psychologique de ces réactions montre d'ailleurs que les populations interrogées n'expriment pas leur perception propre du développement local, mais celle qu'elles croient devoir exprimer compte tenu des informations obtenues dans les séminaires, la presse, les documents ou auprès des partenaires extérieurs. On se

demande alors si le développement local est un phénomène authentique né de la
base et que les observateurs cherchent à comprendre ou un concept parachuté
par des « spécialistes » qui s'efforcent de susciter l'adhésion des cibles à leur vision.
Un tiers des cibles conçoit le développement local comme un mouvement de
résistance à l'État centralisateur et, de fait, mettent l'accent sur l'aspect « local ».
Cette opinion est très forte à Dionewar ou elle emporte 41% des personnes
consultées. Cette communauté, comme du reste les autres communautés rurales
de l'arrondissement de Niodior, se caractérise par un certain conservatisme et
une forte dose de traditionalisme. Il faut ajouter à cela l'enclavement des îles ainsi
que l'autarcie et la fougue dont font preuve les pêcheurs de cette zone. Dans ces
conditions, l'intervention de l'État est souvent considérée comme une intrusion

Tableau 1 : Le développement local selon les cibles.

Communauté rurale	Réponses des cibles (%)			
	Mobilisation du terroir pour l'auto-prise en charge	Résistance à l'emprise de l'État	Simple effet de mode	Autres
Dionewar	51	41	07	01
Gamadji Saré	48	19	28	05
Sangalkam	67	31	2	00
Ensemble	55,3	30,3	12,4	02

ou une ingérence à moins qu'elle ne serve à lever une contrainte locale ponctuelle
pour laquelle les populations attendent un appui urgent. Cet attachement incondi-
tionnel aux valeurs historiques, renforcé par l'enclavement géographique fait primer le savoir local traditionnel sur les techniques dites avancées de développement parrainées par les partenaires extérieurs. L'autorité administrative éprouve
d'ailleurs d'énormes difficultés à y faire respecter les lois et règlements de l'État.
La tentation est grande, à l'analyse de cette méfiance face aux recettes conçues de
l'extérieur, de distinguer le développement local traditionnel fondé sur les perceptions et les valeurs authentiques et le développement local moderne ou importé fait d'outils, certes pertinents, mais non encore totalement appropriés par
les cibles.

Ces deux visions ne sont d'ailleurs pas exclusives. L'attachement aux valeurs
du terroir n'exclut pas l'ouverture à des techniques de plus en plus universelles ni
le contact avec les personnes physiques ou morales qui les incarnent, dans une
perspective partenariale.

Le village de Simal, situé dans la communauté rurale de Fimela,[44] est réputé pour sa propension à perpétuer les valeurs ancestrales. C'est un village où l'on peut apercevoir à l'œil nu, au regard notamment des comportements quotidiens, l'authenticité de la culture sérère.[45] Après avoir pénétré cet univers apparemment vierge de toute main étrangère, le visiteur est forcément surpris par la qualité de l'accueil qu'on lui réserve, accueil qui porte l'empreinte du respect du droit à la différence, c'est-à-dire l'acceptation de l'autre malgré ses valeurs, sa vision et sa foi différentes. Ce droit à la différence ainsi que les valeurs morales qui l'entretiennent comme la tolérance et l'humanisme font pourtant souvent défaut dans des milieux dits modernes.

Si le développement local peut être inspiré par une résistance aux programmes étatiques irrespectueux des savoirs locaux, il peut également naître d'une réaction spontanée à la carence des encadrements et appuis de l'État. « C'est la crise des valeurs républicaines qui aura engendré la prise de conscience de la nécessité de l'auto-prise en charge. Le peuple a l'impression d'avoir été laissé en dehors de la Cité. C'est ainsi qu'avec l'aide et l'impulsion des ONG, on voit se développer des structures d'auto-organisation villageoises qui prennent en charge leurs cités-terroirs » (Ndiaye 1998 : 58).

Une proportion non négligeable des personnes enquêtées (12%) estime que le développement local n'est qu'un mot en vogue. Dans la communauté rurale de Gamadji Saré où plus du quart des personnes consultées est de cet avis, on estime que le concept a été lancé pour justifier la politique de décentralisation qui a montré ses limites. L'idée inavouée consisterait à brandir ce concept attractif pour corriger l'erreur d'une construction solitaire de la politique de décentralisation sans consultation sérieuse de la base. Certains reprochent à l'État de produire des textes sans les consulter en amont, ni les informer en aval. Pire, les interventions significatives de l'État seraient très rares. Pour exprimer de manière anecdotique ce faible soutien de l'État, un habitant du village de Doubangué[46] estime qu'il « se sent plus proche du gouvernement mauritanien - la frontière mauritanienne se trouve à une poignée kilomètres - que du gouvernement sénégalais … ».

Il est sans doute excessif de reprocher aux chercheurs, à l'État et à ses partenaires d'avoir créé de toutes pièces la notion de développement local. Mais il faut tout de même avouer que le contenu et la signification que l'on donne généralement à cette notion, souvent avec beaucoup d'audace, n'émanent pas toujours de la perception des cibles concernées au premier plan. Il s'est avéré d'ailleurs très difficile de traduire le concept de développement local en langue locale pour les besoins de l'enquête et l'ensemble des réponses classées dans la catégorie « autres » sont celles qui révèlent que la cible n'a aucune idée précise de la notion, du moins telle qu'elle lui a été présentée.

• Les priorités du développement local
La deuxième question est relative aux priorités du développement local.

Pour la majorité de la cible interrogée, le développement local est un concept anachronique s'il ne contribue pas à relever de manière significative le niveau des revenus des populations. Cette opinion est fortement exprimée à Gamadji Saré où les activités économiques de subsistance (Cultures de décrue, élevage extensif, pêche artisanale, …) sont compromises par la sécheresse et la raréfaction des ressources naturelles jadis abondantes. Autrement dit, le développement local poursuivrait en priorité un objectif économique. Une telle tendance ne saurait surprendre dans un pays rongé par la pauvreté et où l'amélioration d'un pouvoir d'achat du reste précaire, est un combat quotidien. Le rythme effrayant du développement des activités dans l'économie dite informelle est un indicateur éloquent de l'emprise qu'exercent, sur les populations, les nécessités de survie. On peut se demander si les populations qui adhèrent à cette thèse donnent leur point de vue sur le défi prioritaire du développement local à proprement parler ou expriment tout simplement le principal problème de leur existence à l'enquêteur qui est à leur portée.

Tableau 2 : Le défi prioritaire du développement local selon les cibles.

Commu-nauté rurale	Réponses des cibles (%)				
	L'accroisse-ment des revenus	L'accès aux services sociaux de base	Le renforcement de la démocratie et de la solidarité	La prévention et la gestion des conflits	retour aux valeurs locales
Dionewar	20	29	05	21	25
Gamadji	45	27	08	01	19
Sangalkam	32	10	35	22	01
Ensemble	32,3	22	16	14,7	15

Mais si le développement local doit contribuer à la production de richesses dans un contexte de pauvreté, il a également besoin de ressources pour se réaliser et c'est dans ce sens que la disponibilité des ressources aptes à financer la réalisation des objectifs est un critère capital du développement local.

L'accès aux services sociaux de base (santé, éducation, etc.) est également largement évoqué, mais dans des proportions moindres à Sangalkam où la proximité de grands pôles urbains comme Rufisque, Pikine et Dakar permet un accès relativement facile à ces services. A Dionewar, beaucoup pensent que les problèmes sociaux doivent être réglés collectivement tandis que la recherche de revenus incombe à chaque individu pris isolément.

Le renforcement de la démocratie et de la solidarité n'est pas priorisé dans des communautés rurales réputées conservatrices et solidaires comme Gamadji et

Dionewar qui bénéficient déjà plus ou moins de cet acquis. À Sangalkam en revanche, la diversité ethnique d'une population de provenances différentes rend fondamental ce défi. Ce renforcement de la solidarité devrait tendre vers la réduction des conflits sociaux, fortement évoquée dans cette communauté rurale (22%) comme défi du développement local. Dionewar, malgré une relative homogénéité culturelle, n'échappe pas aux conflits sociaux. Le caractère récurrent de ces conflits s'expliquerait par la fougue qui anime d'ordinaire les populations côtières. A Niodior, village de la communauté rurale, les populations, depuis de longues années, ne s'entendent pas sur le choix d'un Imam pour la Mosquée du village. Les deux camps rivaux se sont d'ailleurs livrés à des affrontements sanglants.

Dans cette même communauté rurale, une assez forte proportion des cibles (25%) estime que le défi prioritaire du développement local est le retour aux valeurs locales. Ces cibles considèrent en général que l'avènement de programmes de développement importés et peu compatibles à l'histoire du terroir suscite une perte de repères dont souffrent les populations ainsi partagées entre leurs traditions auxquelles elles s'identifient et l'appel de l'extérieur auquel elles ne peuvent être totalement indifférentes. Certains pêcheurs ont systématiquement rejeté le port du gilet de sauvetage, en prêchant l'utilisation du savoir local traditionnel pour la sécurité en haute mer. Ils estiment que les personnes qui disparaissent en mer sont des pseudo-pêcheurs qui n'ont aucune histoire ni aucune culture de pêche, des amateurs devenus pêcheurs tout juste pour se nourrir et qui, de ce fait, ignorent les secrets de ce système sécuritaire traditionnel.

En guise de synthèse des opinions recueillies, le développement local serait la mobilisation des acteurs du terroir autour de défis économiques visant notamment l'accroissement de leurs revenus. Mais cette synthèse paraît réductrice de la richesse des idées exprimées, richesse qui tire justement sa source de la diversité des situations vécues. Cette diversité de perceptions et d'approches rend difficile la définition du concept de développement local, mais elle l'enrichit et lui conserve une certaine originalité. Le principal enseignement de l'enquête est donc la difficulté, voire l'inutilité, d'identifier une définition du développement local valable pour tous les temps et tous les espaces. Mais, s'il faut à tout prix trouver une définition acceptable, il faut la situer dans un contexte donné.

Le développement local dans le contexte sénégalais

Dans le contexte de sous-développement, la pratique du développement local ne peut être légitimée que par son intégration dans les programmes pertinents de lutte contre la pauvreté. Qu'est-ce qui peut mobiliser les populations locales appauvries en dehors de l'urgence d'échapper à l'étau des précarités économiques et sociales ?

La pauvreté est décrite dans les documents officiels en des termes techniques qui ne rendent pas toujours fidèlement compte de la réalité.[47] Il paraît utile, dans le cadre d'une analyse ancrée dans le réel, d'observer la pauvreté d'un œil concret, telle qu'elle est vécue au quotidien par les populations. On peut dans cet esprit et de manière très simple, souligner quelques visages palpables et significatifs de la pauvreté rurale au Sénégal.

- Dans les villages les plus frappés par la sécheresse, la population est en grande majorité composée d'enfants à bas âge, de vieillards et de femmes confinées aux travaux domestiques et à la corvée de recherche de nourriture. Les « bras valides » ont opté pour l'exode à la recherche de revenus hypothétiques.

- Les jeunes filles parties en ville pour travailler comme femmes de ménage, obtiennent un « salaire mensuel » dépassant à peine le tiers du salaire minimum garanti et reviennent au village pendant la saison des pluies avec une épargne héroïque plus ou moins égale à 30 000 FCFA (à peine 46 Euros) après neuf à dix mois de travail éprouvant.

- Dans des villages du nord du Sénégal, il a été observé que pour faire croire aux enfants à l'illusion du dîner, une marmite vide est posée sur le feu ; après une vaine attente, les enfants finissent par s'endormir et le lendemain, ils sont sommés de prendre très tôt le chemin de l'école souvent le ventre vide : c'est la stratégie du « feu de l'espoir ».

- Certains ménages, faute de pouvoir honorer la cotisation modique exigée aux usagers des forages, utilisent pour la consommation humaine les eaux stagnantes des mares et bras de fleuves, en parfaite connaissance des risques sanitaires.

- L'habitat rural s'illustre par son aspect quasi préhistorique avec sol en sable, mur en banco, et toit en paille. Au-delà du conservatisme propre à certaines ethnies, cet état de l'habitat s'explique par l'extrême paupérisation des populations à certains points du territoire national.

- la mendicité était jusqu'à une certaine époque impensable dans le monde rural. Les risques de misère individuelle étaient annulés par le jeu des solidarités au sein de la communauté. Aujourd'hui, de petits mendiants apparaissent dans certains villages tendant une main famélique aux passants et vivant de manière générale dans des conditions très inquiétantes (Alissoutin 2005 *Walfadjri* : 10 ; *Le Quotidien*: 9).

Cette pauvreté est-elle nécessairement le défi légitime et exclusif du développent local ? N'est-elle pas de nature à exclure arbitrairement du champ de la notion les groupes nantis ?

Le développement local est-il à la portée de tous ou exige-t-il un minimum de qualités ou de prédispositions de ses acteurs ? La mentalité de l'acteur ne peut être occultée lorsqu'on se propose d'élucider le sort de ses initiatives. À propos de l'Afrique, Daniel Etounga Manguelle, admet que : *La cause globale, la cause unique, celle qui est à l'origine de toutes les déviations, c'est la culture africaine, caractérisée par son autosuffisance, sa passivité, son manque d'ardeur à aller à la rencontre des autres cultures avant que ces dernières ne s'imposent à elle et ne l'écrasent, son incapacité, une fois le mal fait, à évoluer à leur contact sans tomber dans un mimétisme abject* (Etounga Manguelle 1991 : 21). L'économiste estime que : *Le développement est un processus culturel et politique avant d'être économique et technologique* (Etounga Manguelle 1991 : 21). Dans le même sillage, François Perroux définit le développement comme : *Une combinaison des changements mentaux et sociaux d'une population qui la rendent apte à faire croître cumulativement et durablement son produit réel global* (Perroux 1991 : 25). La culture sénégalaise est-elle compatible avec les exigences du développement local ? Qui est ce sénégalais qui doit faire le développement ? Quelles sont ses caractéristiques ? Celles-ci sont-elles compatibles avec les exigences du progrès ? En un mot, le sénégalais a-t-il une culture de l'effort, une pédagogie du développement ?

Sans prétendre psychanalyser la mentalité sénégalaise, on peut dégager un certain nombre de traits caractéristiques du sénégalais et les confronter aux critères du développement local.

L'ouverture

Le cousinage ethnique, la parenté à plaisanterie, la cohabitation religieuse même à l'intérieur de la famille, … sont des traits caractéristiques de l'esprit d'ouverture et de tolérance du sénégalais. Cette ouverture ne se limite pas au compatriote mais s'étend à l'étranger.

Ainsi, l'hospitalité sénégalaise devenue légendaire sous l'appellation « *Téranga* » est connue dans le monde entier et il est intéressant de constater que l'attribution du Titre *Lions de la Téranga* aux footballeurs de l'équipe nationale n'est pas l'œuvre des sénégalais eux-mêmes, mais de la presse et des observateurs internationaux témoins de cette hospitalité séculaire toujours vivace malgré les contraintes de la pauvreté. Or, l'hospitalité n'est pas possible sans une ouverture sur l'autre. Le Sénégalais fait partie des plus grands voyageurs, et, partout, il se distingue par sa capacité à s'adapter rapidement aux réalités du terrain nouveau. De la même manière, il sait s'ouvrir à l'étranger et s'efforce même de parler sa langue dans des délais qui suscitent l'admiration.

Le développement local n'est pas un repli sur les particularismes locaux. Il s'enracine dans les valeurs du terroir mais s'enrichit d'autres expériences compatibles avec ses options et que seule une ouverture sur l'extérieur peut permettre de capter. Il s'abreuve donc abondamment du mythe senghorien d'enracinement et d'ouverture. Il s'agit « non seulement de savoir s'arrimer solidement à son propre socle culturel (avoir donc une mémoire) mais aussi savoir vivre son propre passé de façon créatrice, c'est à dire en l'expurgeant de tout ce qui, au regard des exigences bien comprises de la mondialisation et de la modernité, pourrait entraver son propre dynamisme historique et, par conséquent, le désarmer face au présent » (Guèye 1998 : 23).

Cette ouverture, qualité intrinsèque incontestée, se présente comme une source inépuisable où puisent les acteurs locaux pour abreuver les différents systèmes de partenariat indispensables au développement des dynamiques de développement local. Ainsi, les différents partenaires extérieurs se voient réserver par les populations locales à la fois un accueil poignant et une capacité à s'approprier rapidement les programmes proposés.

La vie en communauté est un autre trait caractéristique du comportement social du sénégalais.

La vie en communauté

En entrant dans une famille sénégalaise, le visiteur a besoin de temps pour distinguer le titre réel de chaque membre de la famille. Le frère du père est appelé « père », le cousin est considéré comme frère surtout s'il provient de la branche paternelle, la tante qui s'est vue confier l'enfant est considérée comme mère malgré la présence de la mère utérine et, parfois, l'individu qui n'a aucun lien de sang avec la famille est pleinement considéré comme membre à part entière de cette famille, à force de la fréquenter. Le village de type sénégalais, malgré ses variantes, rend compte de cette vie communautaire. Les ménages sont généralement regroupés en carrés et les différents carrés du village forment souvent la même grande famille. Cette organisation de la vie sociale est une marque de solidarité.

La solidarité est encouragée par la forte présence des religions. Elle est également soutenue par la notion de partage qui est une valeur traditionnelle presque sacrée dans toutes les ethnies. La solidarité est un critère vital du développement local. Elle maintient les acteurs ensemble, harmonise les actions, réduit les risques de conflit et crée la force du fait de l'union. Elle favorise la charité.

La charité

La culture sénégalaise est fondamentalement marquée par cette tendance spontanée à aller au secours de l'autre. Le nécessiteux est réintégré dans le groupe pour y retrouver sa dignité. Même le fou n'est jamais totalement abandonné. La charité est renforcée par la sacralité du partage. Même à l'école, on apprend à l'enfant à ne jamais manger son bout de pain sans en offrir un morceau à son camarade.

La religion musulmane occupe près de 95% de la population sénégalaise. L'islam recommande fortement aux frères musulmans de vivre dans l'unité et la charité. Ainsi, l'individu qui pratique la charité, d'une part, applique spontanément une valeur traditionnelle bien établie et, d'autre part, se conforme à une prescription divine. La communauté chrétienne également cultive cette générosité collective ainsi que l'amour du prochain.

Le développement local ne se résume pas, pour autant, à une œuvre de bienfaisance. Il n'est pas non plus une action purement humanitaire. Mais l'action solidaire qu'il déploie n'est vraiment viable que dans une ambiance ou chaque acteur est prompt à tendre la main à son voisin, à s'effacer au moment opportun au profit de l'autre et du groupe. En développement local, la charité est un corollaire de l'amour pour son terroir et pour les membres du groupe engagés dans le même combat.

Mais l'attitude sociale du sénégalais n'est pas uniquement faite de vertus. On y retrouve un certain nombre d'imperfections comme l'impatience.

L'impatience

Le Sénégalais se montre souvent impatient dans le cadre des activités économiques. Il veut bénéficier immédiatement des fruits de son investissement. Une telle impatience inhibe l'esprit de méthode nécessaire à la conduite optimale d'une entreprise économique. Cette tendance vers le gain rapide conduit les acteurs économiques vers le petit commerce au détriment de la production. La production nécessite en effet des capitaux conséquents, des ressources humaines qualifiées et des stratégies d'action ardues. La réalisation de bénéfices destinés à fructifier cette production est liée à l'écoulement des produits donc à leur compétitivité. L'insertion dans le système productif appelle, par conséquent, un esprit de méthode, de patience et de persévérance contrairement au petit commerce ou les recettes sont, en principe, immédiates.

Les dynamiques de développement local doivent s'intégrer dans le système productif sous peine de déphasage par rapport aux programmes et stratégies de réduction de la pauvreté. Elles doivent produire des résultats économiques et financiers positifs et profitables à la communauté. Mais le développement local n'est pas une machine à sous.

L'impatience peut être une entrave au développement local. Ce dernier est généralement une œuvre de longue haleine, une entreprise globale qui appelle l'organisation méthodique des acteurs autour d'actions à parfaire continuellement pour obtenir des fruits dont la lenteur garantit généralement la qualité et la durabilité. A côté de l'impatience, le mimétisme est une autre dérive peu favorable au développement local.

La tendance au mimétisme

Le tissu associatif sénégalais souffre d'un manque de diversification des activités. Au sein des groupements de femmes par exemple, les activités sortent rarement du carcan : petit commerce, teinture et maraîchage en cas de disponibilité de l'eau. Les acteurs économiques cherchent à copier l'activité du voisin qui a apparemment réussi. Dès qu'un individu installe un petit commerce, les autres envahissent les espaces environnants pour vendre la même chose. Le Rapport national sur le Développement humain au Sénégal souligne que « Beaucoup de GIE[48] ont été créés entre 1984 et 1995, mais leur durée de vie reste limitée. En effet, l'absence de diversification des activités entraîne une forte concentration dans des secteurs restreints, ce qui risque, à terme, d'hypothéquer l'efficacité et l'efficience de ces entreprises » (PNUD 2001 : 41). Dans l'une de ses évaluations, le Fonds national de Promotion de la Jeunesse constate : « Les jeunes promoteurs ciblent en général les mêmes domaines d'activité (75 % des projets portent sur le secteur de l'embouche bovine, l'aviculture, le commerce des denrées alimentaires) et procèdent à la duplication des mêmes prototypes de projet. Une telle situation met en évidence les difficultés qu'ils rencontrent pour identifier eux-mêmes des créneaux et / ou des idées originales de projet » (FNPJ 2003 : 2).

La ruée des acteurs vers la même activité laisse inexplorés des créneaux porteurs, crée la pléthore, la saturation et parfois la surproduction. Elle compromet l'esprit d'innovation et de créativité nécessaire à l'animation des initiatives de développement local. On observe donc une faiblesse de l'imagination révélatrice d'une tendance à l'attentisme.

L'attentisme

Au plan national, les gouvernements des pays africains se montrent souvent incapables de construire des stratégies endogènes de sortie de crise et s'aliènent à l'aide publique au développement pour bénéficier des fonds des États amis ou des Institutions Internationales. Qu'importent les conditionnalités, l'essentiel est d'encaisser. L'allégeance à l'aide externe rend compte d'« une mentalité d'assisté que contractent les élites locales, trop heureuses de se reposer de leur fardeau sur leurs collaborateurs étrangers, et même enclines à abdiquer leurs prérogatives » (Mongo Béti, Tobner 1989 : 35). Au plan local, le même comportement passif est largement observé ; on attend passivement un projet, des vivres de soudure, etc. Lors des monographies et des Marps réalisées dans les villages et quartiers, au lieu de répondre aux questions posées par les chercheurs et tendant notamment à évaluer les ressources locales, les populations expriment plutôt, et souvent inconsciemment, leurs attentes par rapport aux projets et missions d'aide dont ils souhaitent l'avènement.

À la question de savoir « comment combiner nos ressources propres avec les « apports d'aide ? (Grain de sel n°24 2003 : 35), Tamba Yancouba répond « qu'au lieu de continuer la main tendue auprès des bailleurs de fonds, il faut créer des sources de financement au niveau local. Elles sont possibles et nombreuses ». Pour Didier Burgun, « Tout projet qui dit attendre des aides pour démarrer est un mauvais projet, de même que toute aide qui déclare susciter un projet qui n'existe pas est une mauvaise aide » (Grain de sel n°24 2003 : 35).

L'indiscipline est également un défaut du sénégalais.

L'indiscipline

La mise sur pied de la Commission de Lutte contre l'Indiscipline nationale n'a pas permis d'éradiquer le mal, ni même d'en réduire les effets. Le drame du Bateau *Le Joola*[19] apporte une preuve macabre de cette indiscipline généralisée.

Alors qu'elle trouvait son terrain de prédilection dans les milieux urbains, cette indiscipline à la fois individuelle et collective étend progressivement ses tentacules dans le monde rural. Elle se manifeste notamment par les retards désinvoltes aux réunions, les querelles politiciennes dans des séances du conseil et parfois sous les yeux du représentant de l'État, le grignotage des parcours de bétail officiellement délibérés à des fins culturales, le non-respect des délibérations du conseil notamment en matière foncière, la corruption, l'évasion fiscale, etc. Le manque d'hygiène est également une manifestation et une conséquence de cette indiscipline.

L'indiscipline est de nature à compromettre la marche du développement local. Elle favorise la confusion et rend les acteurs réfractaires à l'exigence d'ordre et de méthode dans la poursuite des objectifs fixés. Elle est encouragée par le *masla*.

Le masla

Le *masla* est une expression courante de la langue nationale wolof au Sénégal. C'est également une pratique suffisamment commune et ancrée pour être comprise comme un trait culturel. Il est même érigé au rang de valeur culturelle. Le *masla* signifie la complaisance, la tendance à tolérer l'injustice pour maintenir l'illusion de la paix, le refus de sanctionner. Il conduit au laxisme et à la permissivité. C'est en application du *masla* que le leader d'un groupement communautaire coupable de détournement est maintenu à son poste, que le conseiller rural absentéiste est préservé de toute sanction, que le sous-préfet assiste passivement aux transactions illégales sur les terres du domaine national, que le contrevenant au code forestier qui coupe un arbre sans autorisation n'est pas dénoncé ni sanctionné. Le *masla* poussé à l'extrême n'est pas compatible avec les exigences du développement local. Il compromet les remises en cause nécessaires et inhibe la dynamique de rigueur et de progrès.

Pour conclure sur la notion de développement local, il paraît utile de retenir un certain nombre de leçons :

- la recherche d'une définition standard comporte le risque d'emprisonner la diversité et la richesse de la notion dans des stéréotypes théoriques, réducteurs et déconnectés du réel ;

- la compréhension de la perception par les acteurs de la notion de développement local n'est pas possible sans une analyse des réalités socioculturelles vécues dans l'espace où s'exercent ces initiatives de développement local ;

- au Sénégal, le phénomène du développement local est indissociable de la lutte contre la pauvreté.

Mais si la pauvreté est le contexte économique et social du développement local, la décentralisation en est le contexte juridique. Le développement local est une réalité dynamique et évolutive tandis que la décentralisation est une donnée relativement plus stable parce que organisée par des textes juridiques dont la modification requiert des procédures souvent lourdes et contraignantes. Cette antinomie apparente rend compte déjà de l'intérêt de l'étude des relations entre ces deux phénomènes indissociables.

Les relations entre le développement local et la décentralisation

La centralité de la lutte contre la pauvreté semble assigner à ces deux dynamiques des fonctions identiques . Mais dans la réalité, les relations entre la décentralisation et le développement local s'apparentent au dilemme de l'œuf et de la poule : tantôt c'est le développement local qui est au service de la décentralisation, tantôt c'est la décentralisation qui semble être au service du développement local.

Des fonctions identiques ?

Selon une conception dominante, la décentralisation est institutionnelle alors que le développement local est populaire. La décentralisation est créée, organisée et réglementée alors que le développement local, beaucoup plus souple, se construit par des initiatives souvent spontanées. En exagérant ce raisonnement, certains vont jusqu'à nier à l'État la qualité d'acteur du développement local. C'est le cas de certains partenaires au développement qui pensent bien faire en appuyant directement les populations à la base sans associer ni même informer les autorités de l'État. Se situant sous l'angle spatial, d'autres font correspondre l'espace de déploiement d'une dynamique de développement local à un terroir. Sous cet angle, la décentralisation ne correspondrait au développement local que si le territoire de la collectivité locale délimité par l'État correspond à un terroir.

En réalité ou tout au moins du point de vue de la volonté du législateur, décentralisation et développement local sont indissociables et poursuivent un objectif identique. Le développement local est l'essence même de la décentralisation ; il est la raison d'être des collectivités locales. Quelle autre justification peut-on donner à l'existence des collectivités locales dans un contexte de mal-développement ? Depuis plusieurs années, la Banque Mondiale ainsi que les autres institutions financières internationales, après avoir érigé la bonne gouvernance en condition impérieuse du développement (World Bank 1989), font de la décentralisation, le pilier de cette bonne gouvernance. Dans cette optique, la décentralisation apparaît comme un préalable au développement national et local (ONU 1964). L'objectif politique de renforcement de la démocratie locale est même ramenée à une conception économique dans la mesure où elle est analysée en une démocratie participative, une participation à l'effort de développement. Cette conception quoique imposée de l'extérieur, présente un intérêt certain : elle contribue à assigner à la décentralisation des objectifs liés au contexte économique et social et donc potentiellement conformes aux préoccupations des populations. Au-delà d'un simple discours juridique, la décentralisation doit contribuer à résoudre les problèmes concrets qui se posent à la communauté.

Suspendus aux ordonnances de leurs partenaires financiers, les États africains, en général, ont donc peu de maîtrise sur leur propre vie administrative. C'est ainsi que les dispositifs de décentralisation d'inspiration étrangère mis en place se révèlent souvent inadaptés au contexte social et culturel local. Dans ces conditions, c'est l'analyse des expériences pratiques de développement local qui permettent de réajuster la politique de décentralisation.

Le développement local au service de la décentralisation

Le développement local donne vie à la décentralisation en la faisant passer du stade rigide de la réglementation à celui plus dynamique de l'action et de la participation. Pour Jacques Mercoiret, « la décentralisation ne résulte pas d'une dynamique spontanée, génératrice de développement local et de démocratie participative. C'est même la relation inverse qui semble la plus porteuse : le développement local et la démocratie participative comme préalables et leviers à une décentralisation réussie » (Mercoiret 2003 : 219). Les dynamiques de développement à l'échelle villageoise, qui ont préexisté à la décentralisation rurale en 1972 au Sénégal, offrent au législateur une source d'inspiration dans la quête d'une réglementation politiquement acceptable et économiquement dynamisante. Le développement local, dynamique dans son essence et animé par des actions concrètes de résistance à la crise économique, s'érige alors comme le miroir de la conjoncture et peut, de ce point de vue être au secours de la politique de décentralisation. Mais la relation contraire est également pertinente.

La décentralisation au service du développement local

On peut considérer que la décentralisation offre au développement local un cadre formel pour l'émergence d'initiatives locales mieux organisées. En suscitant la création de collectivités locales, elle délimite le socle territorial de déploiement des dynamiques populaires pour les communautés respectives.

La décentralisation est également pour les acteurs locaux, « un cadre d'apprentissage de l'organisation administrative ».[50] En effet, à la fin de leur mandat, les élus réintègrent leurs organisations de base respectives en y reproduisant l'expérience acquise au sein de l'institution.

On admet communément que la décentralisation est un catalyseur du développement économique parce qu'elle favorise la libération des énergies à la base, la culture de l'esprit d'initiative et de responsabilité et, surtout, la motivation, l'émancipation et la participation des populations. Elle devient, dans cette optique, un instrument du développement (Prats 1976 : 16).

L'un des principaux challenges du législateur de la décentralisation rurale est de réussir un savant dosage afin que les règles produites soient suffisamment claires et adaptées aux réalités rurales souvent mal appréhendées et suffisamment souples pour préserver l'expression du savoir local et des initiatives de développement local. Mais les motivations des décideurs sont-elles conformes aux préoccupations des acteurs locaux ? Jusqu'à quel niveau les acteurs locaux sont-ils associés à la prise de décision dans la politique de décentralisation? Le développement local a t-il besoin de la décentralisation ?

Dans le contexte actuel de sous-développement, l'érection de groupes de villages en collectivité locale doit, pour être conforme aux priorités d'une population dont plus de 30% vivent au-dessous du seuil de pauvreté, contribuer substantiellement à relever le niveau de vie des citoyens (Alissoutin 1996 : 16-18). Lorsqu'elle est affranchie des pesanteurs partisanes, la décentralisation a pour essence de favoriser, de promouvoir et d'encadrer le développement local. Cet objectif intrinsèque n'ayant pas été atteint, il faut constater, humblement, l'échec de la politique de décentralisation rurale au Sénégal.

L'échec de la politique de décentralisation rurale

Une étude menée conjointement par le Réseau africain pour le Développement intégré (RADI) et Diakonia (partenaire suédois) relève qu' « à des degrés différents les difficultés recensées dans la mise en œuvre de la décentralisation sont : le manque de ressources financières endogènes des collectivités locales ; les difficultés dans l'exercice des compétences transférées ; le manque de formation des acteurs de la décentralisation ; l'absence de communication ; la politisation des affaires publiques » (RADI/Diakonia 2005 : 6).

La faible adaptation des principes classiques de la décentralisation au monde rural, dans son état actuel, constituait déjà les prémisses d'une aventure vouée à l'échec parce que mal articulée à l'univers mental de l'espace en question. Mais, plus que la prospective, c'est la simple observation de la réalité qui impose un constat implacable d'échec.

Les gouvernants s'en accommodent car l'aveu de l'échec dans un domaine aussi important de la vie nationale pourrait conduire à un revers électoral ; les élus s'y complaisent car ils bénéficient malgré tout de certaines opportunités (invitations à des cérémonies officielles, indemnités, perdiem et parfois détournements de fonds) ; les partenaires extérieurs jouent le jeu pour protéger leur gagne-pain.

Le constat de l'échec est sans équivoque. Il convient d'en déterminer les causes profondes.

Le constat de l'échec

L'État s'est engagé dans un processus de réforme profonde du foncier rural et de la fiscalité, qui constituent, en fait, les principaux (et parfois les seuls) domaines d'activités de la plupart des communautés rurales. C'est dire qu'une autre réforme de la décentralisation rurale se prépare sans dire son nom. Il faut en déduire un aveu d'échec. Cet échec de la politique de décentralisation en milieu rural est incontestable au regard du désintéressement des populations de la chose communautaire, du délabrement des maisons communautaires, du coma financier des communautés rurales et de l'absence de vision et de politiques locales de développement.

Le désintéressement des populations de la chose communautaire

Parmi les difficultés rencontrées dans la mise en œuvre de la décentralisation au Sénégal, le Rapport national sur le Développement humain au Sénégal précité mentionne « la faible appropriation du processus de décentralisation par les populations » (PNUD 2001 : 39). Lors de l'étude sur la perception de la notion de développement local présentée plus haut, un chef de village s'écrie : « La meilleure preuve que la décentralisation ne marche pas, c'est que si on supprimait les communautés rurales, les populations n'en souffriraient pas ; elles ne s'en rendraient même pas compte. Elles seraient au moins soulagées des dissensions politiques introduites par l'élection des conseillers. Prenez la peine de vous poster pendant toute une journée devant la maison communautaire et vous verrez que les rares personnes qui y entrent sollicitent des services que les élus exercent au non de l'État comme l'état civil. En dehors de cela, on n'attend rien de la communauté rurale ».

L'idée de communauté rurale n'est pas encore assimilée par le monde rural. Elle est même parfois rejetée. Les populations s'identifient davantage à leur village ou à leur terroir.

Cette situation est en partie imputable au découpage territorial. Le garage de Ndiowar est disputé par la commune de Fatick et la communauté rurale de Diouroup. Les limites ne sont pas franches entre la commune de Mbour et la communauté rurale de Malikounda, entre la commune de Gossas et la communauté rurale de Ouadiour, ente la commune de Thiadiaye et la communauté rurale de Tattaguine. L'embarcadère de Dahonga est revendiqué par la communauté rurale de Djilas, la communauté rurale de Djirnda et la communauté rurale de Mbellacadiao. Des populations de la communauté rurale de Mbar (Région de Fatick) exploitent des terres qu'elles prétendent posséder dans la communauté rurale de Gnibi (Région de Kaolack) alors que, suivant les dispositions de la loi sur le domaine national,[51] la terre ne peut être affectée qu'à un membre de la communauté rurale. La notion de « membre de la communauté rurale » est d'ailleurs loin d'être maîtrisée. L'enseignant affecté durablement dans la communauté rurale en est-il membre ? La jeune femme venue rejoindre son mari dans la communauté rurale en est-elle membre ? Le fonctionnaire originaire de la communauté rurale qui réside à titre principal en ville reste-il membre de la communauté rurale ? L'individu dont les parents sont membres de la communauté rurale mais qui est né en ville et y reste pour les besoins de ses études est-il membre de la communauté rurale ? Va-t-on utiliser pour répondre à ces questions, le critère de la filiation, du lieu de naissance ou de la fiscalité ?[52] Certains ouvriers agricoles résidant six mois sur douze sur le lieu de travail se plaignent de payer la taxe rurale aussi bien dans leur communauté rurale d'origine que dans la communauté rurale d'accueil. Des populations sans communauté culturelle se sont retrouvées dans une même communauté rurale alors que d'autres, partageant la même histoire, ont été écartelées en plusieurs communautés rurales. Celles dont le tracé ne tient pas toujours compte des spécificités culturelles sont à la recherche d'une cohésion communautaire. L'ancien projet du Chef de l'État[53] dont l'une des composantes consistait à donner aux régions des appellations liées à leur histoire et à leur culture (Province du Baol, Province Cayor, etc.), avait bien campé la nécessité d'aiguillonner la fibre sensible des populations pour les réconcilier avec leurs terroirs historiques plus vastes que ceux actuels.

L'idée de communauté rurale n'est donc pas parvenue à s'imposer : malgré son faible montant (1 000 Fcfa par contribuable et par an), « la taxe rurale, qui représente 73% des recettes fiscales des conseils ruraux, pose des problèmes de recouvrement liés à la réticence des populations à s'en acquitter » ;[54] les populations ne font aucune proposition au conseil rural pour l'impulsion du développement local comme le souhaite l'article 5 du code des collectivités locales ; les mouvements associatifs se déploient sans aucune relation avec le conseil rural.

Pour la plupart des populations locales, la communauté rurale, loin d'être cet espace juridique d'exercice de l'autonomie locale, se résume à l'espace purement politique où les élus poursuivent des intérêts partisans. Ainsi, bien souvent, la notion de communauté rurale renvoie non pas au territoire et à ses ressources mais au siège du conseil des élus, d'où une vision résiduelle de l'institution communautaire.

Dans l'arrondissement de Niodior, les quais traditionnels de débarquement des pirogues sont construits par les villages respectifs et placés sous le contrôle de comités de gestion agissant au nom et pour le compte de ces villages. Ces comités en tirent des ressources assez importantes en taxant les marchandises qui débarquent. Ainsi, ces ouvrages sont construits sur le domaine public de l'État sans l'aval de ce dernier par des populations qui instituent et recouvrent des redevances sans aucune habilitation légale. Le conseil rural exclu, ne bénéficie ni de droits de stationnement des pirogues, ni de patentes sur la gestion lucrative de l'ouvrage situé sur son territoire.

Dans la communauté rurale de Ouonck[55] les deux campements touristiques installés grâce à la coopération décentralisée sont entièrement gérés par les populations des villages concernés et ne produisent aucune recette pour le conseil rural pourtant signataire de l'acte de jumelage.

L'apathie des acteurs communautaires se manifeste également par l'état de délabrement des maisons communautaires.

Le délabrement des maisons communautaires
La maison communautaire est le siège de la communauté rurale. C'est en son sein que sont prises les décisions qui orientent la vie de la communauté rurale. Elle

symbolise donc l'institution communautaire et constitue, presque partout, la seule preuve physique de la décentralisation en milieu rural.

À un niveau supérieur, même les États les plus pauvres de la planète ont pris soin de se doter de palais présidentiels d'un aspect enviable pour donner aux citoyens l'illusion d'un État respectable. Au sein des communautés rurales, peu d'efforts sont consentis pour préserver le respect dû aux symboles de l'institution communautaire. La plupart des Maisons communautaires sont dans un état de délabrement tel qu'aucune réunion sérieuse ne peut s'y tenir, alors que l'entretien du siège de la collectivité locale est bien une dépense obligatoire. La vétusté des locaux présente des dangers pour la sécurité des visiteurs et certains élus, en connaissance de cause, préfèrent que les réunions se tiennent plutôt sous l'arbre à palabre.

Le délabrement du siège de l'institution communautaire est l'expression d'un service public local moribond et quasi-inexistant. Cet état de délabrement est malheureusement interprété par les populations comme la preuve palpable du manque d'intérêt et de respect des élus eux-mêmes pour cette institution. En effet, lorsqu'une collectivité locale, après plus de trente ans d'existence correspondant à autant d'exercices budgétaires, ne peut se doter d'un lieu décent de prise de décision et de représentation physique de l'institution, il y a des raisons de s'interroger sur la réalité de son existence. Certaines communautés rurales ont bénéficié de l'appui des partenaires au développement pour la construction d'un type de maison communautaire fonctionnelle. Dans ces nouveaux locaux se développent les mêmes comportements apathiques et parfois laxistes qui en font, en définitive, des coquilles vides.

Une autre conséquence du délabrement des maisons communautaires est l'impossibilité d'y conserver des archives. Beaucoup de registres d'état civil ont été avariés. C'est là un signe patent que les élus et les populations ne prennent pas au sérieux la décentralisation et ses institutions. Ce manque d'intérêt est aggravé par l'absence de ressources financières aptes à susciter l'espoir.

Le coma financier profond des communautés rurales

L'écrasante majorité des communautés rurales a sombré dans un coma financier profond. Elles ne survivent que grâce à la perfusion des fonds de concours et autres ressources des partenaires externes. Les recettes sont quasi inexistantes et incapables de répondre aux attentes des populations. « Les collectivités locales sont confrontées à une situation de sous-financement chronique qui handicape sérieusement les moyens qu'elles mettent en place en vue d'offrir des services de base à leurs citoyens ».[56]

Le budget de l'ensemble des collectivités locales s'élève à une trentaine de milliards de F CFA environ. La part des 320 communautés rurales représente à peine 10% de ce montant (Diouf Mamadou 2005). L'État n'a jamais respecté ses engagements dans le cadre des transferts financiers destinés à compenser les charges résultant de l'exercice des compétences transférées. Il était prévu 96 milliards en hypothèse haute et 52 milliards en hypothèse basse pour 18 compétences initialement prévues. Neuf compétences seulement ayant était transférées, les observateurs s'attendaient à un transfert annuel supérieur ou égal à 26 milliards. Malheureusement ce transfert atteint aujourd'hui à peine 13 milliards pour l'ensemble des collectivités locales (Diouf Mamadou 2005).

Certaines communautés rurales réalisent à peine 10% de recouvrement de la taxe rurale qui constitue pourtant leur principale recette. D'autres sont incapables de réaliser les dépenses de fonctionnement les plus élémentaires (achat d'imprimés d'état civil ou de chaises de réunion). Les contribuables sont démobilisés et l'administration fiscale désespérée.

Le Rapport précité sur le développement humain relève que « le premier niveau de difficulté dans la mise en œuvre de la décentralisation, est l'insuffisance des dotations financières. Les ressources allouées aux collectivités locales ne représentent que 7% des recettes ordinaires de l'État. Or, la plupart des collectivités locales ont de faibles capacités de mobilisation des ressources et sont incapables de réaliser des investissements conséquents. Les recettes des collectivités locales s'élèvent à 10 % des recettes du budget de l'État » (PNUD 2001 : 38). « En moyenne, les impôts collectés dans les collectivités locales de la région de Dakar représentent 5,5% du budget de l'État alors que ceux des autres collectivités locales atteignent difficilement 1,6% » ((PNUD 2001 : 75). Le rapport conclut d'ailleurs à la nécessité de « repenser la décentralisation » au Sénégal.

Sans moyens importants, la communauté rurale demeure dans l'incapacité de promouvoir le développement local. Pour le directeur de l'aménagement du territoire, « Sans exagération aucune, la décennie quatre-vingt-dix peut être considérée comme celle de la décentralisation au Sénégal. Cependant, la promotion du développement participatif local qui était le principal objectif de cette politique n'a pas pu être pleinement réalisée, malgré l'important pouvoir dévolu aux organisations locales, ainsi que les nombreuses responsabilités qui leur ont été transférées. C'est ainsi que la lancinante situation de la pauvreté ou de la vulnérabilité à la pauvreté demeure sans grande évolution, ceci en dépit des efforts fournis par les pouvoirs publics dans le sens de la responsabilisation des communautés » (Samb M. 2003). La carence de politique financière est manifeste. Il est d'ailleurs établi que « les collectivités locales disposent rarement de compétences à profil financier » (Préface de Mamadou Niang, ancien Ministre de l'Intérieur in Ndoye Sène 2002 : 11).

La décentralisation n'existe pas réellement si la collectivité locale n'a pas les moyens de marquer sa présence. La communauté rurale démunie n'est en définitive d'aucune utilité pour les populations, en dehors d'un service d'état civil peu performant. Il n'y a pas de décentralisation sans autonomie financière et il n'y a pas d'autonomie financière sans moyens financiers disponibles et mobilisables.

Les rares moyens financiers disponibles ne sont pas utilisés à bon escient dans le cadre de politiques viables de développement.

L'absence de vision et de politiques locales de développement

Une poignée de communautés rurales émerge nettement du lot. La communauté rurale de Ngoudiane,[57] se distingue depuis plusieurs années par l'informatisation de la gestion locale, le dynamisme et l'engagement méthodique des commissions techniques du conseil rural et la capacité à capter les multiples opportunités de la coopération décentralisée. Cette communauté rurale constitue d'ailleurs un exemple pertinent d'expérimentation des techniques de gestion privée dans une administration publique. La communauté rurale de Ndiebel[58] excelle dans la mobilisation financière locale à travers la multiplication, sur son territoire, d'infrastructures marchandes polarisant des rentrées fiscales et la rationalisation du recouvrement de la taxe rurale, notamment par le redécoupage fiscal des gros villages … Malheureusement l'écrasante majorité des communautés rurales persiste dans un attentisme déconcertant qui n'a d'égal que la faible capacité des élus.

En dehors de quelques plans locaux de développement conçus grâce à l'appui financier et méthodologique des partenaires au développement et dont la mise en œuvre est hypothéquée par l'absence de mobilisation financière locale optimale, les communautés rurales n'ont généralement pas un programme cohérent de développement étalé dans le temps pour accompagner des choix économiques et sociaux intelligibles. La gestion s'accomplit au jour le jour et les initiatives prises çà et là prennent des trajectoires incompatibles et parfois opposées parce que peu articulées à un programme cohérent. Peu d'efforts sont accomplis pour canaliser les forces économiques vers des choix pertinents. Les élus consomment allégrement leur mandat sans être capables d'imprimer à la communauté rurale, qu'ils ont animé pendant cinq ans, la marque de leur ambition propre, de leurs choix politiques.

Le débat d'orientation budgétaire ne parvient pas à combler cette lacune car, au lieu de justifier les dépenses retenues par la pertinence des programmes qu'elles doivent financer, on se contente d'énumérer des actions ponctuelles, dispersées et souvent irréalistes compte tenu des moyens disponibles. La campagne électorale locale, loin d'être le moment de dérouler des programmes ambitieux et pertinents, se résume à des promesses d'actions, parfois louables dans le principe, mais isolées et sans liens fonctionnels susceptibles de les rendre harmonieuses.

Les activités du conseil rural se résument au foncier et aux finances. C'est ainsi qu'en dehors des commissions financières et domaniales, les autres commissions n'ont ni ordre de mission, ni frais de mission, ni même aucune mission.

Les questions sensibles et vitales comme la santé, l'hygiène, l'éducation et l'environnement sont laissées en rade. Une étude[59] menée dans la communauté rurale de Diass[60] révèle que : 18,6% de femmes ayant récemment accouché ont été complètement vaccinées contre le tétanos ; 14,8% des ménages consomment le sel iodé (la carence en iode cause des complications comme le goitre) ; 14,4% des enfants de moins de 14 ans sont partis de la communauté rurale devenant ainsi vulnérables ; 37,8% des ménages utilisent une source d'eau potable pour la boisson ; 65% des ménages se débarrassent des ordures dans la nature. Aucune stratégie significative et durable n'est construite pour renverser ces tendances pernicieuses.

L'État en partenariat avec l'UNICEF s'est ainsi vu obligé d'envoyer de jeunes volontaires au chevet des communautés rurales pour les inciter à concevoir des plans cohérents de développement humain visant notamment à augmenter le taux de couverture vaccinale des femmes et des enfants et le taux de scolarisation, à améliorer la santé reproductive des femmes et à réduire la vulnérabilité des enfants. Quelle est donc l'opportunité de créer des collectivités locales avec l'argent des contribuables si celles-ci ne peuvent pas prendre en charge correctement les préoccupations directement liées à la vie des hommes et des femmes du terroir ? L'État a conçu un certain nombre de documents de planification dans divers secteurs comme la Santé (Plan National de Développement Sanitaire), l'Education (Programme Décennal pour l'Education et la Formation) l'Environnement (Plan National d'Actions pour l'Environnement), etc. Comment ces plans peuvent-ils prospérer s'ils n'ont pas de répondant au niveau des collectivités locales qui couvrent l'ensemble du territoire national et ont reçu compétence dans la plupart de ces secteurs planifiés ?

Pour le géographe Djibril Diop, « L'efficacité de l'action publique locale a pâti de la multiplicité des acteurs sans coordination, dont chacun est jaloux de son autonomie et de ses prérogatives. Ainsi, neuf ans après la mise en application de la réforme, le constat d'échec est palpable. Au-delà de l'insuffisance de leurs ressources financières, les communautés rurales souffrent d'un sous-équipement logistique, matériel et infrastructurel, d'un déficit en ressources humaines compétentes et d'une marginalisation de la part des populations. Ce qui fait que malgré les lois, les règlements et les discours d'intention, on observe une léthargie dans leur fonctionnement et un sentiment d'insatisfaction des populations » (Diop 2005 : 9).

Au-delà du dénuement financier, l'absence de gestion organisé au sein de l'institution communautaire conduit inexorablement à sa banalisation. Elle est le signe le plus manifeste du manque de fonctionnalité et de l'oisiveté de la communauté rurale et donc de l'échec de la décentralisation rurale. Mais comment expliquer cet échec ?

Les causes de l'échec

La discordance entre le droit moderne et les pratiques rurales autorise à penser que la réglementation du monde rural restera lettre morte si l'élaboration des textes ne s'accompagne pas, en amont, d'un effort de compréhension de ces pratiques locales pour rapprocher les textes de la réalité et, en aval, d'une action bien pensée d'information et d'encadrement des populations destinataires. Il ne sert à rien de produire des textes, si cohérents soient-ils, si on ne prend pas le soin d'interroger au préalable le vécu social aux fins d'anticipation sur l'applicabilité de la réglementation envisagée dans l'espace sociologique visé. Ainsi, les causes de l'échec doivent être recherchées dans le défaut de préparation des populations et l'inadaptation des textes.

Le défaut de préparation des populations

La forte demande en information juridique des acteurs locaux est la preuve que le processus d'élaboration des textes sur la décentralisation n'est pas aussi participatif qu'on le prétend. Sinon, comment expliquer que des acteurs qui ont pris part à l'élaboration des textes ignorent parfois jusqu'au contenu élémentaire de ces textes ? Le contact avec les élus a révélé que beaucoup d'entre eux ignorent que les délibérations du conseil doivent être affichées au lieu de réunion ou que le vote d'un nouveau budget doit être obligatoirement précédé de la délibération sur le compte administratif. Bien souvent, le représentant de l'État, garant du respect de la légalité, assiste impuissant à ces manquements flagrants.

La réglementation de l'organisation et du fonctionnement des collectivités locales est une œuvre juridique à laquelle il fallait nécessairement préparer les destinataires à défaut de les y associer pleinement (Grémion 1992 :115). Les rapports entre le droit et le développement local demeurent un secteur encore insuffisamment exploré. Le droit officiel, de par son support linguistique, son style et son mode de vulgarisation, se situe hors de portée d'une population rurale essentiellement analphabète. Le droit appliqué aux ruraux est souvent perçu par ses destinataires comme un domaine hermétique, conçu de l'extérieur sans emprise sur le réel et donc faiblement articulé aux préoccupations de l'heure. Certaines populations rurales estiment que le système de décentralisation, bien que pertinent dans son esprit, est inutile dans la pratique : « La décentralisation ne permet pas de régler les problèmes quotidiens et réels des populations ».

« Le droit ne se décrète pas et il ne devient vivant qu'à partir du moment où il est façonné par une pratique qui le reconnaît » (Barrière 2003 : 4). Il doit accompagner le changement, voire le susciter. Il peut être en amont ou en aval des mutations sociales.

En amont, le législateur peut anticiper sur les pratiques pour aboutir à une situation voulue. En matière forestière par exemple, la gestion des forêts classées incombait au service des eaux et forêts et échappait donc aux populations riveraines qui ne pouvaient, sans violer la loi, y entreprendre des activités culturales. En posant le principe des contrats de culture, traduisant la possibilité pour les populations d'exploiter à des fins agricoles des dépendances de la forêt classée sur la base d'un accord signé entre la collectivité locale riveraine et le service des eaux et forêts, la loi innove dans la gestion de ces forêts. Les concessionnaires des droits de culture sont astreints à des opérations concomitantes de reboisement et de protection sous le contrôle de la communauté rurale désormais impliquée.

En aval, le législateur peut formaliser une tendance ou codifier une pratique. En matière de gestion des forages par exemple, l'État s'étant trouvé finalement incapable d'assurer la gestion des forages qu'il avait multipliés sur le territoire national, s'est désengagé progressivement, laissant un vide. Les populations se sont alors progressivement organisées en comités locaux pour prendre en charge la gestion courante de ces forages. La circulaire interministérielle de 1984[61] qui confie la gestion de ces infrastructures à des comités de gestion de forage n'a fait donc que formaliser une pratique déjà acquise.

À la lettre « a », l'Abécédaire du développement local fait correspondre le mot « Ascendante » : « Par opposition à la démarche descendante des procédures proposées par l'État ou la région, la démarche ascendante part des acteurs locaux, d'un enracinement dans le pays, d'une mobilisation forte des ressources locales autour d'enjeux communs » (ABECEDAIRE du développement local : 1). Que la réglementation se situe en amont ou en aval de la pratique, elle doit être précédée de l'information de la population destinataire. Le principe *nul n'est censé ignorer la loi* ne doit pas être un alibi pour se dégager de la responsabilité de faire précéder l'application de loi d'opérations de consultation, d'information et de vulgarisation à l'intention du monde rural que l'enclavement et l'analphabétisme coupent de l'accès à l'information juridique. Sans quoi, les textes produits resteront inadaptés.

L'inadaptation des textes
Elle s'illustre par la négation du savoir local et s'explique notamment par le mimétisme juridique.

La négation du savoir local
L'expérience montre que les populations rurales ne s'intéressent aux changements pilotés par l'État que lorsque ceux-ci leur permettent de résoudre des problèmes qui ne trouvent pas de solution durable dans le savoir local. C'est ainsi que les usagers ne se rendent au poste de santé que lorsque les recettes de la médecine traditionnelle s'avèrent inopérantes.

La lecture de la réglementation en vigueur montre que de nombreux aspects du droit coutumier n'ont pas été mis à profit (dans les limites de leur pertinence). Il en est ainsi du fonctionnement de la démocratie dans la communauté, des rapports entre les classes d'âge, du statut du notable, du mode de désignation du chef, du mode de détermination des frontières, etc. En matière foncière, l'ignorance (ou la faible prise en compte) par le législateur du droit coutumier de la terre a conduit à de graves confusions dans l'interprétation et l'application de la loi sur le domaine national.

La négation des droits coutumiers notamment sur la terre et l'eau à travers le parachutage de textes manifestement étrangers à l'univers mental des populations rurales crée un effet de rejet et de résistance. « Dans l'expression tenace de ses

coutumes, sous des modes extrêmement variés, le rural a quelque chose d'irréductible. La construction d'une nation qui suppose l'élaboration d'un droit positif unique en l'espace de seulement quelques décennies - et parfois aussi après plus
d'un siècle de législation coloniale - est difficile et douloureuse : elle se fait au prix
de compromis et de transactions aussi bien avec la loi religieuse dont la légitimité
ne semble pas pouvoir être contestée qu'avec la coutume qu'on ne peut toujours
délester de la gestion des affaires locales » (Bédoucha 2003 : 155).

Nonobstant le droit étatique, la terre et l'eau, par exemple, restent placées sous
le contrôle d'autorités coutumières. Cette conception est pratiquement identique
dans tous les pays du Sahel. À propos du Mali, Tignougou Sanogo signale que «
Pour saisir la réalité du droit coutumier malien de la terre, il convient de se dépar-
tir des concepts occidentaux. En effet, au caractère écrit et codifié du droit occidental s'oppose l'aspect vécu et oral de la coutume. A l'individualisme du code
civil s'oppose la solidarité du groupe résultant de la tradition. Enfin, à la laïcité du
droit moderne s'oppose la nature religieuse de la coutume. En vérité, le problème fondamental que suscite l'analyse du droit coutumier de l'eau et de la terre
est celui de la détermination de la nature juridique des droits exercés collectivement pour les populations en un lieu donné (zone de culture, d'élevage, de pêche
ou de chasse). Dans la recherche d'une solution, on se rend assez aisément compte
de l'inaptitude des mécanismes du droit moderne à traduire la physionomie véritable de ces droits, autrement dit à déterminer leur nature juridique. Il faut alors
recourir à la religion pour fixer les contours du droit coutumier. Une analyse
rigoureuse de celle-ci permet de mettre en lumière un certain nombre de principes : appartenance de l'eau et de la terre à des divinités, reconnaissance de simples
droits d'usage aux humains. La propriété des divinités sur l'eau ou la terre pro-
cède de la « religion animiste, qui considère les deux éléments comme sacrés et
inaliénables » (Sanogo 1998 : 251-252). Un peu partout en Afrique, « les eaux
domaniales naturelles sont considérées par les paysans comme le bien de tous et
non celui de l'État exclusivement » (Dissou 1992).

Le savoir local traditionnel s'épanouit généralement dans un univers étrange,
fait de mysticisme et d'ésotérisme. Ainsi, la médecine traditionnelle, par exemple,
ne se limite pas à l'administration, au malade, de mixtures à base de plantes ; elle
intègre, en amont, un ensemble de rituels scrupuleusement observés, au moment
de l'extraction des produits végétaux à préparer ou de la purification de l'eau à
utiliser. Ce savoir authentique renferme donc autant de pratiques secrètes que le
non-initié ne peut appréhender avec des instruments d'analyse taillés sur mesure
par des sciences supposées infaillibles. L'Africain, en général, se complait dans un
monde irrationnel fait de superstition, de mysticisme et de tabous, un univers
cloisonné par l'émotion et hostile à tout regard discursif. En Afrique traditionnelle, la connaissance reste secrète et transmise oralement de père en fils. Si, comme
le souligne Amadou Hampathé Ba, « en Afrique, un vieillard initié qui meurt est

une bibliothèque qui brûle », c'est parce que ce vieillard n'a pas su partager son savoir ; il l'a conservé avec un soin égoïste au lieu de le vulgariser afin qu'il soit développé, fructifié et systématisé par la postérité.

Bien entendu, la réglementation de la décentralisation ne saurait être une simple codification du savoir local. Mais ce dernier doit inspirer le législateur dans tous les domaines où il se révèle utile comme la gestion des ressources naturelles, la santé, la culture, etc. Parce que le droit s'applique à l'homme, il doit partir de l'homme. Dans tous les domaines économiques et sociaux, surtout ceux touchant le monde rural, le législateur gagnerait à s'affranchir d'un certain nombre de préjugés en interrogeant la psychologie des destinataires des lois, au lieu de se contenter d'une copie souvent maladroite de textes inappropriés.

Le mimétisme juridique

L'influence de la tradition centralisatrice du système français explique la difficile gestation d'un système décentralisé au Sénégal et en Afrique où les premières réformes administratives ont été lentes et timides (Kanté 2001). Cette influence française dans les politiques de décentralisation des anciennes colonies est encore perceptible dans le contenu des textes qui organisent cette décentralisation. Le Professeur Antony Allot note que : « Qu'elles aient été inchangées ou remplacées par une législation adoptée après l'indépendance, les lois en vigueur actuellement dans les États africains maintenant indépendants, sont la reprise des dispositions antérieures à l'indépendance » (Allot 1998). La reproduction automatique du système métropolitain est une donnée constante dans la plupart des États africains. En Afrique subsaharienne, « cette tendance à la reproduction du système français témoigne de la défaillance de l'inventivité juridique » (Nach Mback 2001 : 530). Non contents d'avoir construit le système actuel sur les ruines du système colonial, les États africains, pour la plupart, continuent de s'inspirer du dispositif décentralisé actuellement en vigueur chez l'ancienne puissance coloniale, se contentant ainsi d'une « décentralisation importée » (Danda 1996/1997 : 70). Il demeure constant que la plupart des textes conçus dans ce domaine sont empruntés au système français évoluant dans un univers mental différent. « La nouvelle organisation administrative de l'État méconnaît largement la diversité et le rôle des organisations et des solidarités traditionnelles » (Prats, Leroy 1979 : 147). Certains conflits ou difficultés d'interprétation liés à des faits locaux sont traités en faisant recours à la jurisprudence française. Ainsi, constate Cheikh Yérim Seck, « les peuples africains n'ont pas un dogme tourné vers le progrès. Facilement influencés par les modèles des anciennes puissances colonisatrices, ils ont vacillé entre le mauvais mimétisme et la perte progressive de leurs grandes valeurs socioculturelles et religieuses. La solidarité, l'humanisme, la démocratie consensuelle et les autres valeurs issues des traditions africaines n'ont pas résisté à l'importation des modèles extérieurs » (Seck 2001 : 249).

Le code de l'eau voté en 1981 reprend les grandes lignes de l'arrêté colonial (arrêté du 4 avril 1921, *JO AOF* 1921 : 277-282) promulguant en Afrique Occidentale Française le décret du 5 mars 1921, réglementant le régime des eaux en Afrique Occidentale Française. De ce fait, il perpétue le principe de la domanialité publique des eaux qui soumet les utilisations à l'autorisation préalable de l'État. Il méconnaît le principe de la sacralité de l'eau dont découlent des méthodes traditionnelles de protection des ressources hydriques qui, dans bien des cas, se sont montrés plus performantes parce que plus adaptées que celles du droit nouveau. La copie scandaleuse des textes étrangers explique cette avance des textes sur la pratique. On demande à des « amateurs » locaux d'entrer dans des systèmes que les pays copiés ont expérimentés à l'épreuve de longues années instructives. Ils y entrent, s'embourbent et échouent parfois sans s'en apercevoir sous le regard nonchalant des représentants de l'État. Le « copier-coller » s'est donc effectué avec désinvolture, sans référence à la mise en garde pertinente quoique séculaire de Montesquieu selon laquelle : « Il ne faut pas séparer les lois des circonstances dans lesquelles elles sont faites ».

En raison du mimétisme, les règles en vigueur sont peu adaptées. Il en est ainsi de la fiscalité locale. Dans ce domaine, les dysfonctionnements ont pris une telle ampleur que l'État parle d'une réforme globale prochaine de la fiscalité locale. Aujourd'hui, l'éleveur qui dispose de plus de mille têtes de bétail ne paie plus l'impôt sur le bétail supprimé pour raison de sécheresse ; l'agriculteur qui accède gratuitement aux terres du domaine national produit des tonnes d'arachide qu'il est presque assuré de vendre à l'État et ne paie aucune taxe liée à cette activité. Au même moment, la brave femme tenant un étalage d'arachide de bouche dans un marché hebdomadaire est assujettie aux droits de place ; le tenancier d'un télécentre est astreint au paiement de la patente,…

La décentralisation, telle qu'elle est organisée par les lois en vigueur, a suscité, à l'évidence, des confusions du fait de sa faible appropriation par les populations. La désillusion provient peut-être du fait qu'elle a suscité, au départ, des espoirs qui se sont révélés, par la suite, excessifs. L'allemand Franz Thedieck a tenté de remettre en question les différents avantages traditionnellement attribués à la décentralisation : « économique : le PIB n'augmente pas forcément avec la décentralisation ; social : la répartition équilibrée n'est pas toujours un avantage, les gens sont différents et cette différence est peut-être souhaitable ; fiscal : la réduction des disparités n'est pas toujours un avantage, une compétition fiscale entre les collectivités pour attirer des habitants et des entreprises peut être stimulante ; démocratique : la participation citoyenne n'est pas toujours assurée par la décentralisation ; politique : la stabilisation du système n'est pas garantie, un séparatisme peut aussi être stimulé par la décentralisation » (Thedieck 2001 : 8). Le code des collectivités locales de 1996, que de nombreux observateurs apprécient comme une prouesse législative, apparaît à l'analyse comme une réforme sans pédagogie, consacrant, à l'intention des collectivités locales, des responsabilités nouvelles, certes ambitieuses, mais orphelines à la fois d'un système global d'information et de consultation des populations en amont et d'un programme généralisé de formation des élus en aval.

Si la décentralisation rimait avec le tribalisme, l'ethnicisme ou le clanisme, l'Africain ne s'en serait-il pas rapidement accommodé ? Mais il s'agit plutôt d'un montage juridique de haute valeur intellectuelle qui requiert, pour sa mise en œuvre, une profonde culture politique. L'acteur du terroir prenant part à la démocratie locale est aussi un citoyen de l'État. Cette notion d'État est-elle bien comprise en Afrique ? L'usage actif ou passif de la force comme mode normal d'accès au pouvoir, la transmission du pouvoir républicain de père en fils, le truquage des élections, l'utilisation du pouvoir républicain à des fins familiales ne prouvent-ils pas une incapacité chronique à comprendre et à vivre l'État ? Comment servir la collectivité locale si on ne sait pas servir l'État ?

Les bailleurs de fonds font croire aux pays africains sous perfusion financière que la décentralisation est un critère de l'ouverture démocratique et les incitent à l'intégrer dans leur organisation administrative quelles que soient les ressources disponibles. Élève-copieur de la France, le Sénégal a adopté, sans analyse responsable avantages et inconvénients, la décentralisation.

Tableau 3 : Quelques avantages et inconvénients de la centralisation et de la décentralisation.

Système	Avantages	Inconvénients
Centralisation	-Unité nationale. -Equité du service public. -Autorité de l'État.	-Rigidité et non-participation des populations. -Lenteur du processus décisionnel -Inadaptation des décisions aux spécificités locales.
Décentralisation	-Promotion de la démocratie locale. -Renforcement de la liberté d'initiative des citoyens. -Efficacité de l'action du fait de son adaptation au milieu.	-Risque d'atteinte à la cohésion nationale. -Emergence de conflits pour l'accès au pouvoir local. -Risque d'incompréhension du système et donc d'illégalité

La centralisation a ses avantages. Les États africains justifiaient d'ailleurs leur système de centralisation par la nécessité de pallier l'absence de nation. L'État-Nation n'étant pas solidement établi comme en Europe, il était dangereux pour eux de favoriser l'expression des spécificités dans un contexte multiculturel où des peuples différents se sont retrouvés dans un même État, au hasard des conquêtes coloniales.

Le vin est tiré, il faut le boire ! pourrait-on dire. Bien conçue ou mal conçue, bien appliquée ou mal appliquée, la décentralisation rurale est bel et bien consacrée par les textes en vigueur depuis plus de trente ans. N'est-il pas alors trop tard pour appliquer le proverbe wolof « Si tu ne sais plus où tu vas, retourne d'où tu viens ? » En matière de réforme administrative et sociale, il importe de s'avoir s'arrêter, évaluer et corriger en restant connecté aux préoccupations du milieu et du moment.

La déconnexion des textes des réalités rurales explique, dans une large mesure, l'enlisement de la politique de décentralisation rurale. L'échec de cette décentralisation a nécessairement des répercussions sur le développement local qu'il est sensé promouvoir.

Les conséquences de cet échec sur le développement local

Ces effets sont souvent pervers quoique latents. Ceux d'entre eux qui paraissent les plus perceptibles sont l'apparition d'un climat de suspicion au sein des acteurs et la démobilisation de ces mêmes acteurs.

L'apparition d'un climat de suspicion au sein des acteurs

La décentralisation a introduit, dans le champ du développement local, de nouveaux acteurs : les élus. Que l'avènement de ces élus ait été accepté ou pas, il a suscité de l'espoir au moment où les performances économiques étaient compromises par une sécheresse dévastatrice. La mauvaise compréhension de l'esprit de la décentralisation a conduit d'importantes proportions de la population à considérer les élus comme de simples relais de l'État, surtout que l'appartenance politique des autorités du pouvoir central était fortement répercutée dans la composition des conseils locaux. Dans ces conditions, la déroute des objectifs de la décentralisation qui, faut-il le rappeler, se résument dans le développement local, est considérée à la fois comme un échec de l'État et un échec des élus locaux. Du fait de son incapacité à répondre promptement à la demande sociale des populations qu'il représente, l'élu, acteur à part entière du développement local, est culpabilisé à tort ou à raison, mis à l'écart et parfois suspecté d'utiliser son statut politique à des fins personnelles. Cette situation favorise, dans le camp des autres acteurs, l'apparition de préjugés à l'encontre des élus et de leurs souteneurs. C'est ainsi que, dans la pratique, on remarque une très faible collaboration entre les élus et le mouvement associatif notamment. Le manque de confiance aux élus est souvent brandi au sein de la population pour justifier le refus de s'acquitter des charges fiscales. Ce climat défavorable démobilise les acteurs.

La démobilisation des acteurs

L'échec démobilise toujours, à moins qu'il ne laisse subsister des acquis aussi maigres soient-ils, susceptibles de relancer l'espoir. Les acteurs de la décentralisation qui se confondent avec ceux du développement local perdent de plus en plus l'espoir d'une sortie de crise. Les commissions du conseil rural ne jouent plus le rôle de sensibilisation qui leur était assigné au moment de leur constitution ; le sous-préfet assure un service minimum en raréfiant ses descentes sur le terrain dans le cadre de l'appui au recouvrement de la taxe rurale et en se désengageant du recensement de la population ; le Chef du Centre d'Expansion Rurale Polyvalent ne crie plus au scandale lorsque des parcelles de terres sont distribuées sous ses yeux sans qu'il soit impliqué dans la commission domaniale, …

Il semble même que, dans bien des cas, l'élan communautaire se soit effrité pour laisser s'infiltrer des comportements plus ou moins individualistes perceptibles notamment dans la recrudescence de l'exode rural, le repli vers les petits métiers privés de l'artisanat, la mendicité, etc.

En somme, le parachutage des textes a favorisé le désordre, la confusion, les comportements partisans et même l'apparition de nouveaux types de conflits dans le champ du développement local.

Malgré tout, le Sénégal se complaît dans un rôle de pionnier en Afrique noire en matière de démocratisation et de décentralisation. « Ce sentiment de supériorité conduit à l'autosatisfaction et au risque d'inertie. Aucun progrès n'est possible sans une remise en cause critique de l'existant » (Alissoutin 2005 *Le Quotidien* n° 621 du 19 janvier : 9).

Il convient donc de se remettre au travail pour faire de la décentralisation non pas un simple manteau institutionnel, souvent âprement politisé, mais un levier républicain produisant des résultats économiques et sociaux limpides et matériellement ressentis par les citoyens.

Mais l'échec de la politique de décentralisation ne peut justifier à lui seul le retard du développement local. Le développement local a en effet ses propres contraintes qu'il s'agit maintenant d'identifier.

3

Les problèmes du développement local

La tentative de définition du développement local a montré que la notion est irréductible à des approches stéréotypées et théoriques. Elle revêt des caractéristiques dynamiques et multiformes tirant leur source de la diversité des réalités vécues par les acteurs impliqués dans les dynamiques respectives de développement local. Mais, l'observation transversale de ces mêmes dynamiques est révélatrice d'un certain nombre de contraintes plus ou moins constantes. Ces contraintes sont alimentées par des sources diverses dont certaines sont liées au comportement des acteurs comme, la faiblesse de leur engagement, la survivance d'attitudes traditionnelles anachroniques, les biais des interventions des partenaires au développement et le déficit d'esprit citoyen, alors que d'autres sont davantage liées à l'environnement général comme, le casse-tête des finances, le retard économique et la politisation du développement local.

Le faible engagement des acteurs

Comme obstacle à la participation citoyenne locale, l'étude RADI/Diakonia précitée note : l'ignorance et le manque de formation des populations ; la politisation des affaires publiques ; l'absence de communication ; l'absence de motivation financière ; l'état de pauvreté des populations.

Le faible engagement des acteurs apparaît clairement, au regard du faible niveau d'instruction et de formation des élus, de l'exode des jeunes, de la mise à l'écart des femmes et du faible soutien de l'État.

Le faible niveau d'instruction et de formation des élus

Le Rapport national sur le Développement humain considère comme une des principales contraintes du développement : « La mauvaise compréhension de la politique de décentralisation par une frange importante des acteurs, notamment les exécutifs locaux » (PNUD 2001 : 39). Que peut-on attendre d'un élu qui ne sait pas pourquoi il est élu ?

En moyenne, un tiers à peine des conseils ruraux est alphabétisé. Une enquête menée par le GREF[62] pour le compte du Programme Bassin arachidier (2003) sur la composition des conseils ruraux des régions de Kaolack et de Fatick révèle que le taux des conseillers ruraux instruits est de 45% pour la région de Fatick et 32% pour la région de Kaolack. Pour les conseillers sortants, ce taux était respectivement de 33% et de 18%. L'État et ses partenaires initient des programmes destinés à combler cette lacune, mais l'arrivée à terme des séances d'alphabétisation se heurte à la priorité accordée à d'autres préoccupations comme, les travaux champêtres pour les hommes et les travaux domestiques pour les femmes.

On note parfois des cas de collaboration difficile entre un président de conseil rural analphabète et un vice-président instruit et cherchant à prendre les devants sur certains dossiers techniques. Aucune qualité liée à l'instruction ou à la compétence n'est exigée au moment de choisir les représentants de la communauté rurale alors que les informations que ces élus doivent rechercher pour conformer leurs interventions au droit et renforcer leurs connaissances sont consignées dans des documents rédigés en français.

L'instruction des élus rend possible :

- la prise de notes (en français) lors des réunions, notamment pour la restitution auprès des populations ;

- la lecture du contenu des documents d'état civil avant signature ;

- la participation à certains séminaires d'échanges en langue officielle ;

- la compréhension plus rapide de la réglementation relative à la décentralisation ;

- la maîtrise des procédures budgétaires ;

- la réduction du recours à des personnes instruites mais étrangères au conseil rural pour la confection du budget ou des bons d'engagement ;

- la lecture des procès verbaux de réunion avant signature.

Il faut rappeler que suivant les dispositions du code des collectivités locales, les membres du bureau des conseils régionaux ou municipaux doivent savoir lire et écrire en raison des responsabilités qui leur sont dévolues.[63] Cette disposition n'étant pas étendue aux communautés rurales, certains candidats ne sachant ni lire ni écrire ni en langue officielle, ni en langues nationales, ni en arabe parfois, se font régulièrement élire président ou vice-président de conseil rural. Certes, on peut, sur le terrain de la démocratie pure défendre l'idée du choix libre des citoyens électeurs. Mais le souci d'efficacité et de performance, indissociable de la bonne gouvernance, commande l'encadrement et la rationalisation de cette démocratie dans l'intérêt de ces mêmes citoyens. La démocratie doit s'adapter au réel et le contexte de sous-développement qui caractérise le Sénégal appelle l'utilisation d'expertises avérées capables de relancer la mobilisation des populations pour un développement local résolument tourné vers le progrès palpable.

La question de l'instruction des élus est d'autant plus complexe que ces élus, dans le cadre du dédoublement fonctionnel sont à la fois agent de la communauté rurale et agent de l'État. À ce titre, ils sont officiers de l'état civil du centre secondaire et sont chargés de l'application des mesures de police prises par le sous-préfet et de la publication, dans le ressort communautaire, des lois et règlements. Ainsi, pour l'accomplissement de ces missions importantes, l'Administration d'État dont le mode normal de communication est l'écrit en langue officielle, traite bien souvent avec des analphabètes. Pourtant, pour des missions moins lourdes, il est exigé, du candidat à la fonction publique par exemple, un certain nombre de diplômes.

Il est assez délicat de confier des missions sensibles de service public à des agents ne sachant ni lire ni écrire. La procédure de la délégation ne lève pas totalement les contraintes dans ce domaine. En effet, le déléguant ne peut dégager totalement sa responsabilité par rapport aux activités du délégataire et le contrôle qu'il exerce sur la bonne gestion de ces activités n'est efficace que s'il les maîtrise lui-même. L'élu local illettré qui signe un acte d'état civil n'est jamais certain du contenu de l'acte rédigé en français et, d'ailleurs, la loi n'oblige pas l'officier d'état civil ne sachant ni lire ni écrire en langue officielle à déléguer son pouvoir ou sa signature.[64]

Mais l'instruction ne confère pas forcément la compétence. Beaucoup d'élus instruits ont été accusés de gestion désastreuse. La compétence est une donnée plus vaste intégrant notamment :

- la capacité à gérer de manière efficiente et rentable des ressources financières ;
- la construction d'une vision de développement pertinente à partir de la synthèse des différentes idées et préoccupations exprimées par le groupe ;
- des prédispositions ou tout au moins des aptitudes en matière de gestion des conflits ;
- la promptitude à galvaniser et à mobiliser les hommes et les femmes autour d'objectifs exaltants, …

L'un des objectifs officiels de la création des communautés rurales consiste à promouvoir la gestion de proximité comme moyen plus pertinent de gestion de la demande sociale locale. Ainsi, dans l'esprit du législateur, il s'agissait pour les communautés rurales de procéder à des investissements rentables pour créer et renforcer les équipements et infrastructures communautaires. D'ailleurs, les dépenses de personnel sont prohibées dans les budgets des communautés rurales. Cet attachement de l'État à l'investissement dans les communautés rurales se manifeste également par son engagement à gonfler la section investissement des budgets locaux par le fonds de concours. Paradoxalement, l'investissement des communautés rurales est presque nul. Les rares fonds, collectés à l'épreuve de l'évasion fiscale, sont engloutis par des dépenses dites de fonctionnement. Les rares infrastructures qu'on retrouve dans les communautés rurales ont été réalisées avant 1990, c'est-à-dire au moment où les sous-préfets étaient encore ordonnateurs du budget. Il y a donc une faiblesse de l'interventionnisme local due principalement à un manque d'expertise. Dans la même lancée, les opportunités de la coopération décentralisée sont sous-exploitées. La politique de la main tendue fait légion et beaucoup d'élus sont convaincus que le salut de la collectivité locale est fatalement lié à l'intervention d'un bailleur de fonds extérieur.

Malheureusement, on accède à la fonction d'élu de la communauté rurale sans aucun bagage et, bien souvent, sans même une idée de la responsabilité convoitée. C'est pourquoi, le PCR se tourne les pouces à la maison communautaire s'il n'est pas saisi d'un conflit foncier, ou circule dans les villages les moins enclavés ou autour de la sous-préfecture, cartable en main, traitant d'affaires dont on voit rarement le résultat. « Le pénible fardeau de n'avoir rien à faire » (Boileau 1965) suscite l'ennui. Cet ennui fait naître l'appétit de certaines pratiques néfastes comme le détournement de la taxe rurale et le clientélisme politique. L'oisiveté n'est-elle pas « la mère des vices » ?

Les jeunes également sont des acteurs dont l'impact est très faiblement senti.

L'exode des jeunes

La participation des jeunes au développement local reste faible. Celle-ci peut être analysée en termes de participation indirecte des jeunes dans les conseils ruraux et de participation directe à travers les organisations de jeunesse.

Le code électoral dispose que peuvent être candidats les citoyens âgés de 18 ans au moins. Donc, juridiquement, on ne trouve aucune entrave expresse à l'accès des jeunes aux conseils locaux. Mais, dans la pratique, les instances décisionnelles locales ont longtemps connu un faible taux de représentation des jeunes. Il faut rappeler que nul ne peut être candidat aux élections locales s'il n'est pas investi par un parti politique légalement constitué ou une coalition de partis. Les partis politiques ont brandi des quotas de jeunes lors des investitures et des campagnes électorales, mais cela n'a nullement été une obligation juridique. Ainsi, se poser la question de savoir si les jeunes s'intéressent à la fonction de conseiller élu d'une collectivité locale revient à se demander si les jeunes sont intéressés par la politique, passage obligé pour accéder aux instances locales.

Dans la réalité, la fonction de conseiller semble intéresser les personnes d'un certain âge. En effet, la fonction de conseiller rural n'est pas pour le moment rémunérée, alors que les jeunes, diplômés ou non, sont naturellement à la recherche d'un emploi. Cette situation est encore plus perceptible dans les zones rurales où l'exode des jeunes explique dans une large mesure la moyenne d'âge élevée des conseils ruraux.

L'étude précitée menée par le GREF sur la situation de référence des conseillers ruraux pour le compte du Programme Bassin arachidier révèle que le pourcentage de jeunes[65] dans les conseils actuels est de 13,5% pour les régions de Kaolack et de Fatick réunies alors qu'il n'était que de 5% pour les conseils sortants. La moyenne d'âge des conseillers est passée pour la même période de 54 ans à 46 ans pour les deux régions.

L'étude menée par le RADI et Diakonia a tenté, aux termes d'un sondage[66] réalisé dans les régions de Fatick, Kolda, Kaolack, Louga et Thiès, d'élucider et de quantifier les raisons de la faible représentation des jeunes dans les instances décisionnelles locales :

- manque de formation en décentralisation : 42% ;

- manque de volonté : 34,5% ;

- absence de motivation financière : 12% ;

- considérations traditionnelles : 8% ;

- exclusion : 2% ;

- considérations politiques : 1% ;

- analphabétisme : 0,5% » (RADI /Diakonia 2005 : 11-12).

Dans le mouvement associatif, les jeunes sont également démobilisés. Les activités qu'ils y déploient sont généralement liées à leur statut (sports et loisirs) et peu intégrées aux priorités communautaires. La grande masse de jeunes se trouve dans les villes, même les plus reculées du terroir, à la recherche de revenus. Il manque donc aux initiatives de développement local la fougue et la vivacité inhérentes à la jeunesse. Les jeunes sont ainsi faiblement impliqués, à l'image des femmes.

La mise à l'écart des femmes

Les femmes ont généralement un poids démographique plus important que celui des hommes. Paradoxalement, elles sont presque exclues des instances décisionnelles et cela pose problème du point de vue de la représentation. Le mouvement associatif féminin est relativement dynamique. Mais les femmes bénéficient de peu de soutien et leur absence des structures de prise de décision ne leur permet pas de défendre convenablement leurs préoccupations spécifiques. Un plus grand poids des femmes dans le choix des stratégies de développement aurait été d'un précieux apport pour la communauté. En effet, les femmes semblent plus sensibles aux questions liées au développement social alors que les conseils actuels largement dominés par les hommes, sont plus portés vers les questions budgétaires et domaniales.

L'étude précitée commanditée par le Programme Bassin Arachidier montre que la présence des femmes au niveau des conseils ruraux est très faible dans les deux régions de Kaolack et Fatick. Elle a même régressé passant de 11,5% pour le mandant sortant à 8,5% pour le mandat actuel.

Plusieurs facteurs expliquent cette sous-représentation :

- des pesanteurs d'ordre socioculturel qui veulent que les femmes s'occupent essentiellement des tâches domestiques et soient par conséquent confinées à la sphère privée ;

- le faible niveau ou le manque d'instruction des femmes. À titre illustratif, plus de 90% des femmes investies lors des dernières élections locales sont des « ménagères » généralement non instruites ;

- les partis membres des coalitions préfèrent placer à la bonne position les leaders de chaque localité et, comme il y a peu de femmes leader de coordinations ou de sections politiques, elles occupent de mauvaises places sur la liste des candidats ;

- la tentative de certains partis d'instituer un système de quota n'a pas résisté aux listes communes de coalitions.

Les pesanteurs culturelles sont désastreuses. D'ordinaire, dans les discussions publiques, les femmes s'aménagent un coin dans l'assemblée où elles sont toutes regroupées et isolées exactement comme à la Mosquée. Elles n'ont droit à la parole que pour appuyer les thèses développées par les hommes. La place résiduelle qui leur est réservée dans la mentalité populaire est exactement celle qu'elles occupent dans la réalité économique et sociale. Certaines d'entre elles s'en contentent et c'est ce qui explique que les cris du cœur des organisations de défense des droits des femmes ne produisent pas les échos attendus.

Au sein des groupements féminins, les actions, quoique louables, manquent de d'envergure et de performance. Les femmes confinées aux travaux domestiques ont peu de temps pour accéder aux sources d'information et de formation de nature à renforcer leurs capacités. À cela s'ajoute la crainte d'entreprendre des actions trop ambitieuses, trop osées, qui risquent de heurter les principes phallo-cratiques des sociétés africaines. Au demeurant, les femmes s'activent dans des micro-activités au sein de leurs groupements respectifs, mais ne s'engagent pas vraiment dans des activités plus globales, plus communautaires.

Cet isolement des acteurs aurait pu être corrigé par des interventions idoines des agents de l'État détachés auprès des communautés rurales pour les conseiller et les appuyer. Malheureusement le soutien qu'ils apportent dans ce cadre est largement déficitaire.

Le faible soutien des agents de l'État

Les services déconcentrés de l'État se plaignent tous d'un manque de moyens, mais en réalité ils ne jouent pas le jeu de la décentralisation. Pour s'en rendre compte il suffit de constater la résistance du représentant de l'État et le service minimum du trésor. Le dénuement des Centres d'Expansion rurale dits polyvalents vient aggraver cette situation.

La résistance du représentant de l'État

Une décentralisation réussie suppose un soutien actif de l'État notamment au moyen d'une réelle déconcentration. « Or, la plupart des analystes sur l'État africain partent d'un constat que ne dément aucune des réalités africaines : l'État africain est en faillite » (Sawadogo 2003 : 88). Les agents de l'État censés appuyer les collectivités locales sont-ils formés, préparés et motivés pour cette tâche ?

Les attributions du sous-préfet sont fixées par le décret n° 96-228 (*JORS* n° 5689 : 244-245) aux termes duquel, le sous-préfet :

- est officier de l'état civil du centre principal dans les arrondissements ; il veille au bon fonctionnement des centres d'état civil secondaires ;
- effectue annuellement le recensement des populations et tient à jour le fichier des villages ;
- contrôle de manière permanente l'action des chefs de village notamment dans leur rôle de collecteur d'impôt ;
- coordonne les actions de développement économique et social de l'arrondissement et met en œuvre tous les moyens propres à susciter et à encourager la participation des populations au développement ;
- préside les séances du Comité local de Développement (CLD) ;
- apporte à la communauté rurale une assistance permanente en vue de conseiller, de coordonner et d'impulser leurs actions de développement dans le cadre de la programmation régionale et locale ;
- prend des décisions concernant l'approbation ou le contrôle de légalité, le pouvoir de substitution, les pouvoirs de police ;
- dispose du droit de requérir les forces de l'ordre.

Les sous-préfectures sont toutes, sans exception, sous-équipées ; certaines sont même dans un état de délabrement proche de celui des maisons communautaires.

« Il n'y a pas une bonne décentralisation sans une bonne déconcentration ; ce sont deux mamelles d'une même mère qui doivent agir de façon coordonnée et ensemble pour que toute action d'organisation de l'administration locale, puisse se faire efficacement dans le cadre bien entendu d'une bonne gouvernance » (Ndao 2005 : 9). Les élus ont toujours décrié l'insuffisance de l'appui des sous-préfets, notamment en matière de recouvrement de la taxe rurale. La plupart des commissions de recouvrement présidées par le sous-préfet fonctionnent au ralenti. Les sous-préfets estiment qu'ils ne sont astreints qu'à un simple appui dans la limite de leurs moyens et de leur disponibilité dès l'instant qu'ils ne sont plus, depuis 1990, ordonnateur du budget local. La plupart d'entre eux bénéficient de dotations en carburant dans le budget des communautés rurales, mais ne se déplacent presque jamais à leur profit. Ils effectuent très rarement des contrôles sur la tenue des cahiers de village et le fonctionnement des centres d'état civil secondaires où se développent de nombreuses violations impunies. Les Comités Locaux de Développement se tiennent de moins en moins dans plusieurs arrondissements et le représentant de l'État ne s'implique pas vraiment dans le développement local sous prétexte de ne pas vouloir s'immiscer dans les compétences des élus.

Mais le plus surprenant, c'est l'ignorance par les élus des règles les plus élémentaires de la gestion locale, alors qu'ils côtoient quotidiennement le sous-préfet. Comment expliquer en effet, qu'un président de conseil rural, après un mandat de cinq ans, ne soit pas informé de la possibilité de bénéficier gratuitement de l'appui technique des services déconcentrés dans le cadre de l'exercice des compétences transférées sur la base d'une convention, alors qu'il se rend à la sous-préfecture au moins un jour sur sept ?

Certains sous-préfets font assurément de la résistance et donnent l'impression de souhaiter l'échec des présidents de conseil rural pour se voir confier à nouveau la fonction juteuse d'ordonnateur du budget. Le Rapport national sur le Développement humain précité intègre, parmi les contraintes du développement local, « les relations encore difficiles entre les autorités décentralisées (collectivités locales) et les autorités déconcentrées (autorités administratives) » (PNUD 2001 : 39). L'approfondissement de la décentralisation les a dépouillées d'un certain nombre de responsabilités et, bien souvent, leur frustration se manifeste dans leur service minimum, à l'image du trésor.

Le service minimum du trésor

Le Trésor joue le rôle de caissier pour le compte de la communauté rurale. Il n'a pas suffisamment de personnel pour assurer les opérations de recouvrement dans les collectivités locales entrant dans sa compétence et cela entraîne de nombreuses échappées de recettes, notamment en matière de patente.

La loi fait obligation au comptable de la collectivité locale de transmettre à l'élu local un état financier mensuel retraçant les montants respectifs des dépenses et des recettes et les disponibilités financières.[67] Cette obligation est rarement respectée et, au moment d'émettre des bons d'engagement, le PCR n'a qu'une faible connaissance de sa marge financière. En effet, le recouvrement de la plupart des recettes lui échappe car il n'est pas collecteur d'impôt. Il n'est pas informé du recouvrement du produit des amendes forfaitaires ni de celui de la patente, effectués par le trésor. Or, la décision d'engager une dépense doit être éclairée par la connaissance précise et permanente des disponibilités financières.

Dans certaines communautés rurales, la commission chargée du recouvrement de la patente est régulièrement soupçonnée d'une complicité avec les commerçants, voire d'une complaisance largement récompensée. À chaque fois que ces faits sont avérés, ils compromettent le faible rendement d'une fiscalité locale déjà statique et souvent inopérante. Les budgets des communautés rurales prévoient une dotation en carburant au profit du trésor au titre de l'appui au recouvrement. Cette dotation est la première dépense exécutée sur le budget par le trésor, mais certaines communautés rurales ne voient presque jamais les agents du trésor sur leur territoire. Au contraire, certains agents de ce service font valser les présidents de conseil rural qui n'obtiennent les paiements sollicités qu'après plusieurs déplacements.

Il faut noter également que le service des impôts et domaines ne dispose pas de ressources humaines suffisantes pour effectuer convenablement les recensements fiscaux préalables aux opérations de recouvrement. Ce manque de moyens des services extérieurs de l'État est patent au niveau des CERP.

Le dénuement des CERP [68]

Les responsabilités des CERP, consignées dans le décret n° 72-1390 (*JORS* n° 4267 : 2106-2108), consistent essentiellement à :

- aider à la formation technique des populations ;

- appuyer les conseils ruraux dans l'élaboration et l'exécution des plans et projets de développement ;

- appuyer les initiatives de développement entreprises par les groupements, les associations villageoises de développement, les groupements d'intérêt économique, les ONG, etc.

- appuyer l'exécution des directives se rapportant aux projets et actions des services techniques.

Les CERP sont abrités dans des bâtiments vieillissants et souffrent d'un manque de moyens de tous ordres. Le maintien de ce service n'est dû qu'au courage de ses agents qui se consolent d'outils rudimentaires face à la technicité des missions dont ils sont investis. Le Centre de formation des agents des CERP récemment ouvert à Sébikotane peut contribuer à la mise à niveau de ces agents, mais ne règle pas le problème fondamental d'absence de moyens adéquats.

Les services de l'État, partenaires incontournables du développement local sont donc insuffisamment engagés ou mal outillés. Un changement du « Ministère chargé des collectivités locales » en « Ministère du développement local » traduirait l'engagement de l'État, au-delà des préoccupations purement institutionnelles et administratives, d'arrimer les collectivités à une dynamique ferme de progrès palpable. Cette option ambitieuse consistant à évaluer les collectivités locales selon des critères tenant à leurs performances économiques appelle la formation continue des représentants de l'État en techniques de développement. Bien entendu, il ne s'agit pas de demander à l'État de faire le développement local à la place des collectivités locales, mais de placer un compas économique dans l'œil des agents chargés d'apprécier et d'appuyer l'action locale. Le réarmement et la remotivation de ces agents contribueraient à combattre l'effritement de leur engagement.

Ce déficit d'engagement est encore plus grave lorsqu'il concerne des acteurs aussi centraux que les populations organisées en mouvements associatifs.

La léthargie des mouvements associatifs

Existe-t-il dans la réglementation des collectivités locales des dispositions obligeant les élus à associer les populations à l'exercice de leurs compétences ? L'article 3 du code des collectivités locales dispose que « les collectivités ont pour mission la conception, la programmation et la mise en oeuvre des actions de développement économique, éducatif, social et culturel d'intérêt régional, communal ou rural. Elles associent en partenariat, le cas échéant, à la réalisation des projets de développement économique, éducatif, social et culturel, les mouvements associatifs et les groupements à caractère communautaire ».

La lecture de ce texte inspire deux commentaires au moins :

- les populations ne peuvent être associées à la réalisation des projets initiés par la collectivité locale que si elles sont organisées en association ou groupement ;

- l'association par la collectivité locale des populations à la réalisation de ses projets se fait « le cas échéant » ; elle n'est donc pas une obligation, mais une faculté dont l'exercice est laissé à l'appréciation des élus.

Existe-t-il des dispositions qui obligent les élus à appuyer les initiatives de développement prises par les populations ?

On ne peut l'affirmer qu'avec des réserves. La nomenclature budgétaire comporte bien des rubriques consacrées à l'appui des associations et groupements, mais il ne s'agit pas de dépenses obligatoires par nature. L'article 3 du décret n° 96-1133 du 27 décembre 1996 portant application de la loi de transfert de compétences aux régions, aux communes et aux communautés rurales en matière de planification dispose que « le président du conseil régional pour la région, le maire pour la commune, le président du conseil rural pour la communauté rurale coordonnent l'ensemble des actions de développement initiées par leurs collectivités locales et veillent à leur évaluation périodique ». L'application de cette disposition implique nécessairement un partenariat élus-populations à des fins de mise en cohérence des actions de développement initiées respectivement.

Les mouvements associatifs ne concourent pas réellement à la réalisation des missions du conseil rural, mais exigent de lui des subventions pour réaliser leurs préoccupations propres. La faible référence à l'appartenance communautaire se traduit notamment par un repli sur des micro-organisations villageoises, ethniques ou familiales. Même en l'absence de moyens, l'activité des mouvements associatifs aurait pu être mieux rentabilisée à travers la participation responsable à des opérations de propreté, de sensibilisation sanitaire préventive, de réalisation et d'entretien de pare-feu, d'entretien courant des infrastructures communautaires, etc. Cet attentisme se lit davantage au sein des mouvements de jeunesse dont l'activité, bien souvent, se résume et s'épuise dans le football avec une forte pression sur les autorités locales pour l'achat de ballons et de jeux de maillots au détriment d'activités rentables susceptibles de réduire l'insécurité alimentaire. On a même l'impression de lire une forte dose d'insouciance et d'égoïsme dans l'immobilisme de certains groupements locaux et leur incapacité à faire preuve d'une vision communautaire dans la poursuite de leurs intérêts.

Les organisations communautaires de base sont donc généralement confinées à leurs préoccupations respectives. Le chef de village est aussi un autre acteur dont l'impact est amoindri par le confinement à des activités essentiellement coutumières.

Le rôle essentiellement coutumier du chef de village

Le village est une agglomération reconnue officiellement et constituée d'un ensemble de carrés composés d'un ou de plusieurs ménages. Il est administré par le chef de village.

Le chef de village est reconnu et nommé par arrêté du Préfet sur proposition du sous-préfet après consultation des chefs de carrés. Cet arrêté est approuvé par le Ministre de l'Intérieur. Le statut de chef de village est réservé aux citoyens sénégalais âgés de 25 ans accomplis, régulièrement inscrits sur la liste électorale du village et résidant dans le village.

Le chef de village a diverses fonctions. Il est appelé notamment à :

- contrôler l'exécution des lois et règlements ;

- appliquer les mesures de police administrative ;

- apporter son concours au recensement de la population ;

- tenir le cahier d'état civil du village ;

- apporter son concours pour combattre les calamités graves ;

- participer aux actions de développement ;

- délivrer les permis d'inhumer (sauf pour le village chef-lieu d'arrondissement) ;
- collecter la taxe rurale et la verser au trésor moyennant une remise.

Les fonctions de chef de village cessent en cas d'incapacité physique dûment constatée, de manquements graves, de condamnation pour crimes, délits ou refus d'exécution des lois et règlements et, enfin, en cas de changement de résidence.

Le chef de village est un acteur authentique qui a préexisté à l'intervention législative de l'État dans le développement local. Aujourd'hui, les chefs de village, dans leur écrasante majorité, exercent leurs fonctions sans aucune décision de nomination de l'État. Les villages disposent de propres règles de nomination, de contrôle et de sanction du chef de village qu'ils appliquent en marge de la réglementation en vigueur. Le chef de village est donc un acteur auquel les populations s'identifient.

Mais il n'est plus ce leader capable, sous l'arbre à palabre, symbole d'une organisation démocratique, de régler les conflits sociaux et d'organiser les activités de développement du village. L'avènement du Président du conseil rural qui se présente comme son supérieur hiérarchique pour toute mission exercée au nom de l'État (État civil, publication et application des lois et règlements,…) et l'attitude de certains conseillers élus prétendant commander leur village de résidence à la place de son chef au motif qu'ils représentent le conseil rural, ont contribué à saper le rayonnement de cette institution.

Le chef de village est aujourd'hui une simple autorité coutumière et son rôle de collecteur de la taxe rurale fait parfois de lui, aux yeux des contribuables, le complice d'un État fiscalement gourmand plus qu'une autorité intégrée. Il n'est plus aujourd'hui que le notable que les partenaires extérieurs passent tout simplement saluer avant de lancer dans le village des actions à la réalisation desquelles il n'est que formellement associé ou le serviteur chez qui l'étranger peut dormir (et dîner) gratuitement lorsque la nuit le trouve dans le village. Sa position sociale, son rôle statutaire et, parfois, sa connaissance de l'histoire du village ne sont pas suffisamment mis à profit dans le développement communautaire.

En dehors de la faible implication des acteurs, un autre facteur de perturbation du développement local toujours lié au comportement des acteurs, se trouve dans la survivance d'attitudes traditionnelles anachroniques.

La survivance d'attitudes traditionnelles

La marche du développement local au Sénégal est sous la menace insidieuse de pratiques et croyances relevant du dogmatisme, du conservatisme et, de manière générale, d'une conception absurde des rapports entre le pouvoir et le groupe. Elle est perturbée par la survivance d'attitudes irrationnelles perceptibles dans le phénomène du pouvoirisme des élus et surtout dans l'irruption de forces non officielles dans le pouvoir décisionnel.

Le pouvoirisme des élus

Le sens de la mission de l'élu n'est pas toujours bien compris. Or, c'est l'interprétation par l'élu du sens et de la portée de sa mission qui fonde son état d'esprit tout au long de son mandat. Qu'est-ce qui motive le candidat à l'élection locale ? A quoi cherche-t-il à accéder ? Qu'est-ce qui explique les batailles électorales locales souvent farouches et impitoyables, occasionnant parfois des coups et blessures et déchirant des familles ? Les présidents de conseil rural se plaignent pourtant d'un statut peu attractif et de moyens d'intervention dérisoires. Ils n'ont ni véhicule de fonction, ni salaire et se contentent d'indemnités insignifiantes. Mais alors, qu'est-ce qui les fait courir ?

N'eut été le caractère dérisoire du montant officiel des indemnités dues au président du conseil rural, on aurait pu penser que l'argent est le pôle d'attraction des élus. En effet, dans les pays africains, tous réunis sous le signe de la précarité, l'accès même temporaire à la sécurité économique et au mieux-être social est la principale source de motivation pour les candidats aux pouvoirs nationaux et locaux.

De nombreux présidents de conseil rural ont le secret de certaines gymnastiques financières. C'est le cas des présidents qui se font voter une dotation de carburant dont le montant dépasse parfois le quart du budget de fonctionnement. C'est également le cas des présidents « trop proches » des fournisseurs ou des collecteurs d'impôt. Le patriotisme et l'attachement au terroir ne semblent pas être la motivation principale des élus au regard du bilan de leur mandat. L'accès au pouvoir serait-il alors une fin en soi pour les élus locaux ?

L'observation du comportement politique de certains élus laisse apparaître des résurgences de la conception traditionnelle du pouvoir. On a l'impression que l'élu local n'accède pas au pouvoir pour servir la communauté, mais pour se servir de ce pouvoir qui est alors un tremplin et un facteur d'ascension sociale. Le pouvoir en Afrique est, selon la formule du politologue camerounais Achille Mbembé, « le lieu du repas ». L'attachement quasi pathologique de l'africain au pouvoir est bien connu. Pour le pouvoir, l'africain est prêt à tout. Le musicien Youssou Ndour disait dans sa chanson *Demb*, entrée dans l'histoire, que toutes les querelles vécues en Afrique s'expliquent par l'attachement exagéré de l'Africain au pouvoir. Une étude sur la prise de décision dans la société communautaire révèle que « les présidents de conseil rural, dans la majorité des cas, exercent leur pouvoir sans partage. D'aucuns disent même que les délibérations du conseil rural ne sont en fait que les vœux du président. Ces derniers sont le plus souvent anciens chefs de village, autorités coutumières, descendants du fondateur du village-centre ou membre d'une famille riche. Ils s'imposent au sein du conseil qui leur reconnaît un pouvoir traditionnel en plus du pouvoir juridique conféré par la loi.

Le conseil rural se résume donc en la personne du président qui se déplace très souvent, bloquant le fonctionnement de l'institution du fait de l'absence de délégation de pouvoir » (GTZ/GREF 1998 : 15).

Le vote public à main levée pose problème dans la mesure où certains conseillers n'osent pas porter ouvertement la contradiction au camp du président. Ce dernier étant élu par la volonté de Dieu, le contredire devient un sacrilège. « Celui qui est au pouvoir est présenté comme un homme providentiel, prédestiné à diriger. Il est toujours décrit comme un homme pas comme les autres parce que choisi par Dieu, implanté par les divinités animistes ou pronostiqué par les prédications des féticheurs » (Seck 2001 : 134). Certains PCR tirent d'ailleurs leur pouvoir du soutien actif du marabout dont la préoccupation est d'exhiber un lien sacré entre le pouvoir de l'élu et la volonté divine.

Des vice-présidents se plaignent du fait que le président du conseil rural ne les associe pas à ses activités, ni en termes de délégation de pouvoir, ni même en termes d'information. La tendance au règne sans partage explique la difficulté que certains présidents ont à accepter les assistants communautaires affectés à leurs côtés, tous bacheliers et bénéficiaires de rémunérations largement supérieures à leurs indemnités. Si certains de ces assistants se félicitent de la bonne collaboration avec leur président, d'autres souffrent de ne pas être acceptés et ne se voient confier aucune tâche par le président. Leur situation professionnelle est d'autant plus précaire qu'ils sont de simples prestataires de service.

C'est dire que certaines représentations anachroniques du pouvoir sont encore d'actualité du fait du poids des traditions. Ces traditions jouent malheureusement un rôle déterminant dans le pouvoir décisionnel.

L'irruption de forces non officielles dans le pouvoir décisionnel

La loi a tenté d'organiser l'accès aux pouvoirs locaux et la gestion de ces pouvoirs par leur titulaire. Mais, deux constats s'imposent sur ce point : au sein de l'instance décisionnelle locale, des forces traditionnelles exercent la réalité du pouvoir ; dans des mouvements associatifs, l'essentiel des rapports de pouvoir s'organise autour de la parenté.

Dans un certain nombre de communautés rurales, le collège des conseillers se présente comme un simple élément du décor dans la mesure où la réalité du pouvoir décisionnel est contrôlée par d'autres forces sociales. Ce n'est que tout récemment que les *baadolos*[69] ont eu le courage de briguer des postes de responsabilité dans la communauté rurale. Jetant un coup d'œil sur les activités du Groupe de Travail sur le Développement local et la Décentralisation, Marie-Jo Demante relève qu'au Sénégal, « les associations de base reprochent aux élus de trop souvent donner la priorité à la défense d'intérêts claniques ou familiaux » (Demante 1998 : 32). Le choix des élus répond bien souvent à des considérations ethniques dans la logique de la « parenté gouvernante qui rend compte de « l'évidence de la prééminence des autorités traditionnelles dans la maîtrise de l'espace administratif décentralisé » (Njoya 1994 : 200). Certains présidents de conseil ne détiennent pas la réalité du pouvoir. Ils sont censés diriger la communauté rurale dans l'ordre juridique, mais obéissent aux injonctions de leur « supérieur » dans la logique traditionnelle ou religieuse. C'est ainsi que certains d'entre eux sont élus sur ordre du marabout par le jeu insidieux des consignes de vote. Ils agissent pour le compte de la confrérie que dirige le marabout et se comportent beaucoup plus comme agent du khalife que comme représentant de la communauté.

La loi a donné compétence au conseil rural pour déterminer les modalités d'accès et d'utilisation des points d'eau de toute nature. Mais dans la réalité, l'eau est sous le contrôle d'autorités coutumières. « Les ressources en eau restent marquées par une prédominance de la perception culturelle et par une survivance des droits exercés traditionnellement par les collectivités autochtones sur les eaux dans certaines localités, notamment dans les localités du bassin du Fleuve Sénégal avec l'institution des Dialtabé,[70] structures traditionnelles de gestion des eaux dont la vocation est de veiller au respect de la réglementation de l'eau et de résoudre les conflits nés de l'utilisation de l'eau » (Groupement COWI-Polyconsul 1999). « Les maîtres des eaux ont un pouvoir très important, tellement important qu'on les dit en rapport de complicité avec les ondines.[71] Ils ont essentiellement pour fonction de veiller au bon respect de la réglementation traditionnelle en matière d'eau » (Diakité 1998 : 399). Ces traditions sont certes moins vivaces que dans le passé, mais leur survivance est largement révélatrice d'un certain conservatisme rural et de résistances locales à l'application du droit étatique. Cet antagonisme entretient un conflit latent entre la légalité nationale et les légitimités locales.

Le recours aux marabouts et aux féticheurs est une pratique courante dans les rapports politiques et sociaux. Lorsque l'élu ou le leader d'un groupe d'acteurs reçoit l'assurance de son marabout qu'il sera maintenu à son poste quels que soient ses adversaires et ses performances, par le seul fait d'observer un certain nombre d'opérations mystiques, il se libère de toute obligation de résultat, accomplit ses missions avec nonchalance et sombre dans la suffisance, l'excès de confiance et l'immobilisme.

La sorcellerie est au centre des rapports de pouvoirs. À propos du Burkina Faso, Pierre-Joseph Laurent observe que « le développement local repose sur un mécanisme particulier qu'il convient clairement d'identifier. Tout d'abord, il est utile de comprendre que, pour les villageois, le développement représente un mécanisme novateur. Dit autrement, cette notion, par ailleurs polysémique, attire au village une série de pratiques qui finissent par entraîner des perturbations dans les équilibres traditionnels. Les premiers initiateurs du développement au village prennent donc certains risques dans la mesure où ils se hasardent dans l'invention de nouvelles manières d'être. Ces risques sont ceux de déclencher des jalousies et des haines qui peuvent se traduire par une recrudescence d'attaques de sorcellerie de la part de ceux qui ne sont pas les promoteurs du développement, mais plutôt les ténors des pouvoirs gérontocratiques » (Laurent 1985 : 56). L'entrée en vigueur des textes d'inspiration occidentale n'a pas totalement supplanté les modes d'organisation traditionnelle, qui confèrent au chef un pouvoir coutumier que le chercheur moderne ne peut tenter d'élucider sans s'embourber dans un univers ésotérique. Les survivances de la chefferie traditionnelle illustrent la constance des résistances coutumières au droit étatique (Ogondjo Okawe 1985 : 56).

Des séquelles de l'esclavage ont été observées au nord du Sénégal. Il s'agit bien entendu d'un esclavage moins oppressif dans la mesure où l'esclave, pour des raisons historiques encore vivaces tenant notamment à son appartenance familiale et professionnelle, accepte son statut et le vit « dignement ». Ces pratiques sont révélatrices de l'emprise de la tradition dans le monde rural.

Des croyances obscurantistes sont à la base du refus des populations d'exercer le métier de collecteur d'impôt. Ce sénégalais qui refuse le développement local à l'image de l'Africain d'Axelle Kabou qui « refuse le développement » (Kabou 1999) fait donc primer des visions rétrogrades sur l'impératif de mobilisation des ressources locales.

Le mouvement associatif n'échappe pas à certaines pratiques et visions traditionalistes tendant à aliéner l'individu au groupe. Dans la société traditionnelle, les droits des individus sont subordonnés à ceux du groupe. Le professeur Samba Traoré constate que « la valorisation du groupe est due à sa permanence, les individus étant éphémères. L'individu n'est pas une institution car il disparaît. C'est la permanence du groupe qui fonde sa supériorité sur les individus contingents. Le groupe constitue l'architecture de la société alors que les individus n'en constituent que les éléments. Le groupe n'est pas seulement une entité dont les droits s'imposent à l'individu, mais il lui procure une protection ».[72] Guy Duby remarque que « dans la société féodale, celui qui tente de s'isoler du groupe est suspect ; il est fatalement conduit à faire le mal en raison de la solitude dans laquelle il se fourvoie » (Duby 1985 : 413). Cette affirmation du primat du groupe sur l'individu a laissé des traces encore vivaces dans le monde rural sénégalais, moins frappé que le monde urbain par les influences modernistes de plus en plus centrées sur l'individualisme. La primauté de l'organisation sur les individus, y compris les dirigeants de l'organisation, s'impose pour tout système qui se veut démocratique. Mais, poussée à l'extrême, elle conduit au bâillonnement des libertés des individus, emprisonne l'expression de l'originalité de leurs idées et écrase leur génie. L'individu porteur d'idées positives et réformistes qui veut et peut émerger a peur de s'affirmer. Il risque d'être accusé de vouloir déranger les bases du groupe et de convoiter la place du chef. Cet « écrasement continu de l'homme et la destruction de la ressource humaine » (Seck 2001 : 265) créent une ambiance peu favorable à l'éclosion d'un esprit progressiste et à la confrontation féconde des idées au sein du groupe.

Une telle situation est aggravée par le mode de choix des dirigeants du mouvement associatif. L'examen de la composition des instances dirigeantes de ces mouvements montre leur domination par des familles dites nobles. L'organisation des élections pour désigner les leaders du groupe apparaît comme une comédie dans la mesure où l'individu habilité à exercer cette responsabilité est déjà connu grâce à son statut social, notamment son lien de parenté avec la famille fondatrice de la communauté. Ainsi, certaines personnes coincées au bas de la strate socio-ethnique sont condamnées à ne jamais exercer de grandes responsabilités dans le groupe. Elles sont utilisées pour les corvées quotidiennes et ne prennent presque jamais la parole au nom du groupe. Plus que les clans ou tribus, ce sont les castes qui introduisent des cloisons étanches au sein des populations. Au sortir d'une étude sur la société *torodo*,[73] Christian Coulon nous apprend que « la place de tout individu dans la société et le statut qui y correspond sont rigoureusement définis et héréditaires » (Balans, Coulon, Gastellu 1975 : 30). Pour élucider ce phénomène, il faut remonter dans la société traditionnelle où la division du travail avait abouti à l'émergence et à la stabilisation de catégories socioprofessionnelles. On retrouvait ainsi la caste des griots, celle des forgerons, celle des bûcherons, celle des tisserands, etc. Les autres, qui étaient chargés de réfléchir sur l'organisation sociale ou d'enseigner la religion, avaient fini par s'octroyer un rang de noblesse. Selon Abdoulaye Bara Diop, « la structure des castes s'est conservée sans modification importante. Dans l'esprit des toucouleurs traditionalistes, les individus n'appartenant pas à la même caste seraient de nature différente. Sur le plan moral, des qualités et des défauts précis seraient inhérents à l'appartenance aux castes. Tous ces préjugés ont cours encore » (Diop 1981 : 26). Aujourd'hui, cette stratification sociale s'est fortement atténuée avec l'avènement de l'islam, du christianisme et de la modernité ; mais une observation minutieuse des rapports de forces au sein de la société permet d'en déceler des survivances coriaces. Il suffit aujourd'hui qu'un individu décline son nom de famille pour qu'on présume qu'il est d'origine noble ou castée. Le casté éprouve parfois des difficultés à accéder au pouvoir. Lorsqu'il y accède par miracle, la présence de nobles dans le groupe qu'il dirige gêne son leadership. Un ancien Premier Ministre du Sénégal a subi les assauts de ses propres camarades de parti qui contestaient son leadership du seul fait qu'il était, selon eux, casté.

Les associations engagées dans le développement local n'échappent pas au système de castes, encore tenace, qui confère une infériorité naturelle à certaines personnes en raison de leur passé social ou de leur sang. Cette situation ne favorise pas le développement local. La démocratie participative, sève nourricière du développement, doit être comprise comme l'égalité des droits et des devoirs des acteurs engagés et la prise en compte équitable de leurs idées respectives dont la richesse découle justement de leur diversité. Autrement, on s'achemine vers des frustrations et des distorsions préjudiciables à l'esprit de groupe.

L'esprit de groupe est indispensable au développement local. Il doit, à tout prix, résister aux influences externes comme celles des interventions des partenaires au développement, en ce qui concerne les biais qu'elles comportent.

Les biais des interventions des partenaires au développement

La plupart des acquis économiques et sociaux des communautés rurales porte l'empreinte des partenaires au développement. « L'intérêt que les bailleurs de fonds portent au développement local [se manifeste] dans la renaissance de politiques dites de terroir et des projets d'appui aux groupements paysans. Tout porte à croire que ce mouvement est lié à la crise de confiance de la communauté internationale envers les États autoritaires et centralisés qui se sont montrés incapables de gérer le développement économique de manière juste et efficace » (Venard 1993 :25 ; McNamara 1991 : 90). Incontestablement, les bailleurs de fonds, les ONG, les Projets et Programmes de développement ont largement contribué à l'appui au développement local là où l'État a montré ses limites.

Mais les interventions de ces derniers sont parfois sources de distorsions du fait, notamment, de la priorité accordée aux préoccupations personnelles, de l'introduction dans le monde rural du perdiemisme, des préjugés urbains et de la pratique souvent inconsciente d'une planification orientée.

La concurrence des préoccupations personnelles

La philosophie de l'intervention des partenaires au développement trouve sa source dans l'action humanitaire, d'où le concept d'« aide au développement ». Or, l'aide suppose un certain état d'esprit de son auteur et le Duc de Lévis avait bien raison de penser que *la vertu est le triomphe de la générosité sur l'intérêt* (Lévis 2005). L'auteur ou l'initiateur de l'aide doit être animé d'un esprit de sacrifice et d'une promptitude à s'effacer au profit de l'autre, sans quoi l'aide qu'il prétend apporter n'est qu'un tremplin au service de préoccupations personnelles. Le scandale des agents de l'action humanitaire, dans certains pays africains, échangeant les vivres gratuits contre des services sexuels des femmes bénéficiaires conforte la thèse de la nécessité d'une enquête de moralité pour tout candidat à l'action au service de l'Homme.

La plupart des partenaires publics et privés au développement ont des programmes généralement exempts de toute critique parce que tournés vers le sauvetage des populations du tiers monde économiquement et socialement en détresse. Ces derniers, ainsi que les gouvernements qui les dirigent, ne sont pas en position de refuser l'aide, même si elle ne correspond pas à leurs préoccupations prioritaires.

Un ancien chef de CERP de l'arrondissement de Yang Yang[74] constate à juste titre que : « Depuis plus de dix ans, les projets de développement se bousculent dans chacune des 320 communautés rurales du Sénégal, mais on a l'impression que celles-ci s'appauvrissent davantage ; certains de ces projets n'ont laissé aucune trace après plusieurs années de présence ». En effet, les projets sont si nombreux que les bailleurs eux-mêmes s'imposent une certaine coordination et même parfois un certain partage du territoire pour éviter les empiétements et double emplois. Malheureusement, les populations ne voient pas toujours l'impact concret de cette floraison de projets en termes de mise en place d'infrastructures adaptées et rentables et de relèvement significatif de leur niveau de vie. Les sommes injectées sont pourtant sans commune mesure avec les budgets locaux. Où passent donc ces milliards annoncés à l'occasion de la signature des protocoles d'accord ?

Au Sénégal, tout demandeur d'emploi rêve de travailler dans une ONG ou un projet, plutôt que de se contenter d'un traitement modeste de la fonction publique ou d'un salaire aléatoire d'un secteur privé soumis aux secousses de la conjoncture. Dans certains projets de renom, un simple secrétaire dactylo reçoit un salaire qui n'a rien à envier au traitement d'un cadre de l'administration. Ainsi, on entre dans un projet comme agent de développement, non pour servir sa cause, mais pour s'extirper de la pauvreté commune. On sait avec Michel Crozier, depuis sa fameuse Théorie des Organisations (Crozier 1997 : 57), que dans toute organisation, la poursuite de la mission officielle peut être compromise par l'irruption des intérêts personnels et parfois contraires des agents respectifs chargés de cette mission. Il en est ainsi lorsque l'organisation poursuit une mission altruiste et que les personnes chargées de conduire cette mission sont motivées par des préoccupations strictement salariales.

Dans la pratique, ces agents de projets inventent des missions inutiles et fantômes pour empocher des indemnités de déplacement, bâclent des études de terrain sanctionnées par des rapports truffés de chiffres plagiés ou inventés, organisent des séminaires à volonté pour tirer profit des retombées financières de la restauration de masse, réalisent les infrastructures et équipements avec des matériaux de basse qualité autres que ceux prévus dans les documents officiels, « négocient » avec les fournisseurs, mettent en œuvre des astuces pour utiliser le téléphone du service à des fins privés, etc. Beaucoup de cadres de projet font même de la consultance clandestine ou sous-traitée. Ainsi, loin d'être une vocation ou une passion, le métier d'agent d'appui au développement local est, pour beaucoup, un gagne-pain. Des amateurs se voient confier des missions de recherche, d'animation ou de formation au détriment des experts et des bureaux d'études légalement constitués. Leur présence dans le champ du développement local n'est justifiée ni par des diplômes obtenus, ni par une expérience avérée, ni par des publications de nature à accréditer leur candidature.

Les fonds signés dans les protocoles d'accord n'arrivent jamais intégralement aux populations destinataires. De manière générale, l'aide aux paysans du monde rural est douteuse. Un paysan du Niger affirme lors d'une étude à propos de l'aide au secteur agricole que : « Ce qui est sûr, c'est que les médias annoncent presque tous les jours des montants importants d'aides reçues par le pays, mais seules des miettes parviennent aux bénéficiaires officiels que sont les paysans » (ABC Écologie 1998 : 14). Certaines voix s'élèvent dans le milieu pour indexer *la cleptocratie* (*Faut-il brûler les ONG ?* 2005 : 6) des ONG à partir du moment où « les populations ciblées ne voient pas toutes dans leur ensemble où passe l'argent mobilisé en leur nom » (*Faut-il brûler les ONG ?* 2005 : 6).

À l'image du SIDA, la pauvreté est source de richesse, car elle fait vivre décemment des chercheurs, formateurs, animateurs, conseillers, consultants, experts,… « Si par malheur la pauvreté était vaincue, qui prendra en charge tous ces chômeurs qui auront perdu leur poste » ? Ironisait, en 1995, le chef du CERP de Gamadji Saré. Au lendemain des ravages du Tsunami en Asie, à la question : « Que représente la crise humanitaire en Asie du Sud pour les ONG ? » (Trudel 2004 : 16), Thierry Pech répond : « C'est terrible à dire, mais il s'agit pour elles d'une bonne nouvelle, car cette catastrophe leur permettra peut-être de rebondir » (Pech 2004 : 25). Beaucoup s'emploient à amplifier les chiffres liés à des situations de pauvreté ou de catastrophe pour susciter l'augmentation des fonds d'aide. Il n'est donc pas étonnant que de nombreuses ONG ne se lassent jamais de dresser des tableaux sociaux sombres de leurs zones d'intervention, malgré leur action, pour justifier et consolider leur présence. On ne peut certes pas reprocher à un agent d'un projet de développement de se préoccuper de sa propre carrière, mais cette préoccupation ne doit pas compromettre l'atteinte des objectifs du projet dont il est partie prenante dès l'instant qu'il l'intègre et quel que soit son niveau de responsabilité.

Certaines habitudes négatives de ces agents d'appui au développement sont copiées par les acteurs locaux ; c'est le cas du perdiemisme.

Le perdiemisme

Les partenaires au développement ont accoutumé les acteurs locaux à recevoir des perdiem pour toute réunion se rapportant au développement local. La notion de perdiem est à juste titre rattachée à celle de séminaire. En effet, lorsqu'un participant quitte sa famille pour un séminaire, sa femme et ses enfants lui demandent toujours de ramener des cadeaux avec le produit des perdiem qu'il recevra immanquablement.

Beaucoup de séminaires sur le développement local se sont terminés en queue de poisson en raison de contestations sur les perdiem. A l'ouverture du séminaire, les participants ont l'esprit rivé sur la logistique et les finances ; leur première préoccupation et leur première question se rapportent inéluctablement à la disponibilité et au montant des perdiem, sans référence au rôle attendu d'eux en temps que participants. Cette mendicité déguisée est savamment exploitée par tout intervenant qui veut prouver le caractère populaire de son projet. Il suffit de promettre le remboursement du transport pour avoir le maximum de participants aux réunions. Certains projets anachroniques ont besoin de l'adhésion et de l'implication des populations bénéficiaires pour continuer à recevoir les fonds du bailleur. Alors, s'il n'est pas possible d'obtenir cette adhésion populaire en prouvant la pertinence du projet, il faut l'acheter et souvent à un prix dont la modicité s'accommode avec l'état de misère des populations ciblées.

Les populations elles-mêmes ont irrémédiablement acquis ce réflexe perdiemiste. Lorsqu'elles sont convoquées à des séances de formation ou à des réunions liées à l'intérêt de la communauté, elles exigent des perdiems et parfois subordonnent leur participation active à la disponibilité et au montant du pécule. Pour avoir droit aux perdiem lors d'une séance de formation des élus initiée par la coopération canadienne dans la communauté rurale de Taïba Ndiaye,[75] un participant non invité défend qu'il est « presque conseiller » dès l'instant que son frère, absent, est conseiller. La participation citoyenne responsable transcende les intérêts financiers et Jean-Jacques Rousseau en avait parfaitement conscience en nous rappelant que : « On a tout avec de l'argent, hormis des citoyens » (Rousseau 1750). Les moyens mobilisés en développement local, aussi impressionnants soient-ils, sont improductifs lorsqu'ils ne sont pas investis dans des secteurs pertinents et maîtrisés par les bénéficiaires. « Le développement local peut être étouffé par des projets à milliards. Au Togo, ils ont tous échoué et on dissimule leur évaluation » (ANCR/ AMS 1998 : 57).

Les populations ne sont d'ailleurs pas aussi dupes que certains bailleurs semblent le croire. Certains mettent en œuvre des astuces pour capter les fonds distribués parfois avec légèreté et, du coup, font tomber ces bailleurs dans leur propre piège. Un ingénieur agronome en Côte d'Ivoire raconte : « Un cadre dynamique et ingénieux a élaboré au nom d'une organisation paysanne de son village, des projets de développement local qui attirent de nombreux financements extérieurs. Ainsi naquit un projet agropastoral de maraîchage et d'élevage d'ovins, soutenu par une ambassade étrangère. Des parcelles de choux, de gombo, d'aubergines, un petit hangar de stockage, la motopompe offerte par l'ambassade et une poignée de moutons furent rapidement mis en place pour attendre la visite programmée de l'ambassadeur. Mais juste après la visite, le hangar de stockage a été décoiffé, puis la motopompe et les tôles furent emportées au domicile villageois du cadre. Depuis ce jour, le jardin mis en place pour la circonstance, sur un sol gravillonnaire à faible capacité de rétention d'eau, a été abandonné. Les moutons et la motopompe sont devenus des bien privés du cadre » (Bleu 1999 : 27). Cette propension à tendre aux populations qu'on prétend aider un appât financier rend compte déjà d'un certain nombre de préjugés.

Le luxe et les préjugés urbains
L'intervention des partenaires externes repose sur une appréciation des réalités locales biaisée par des stéréotypes urbains que ni la pratique ni l'expérience ne parviennent à dissiper. Ces intervenants tombent inconsciemment dans ce que

Robert Chambers appelle « le piège de la ville » (Chambers 1990 : 29). Pour lui, « les outsiders choisissent leurs activités, l'endroit où ils interviendront, ce qu'ils y verront et ceux avec qui ils parleront. Ils ont leurs propres intérêts, leur préférence et leurs préjugés, leur façon à eux de rationaliser, leur manière d'expliquer ou de rejeter ce qui est trop discordant ou pénible. L'expression même masses rurales nourrit les stéréotypes, les apparences trompeuses cachant l'ignorance de la réalité. Non seulement les professionnels installés en ville et les fonctionnaires ignorent souvent les réalités rurales mais, ce qui est pire, ils ne sont pas conscients de leur ignorance » (Chambers 1990 : 29).

« L'agent d'ONG ou le chef de projet type, éduqué et issu de la classe moyenne, s'érige avec fierté en représentant des tendances du village planétaire et se perçoit comme un instigateur d'idées nouvelles, attaché à faire évoluer les idées anciennes en prônant l'abandon des modes traditionnels et arriérés en faveur d'une vision moderne. Le mot local est utilisé avec une certaine condescendance et arrogance par les personnes appartenant à la classe moyenne. Ce mot évoque généralement pour elles quelqu'un de fruste, de prosaïque, de rural et bien entendu de non occidentalisé » (Ogunseye 1997 : 16). Pour Anne-Cécile Robert, « l'assistance ne serait que le nouvel habit de l'arrogance occidentale qui invente les maladies et leurs remèdes, fait les questions et les réponses » (Robert 2004 : 18). Gérard Winter est bien loin de partager cette conception profondément biaisée selon laquelle « les innovations nécessaires à la sécurité alimentaire, à la lutte contre les principales pandémies et à la préservation de l'environnement ne peuvent être mises au point que par les technosciences du Nord » (Winter 2002 :29).

Certains de ces intervenants ne font pas du développement local mais du «tourisme en développement local». Chambers décrit avec une admirable franchise le déroulement de ces visites touristiques : « Le visiteur est prisonnier d'abord d'une Land Rover, d'une jeep ou d'une limousine, puis d'un cercle mouvant d'officiels et de personnalités locales, chefs coutumiers, présidents des comités de village, trésoriers, fermiers ou entreprenants, commerçants, etc. Quel que soit leur sentiment personnel (indifférence, méfiance, curiosité, gêne, agacement ou enthousiasme), les populations rurales font bonne figure et accueillent chaleureusement le visiteur. Elles lui offrent ce qu'elles ont en fonction de l'écologie, de la culture et de l'économie,… On fait des discours. Les enfants de l'école chantent et applaudissent. On prend des photos. On passe en revue des bâtiments, des machines, des chantiers, des cultures nouvelles, du bétail sélectionné d'importation, le dispensaire, l'école, la nouvelle route. On discute avec un groupe de gens intimidés qui, revêtus de leurs plus beaux atours, sont ceux que l'on voit et auxquels on s'adresse. Aux questions qu'on leur pose, ils fournissent nerveusement les réponses qui, selon eux, sont susceptibles de leur faire obtenir ce qu'ils désirent et leur éviter des ennuis… La fatigue et la chaleur épuisent la curiosité du visiteur, qui pose de moins en moins de questions, jusqu'à ce qu'il soit bien content de se retirer, fatigué et hébété, dans la case de passage, à l'auberge, à la résidence des hôtes officiels ou qu'on le ramène en ville, dans une villa ou à l'hôtel. Le village retrouve alors son visage habituel quand le soir vient et que les gens parlent plus librement, le visiteur parti » (Chambers 1990 : 28).

L'ignorance et la pauvreté des populations sont les principaux atouts des touristes en développement rural. En voyant arriver les bailleurs débarquant de grosses voitures tels des messies, avec d'impressionnantes valises financières, les populations sont forcément intimidées. Tout ce que donnent les bailleurs est bon, tout ce qu'ils disent est vrai. Mais immédiatement, l'écart se creuse entre eux qui cherchent à survivre et les autres qui visiblement réussissent à « sur vivre » avec des moyens qu'on ne retrouve nulle part ailleurs qu'en ville. Les cibles les regardent donc comme des sauveurs, même s'ils ne partagent pas le même combat. Profitant de cet ascendant, ces intervenants se comportent en rois, confortés en cela par l'image qu'ils projettent aux populations. Parfois, les populations ont le sentiment d'être narguées par l'étalage du luxe qui entoure le bailleur. Napoléon III estimait à juste raison que « la pauvreté ne sera plus séditieuse lorsque l'opulence ne sera plus oppressive »[76] (Napoléon III 1844, Plessis 1997 : 5).

Ainsi, le développement local est perturbé par des appétits financiers créés et des conflits autour du contrôle des ressources apportées par le touriste. Ce dernier bafoue les préoccupations prioritaires des populations au profit de son programme qu'il parvient à imposer par une planification orientée.

La planification orientée

À la lecture de certains plans locaux de développement conçus avec une haute technicité, on se demande quel acteur, dans la communauté rurale, en dehors des techniciens de l'État et de certains cadres ressortissants du terroir et opérant en ville, peut comprendre, exécuter et suivre les actions du plan. Celles-ci portent l'empreinte indubitable du bailleur. Ce dernier, bien souvent, oriente les populations vers ce qu'il croit être une priorité ou ce que son programme lui permet de financer. On a reproché à l'État d'avoir dans les « années 80 » conçu, à l'intention des communautés rurales, des plans de développement avec une approche dirigiste accordant peu de place à la participation populaire. Le même reproche peut être fait à certains partenaires au développement qui, dans le cadre de l'appui à la planification, conduisent habilement les populations vers des actions certes positives en soi mais peu conformes aux préoccupations de l'heure. Ces plans d'action dont on peut douter du réalisme restent parfois lettre morte dans leur grande majorité et les rares actions financées sont celles intéressant le bailleur qui a financé le processus de planification.

Boladji Ogunseye constate que « la relation de mendicité à l'égard des bailleurs de fonds a engendré un gros problème. Comme les ONG africaines s'acharnent à suivre les donateurs comme des missiles auto-guidés sur les traces de l'avioncible, il ne leur est généralement pas possible de s'engager dans des actions de remise en cause du plan d'action pré-établi, même en cas d'inadéquations criantes sur le terrain » (Ogunseye 1997 : 16). Gérard Winter, quand à lui, présente avec habileté le fil conducteur de l'ouvrage critique de Gueneau et Lecompte sur les dysfonctionnements de l'aide : « Trop souvent, par sa logique même, le système d'aide s'oppose aux initiatives, aux efforts, à l'autonomie et même aux besoins véritables des organisations paysannes et des villageois. Une aide venue d'en haut, étroitement programmée, souvent envahissante, trop localisée et souvent exagérément soucieuse des résultats rapides ne laisse guère de place à l'expression des besoins des bénéficiaires ni à leur participation responsable » (Gueneau et Lecompte 1998 :30-31). Selon Marc Dufumier, « Il est vrai que les projets d'aujourd'hui insistent davantage que ceux d'hier sur la nécessaire participation des populations rurales à leur conception et à leur mise en œuvre... Mais, sous couvert de participation, trop de projets de développement sont l'expression caricaturale d'approches clientélistes : concertation avec les leaders politiques ou paysans à la représentativité douteuse, inventaire de besoins qui ne prennent pas en compte les différenciations sociales en cours, émergence d'organisations dont la vocation réelle est de capter les fonds d'origine étrangère,...» (Dufumier 1997 : 7). Pour Philippe Lavigne-Delville, « La MARP se fonde sur la réalisation d'ateliers avec les paysans, aboutissant à une série de schémas (carte du terroir, calendrier de travail, classification du niveau de richesse, etc.) censés refléter la vision qu'ont les ruraux de leur situation et faciliter le dialogue avec les intervenants. De ce diagnostic commun, doivent émerger des priorités d'actions consensuelles. Mais la pratique est souvent bien différente : imposée par les bailleurs, la MARP devient un exercice mécanique aboutissant à des diagnostics peu significatifs et à des actions standardisées. De plus, le risque est grand que le caractère participatif du diagnostic serve de caution pour des projets qui se déroulent ensuite de façon descendante : les actions ayant été définies avec les ruraux, on peut les mettre en œuvre sans plus de participation » (Lavigne-Delville 2001 : 26).

Les organisations populaires locales sont donc bien souvent instrumentalisées. « L'instrumentalisation est une question cruciale, c'est l'une des dérives les plus courantes de l'appui. Ainsi, projets, ONG, bailleurs de fonds utilisent-ils parfois une organisation paysanne pour atteindre leurs propres objectifs ou tout simple-ment pour réaliser les activités prévues dans leurs programmes sans tenir compte de la vision, des priorités des membres et des orientations que ces organisations ont définies » (Comment appuyer les organisations paysannes sans les instrumentaliser ? 2004 : 23). «Même si l'on parle beaucoup de participation, de recherche participante, de participation communautaire, au bout du compte il s'agit toujours d'un intervenant extérieur qui tente de changer les choses. Celui-ci a beau être marxiste, socialiste, capitaliste, musulman, chrétien, hindou, boudd-histe, homme, femme, jeune, vieux, autochtone ou étranger, noir, marron ou blanc, la relation est toujours la même : un plus fort qui veut changer les choses au profit d'un plus faible » (Chambers 1990: 231) . Des intervenants avaient pourtant, des années auparavant, fait leur mea culpa et tiré la sonnette d'alarme : « La profession du développement souffre d'un complexe de supériorité bien ancré vis-à-vis des petits agriculteurs. Nous croyons que notre technologie moderne est bien supérieure à la leur. Nous orientons notre recherche et nos efforts d'assistance comme si nous savions tout et nos clients rien » (Hatch 1976 : 6-7).

Les partenaires au développement, pour la plupart, sont donc revêtus d'un «manteau clair-obscur» (Hann 2005: 6) et munis d'un couteau à double tranchant pour : tantôt soulager la misère des masses déshéritées, tantôt s'appuyer sur le dos de ces mêmes indigents pour s'enrichir, transformant ainsi « la lutte contre la pauvreté en une lutte contre les pauvres » (Robert 2004 : 41).

Si de tels biais ont pu s'infiltrer aussi facilement dans le champ du développement local, c'est notamment parce qu'il ont profité du manque d'éveil citoyen.

Le déficit de citoyenneté active

Le développement local est une œuvre citoyenne. C'est cette promptitude à servir la communauté qui maintient la mobilisation intacte même lorsque les moyens d'action font défaut. Malheureusement, on observe dans ce domaine une faible mobilisation citoyenne lisible notamment dans l'absence de synergie populations/ élus et le manque d'esprit d'initiative.

L'absence de synergie populations/élus

L'une des images qui frappent le visiteur des communautés rurales du Sénégal, c'est l'isolement des élus par rapport aux populations. Les relations entre ces deux entités sont principalement électorales. Ainsi, la campagne électorale en vue des élections locales est pratiquement le seul moment de retrouvailles entre les élus et les populations. S'agit-il d'ailleurs d'une retrouvaille populations - élus ou d'une rencontre intéressée candidats - électeurs ? Dans tous les cas, les candidats s'efforcent d'organiser des meetings, des visites de proximité, des opérations de distribution de riz et de mil, bref : autant de gesticulations vouées aux oubliettes dès la fin des opérations de vote.

En dehors de ce moment électoral, aucune communion durable n'est visible entre les populations et les élus. Les débats d'orientation budgétaire qui sont un moment de concertation communautaire sur les choix stratégiques de dépenses sont souvent bafoués bien qu'il s'agisse d'une prescription légale. La population n'est pas suffisamment informée de l'usage de ses contributions ni même des activités du conseil rural. Le conseil ne l'informe pas malgré l'obligation d'affichage des délibérations et elle-même ne va pas vers l'information.

Ce divorce entre les deux principaux groupes d'acteurs du développement local est révélateur d'un déficit d'esprit citoyen. La citoyenneté, c'est aussi cet élan fort qui pousse à dépasser les différends du moment pour s'associer à l'autre et travailler à la bonne marche de la communauté. Elle doit pousser les populations à s'intéresser à l'œuvre du conseil élu et à contribuer à sa réalisation, à faire des suggestions constructives au conseil, à jouer un rôle de veille citoyenne sur le patrimoine communautaire. Elle doit pousser les élus à rester à l'écoute des populations, à protéger et à poursuivre l'intérêt communautaire, à respecter et à renforcer le service public local. C'est cette citoyenneté active qui développe l'esprit d'initiative.

La faiblesse de l'esprit d'initiative
La plupart des communautés rurales ne sortent de leur torpeur qu'à la faveur de l'intervention d'un partenaire ou d'un bailleur qui pose comme préalable à ses appuis financiers, la mobilisation et la participation des acteurs.

Un manque d'imagination chronique inhibe le décollage des communautés rurales. Parmi celles-ci, beaucoup se complaisent dans un traditionalisme et un conservatisme anachronique. Le pasteur du Nord s'affranchit difficilement d'un élevage quasi-contemplatif alors que les centaines et parfois les milliers de têtes de bétail dont il dispose lui ouvrent la voie à la création d'une petite ou moyenne entreprise avec, comme axes majeurs, la maîtrise de l'eau, le développement de cultures fourragères et l'écoulement contractuel de viande et de lait auprès des gros consommateurs (Universités, hôtels, restaurants, etc.). Le cultivateur du Sud va rarement au delà de petites cultures de subsistance derrière sa concession, sans concevoir un projet agricole, même sommaire, alors que d'immenses étendues de terres fertiles s'offrent à lui. La législation foncière comporte certes des lacunes du point de vue de la sécurisation des investissements agricoles, mais le risque est inhérent à toute entreprise économique. Des initiatives communes sont prises çà et là dans les domaines du maraîchage et de l'embouche notamment, mais elles manquent d'originalité et d'envergure. On observe même parfois des replis identitaires et un ethnocentrisme insidieux qui enferment les actions de développement dans un cercle vicieux. L'esprit d'ouverture est en effet la substance même de l'esprit d'initiative. La référence au mysticisme, la persistance des tabous obscurantistes et le dogmatisme religieux ne peuvent cohabiter avec l'esprit d'initiative et de progrès. Dans certaines communautés rurales situées en «zone religieuse », l'allégeance excessive au marabout inhibe la prise d'initiative par les élus. La citoyenneté transcende les clivages ethniques, cultuels et raciaux. Sa mise en œuvre conduit à la recherche, à l'intérieur comme à l'extérieur du groupe, des moyens et des idées susceptibles de conduire au progrès de la communauté. Elle n'est limitée par aucun préjugé. Le citoyen a besoin d'être accompagné, formé et réhabilité par sa société pour mieux la servir (Quin 1997 : 342).

La faiblesse de l'esprit d'initiative est ainsi manifeste dans les activités économiques. La logique du paysan sénégalais est simpliste : s'il pleut on cultive beaucoup et on vit bien ; s'il ne pleut pas, on cultive peu et on vit mal en attendant que l'État distribue les vivres de soudure. Les activités productives sont entreprises dans la perspective d'intérêts strictement personnels ou familiaux, sans référence à l'effort citoyen de développement communautaire et national. La conscience de contribuer au développement de la société est quasi-nulle.

Les gouvernants profitent bien de l'immaturité politique des ruraux. Le manque d'éveil politique de ce vivier électoral leur permet de perpétuer leur logique clientéliste et d'obtenir des voix en électrifiant une partie du village-centre, en se gardant de sanctionner les fraudes fiscales, en distribuant du riz quand les paysans ont faim, en traçant une piste latéritique menant de la route nationale à l'arbre à palabre du village, en distribuant des ballons de football aux jeunes, etc. La carence de civisme perceptible aussi bien chez les gouvernés que chez les gouvernants crée une situation politique catastrophique faite d'instabilité et de tâtonnements. Suivant Napoléon Bonaparte (1812), « L'amour de la Patrie est la première vertu de l'Homme civilisé ».

La référence intempestive aux ancêtres contribue parfois à cet immobilisme chronique. L'individu est apprécié lorsqu'il parvient à perpétuer la pensée et le système de valeur de ses ancêtres. Il est félicité parce qu'il est fidèle à ses racines et parce qu'il sait résister aux influences d'origines occidentales. Lorsqu'on tente de s'extirper de cette logique stérile pour progresser, on est traité péjorativement de « toubab ».[77] La référence au passé comme justificatif de l'immobilisme est tellement forte qu'elle est assimilée à la culture : l'individu est acculturé s'il ne s'accroche pas à son passé.

Au vrai, aucune culture n'est pertinente si elle ne fait pas progresser les hommes et le progrès n'est pas possible sans une ouverture vers l'extérieur, vers l'autre, vers le futur.

Les élus ne font pas suffisamment preuve d'une volonté active de progrès. Rares sont ceux d'entre eux qui peuvent, au bout de 60 mois de mandat, pointer du doigt des réalisations palpables à leur actif. Pour expliquer la stérilité de leur bilan économique, ils se retranchent derrière l'argument passe-partout du manque de moyens financiers. Il faut reconnaître que la question des finances locales constitue pour les acteurs un véritable casse-tête.

Le casse-tête des finances

Trouver des moyens pour agir ; agir pour se procurer des moyens : tels sont les deux grands défis, apparemment contradictoires, des finances locales.

Les acteurs du développement local éprouvent de grandes difficultés à financer leurs objectifs. Au plan interne, les stratégies de mobilisation financière sont balbutiantes tandis qu'au plan externe, le soutien financier de l'État est insuffisant.

L'absence de stratégies de mobilisation financière

Pour la plupart des taxes et impôts locaux, les défaillances du dispositif de recouvrement entraînent d'importants manques à gagner.

Plusieurs contraintes empêchent le recouvrement de cette principale recette qu'est la taxe rurale :

- le caractère non exécutoire de la taxe rurale ;

- les défaillances de l'appui au recouvrement de l'administration ;

- la faiblesse du civisme fiscal ;

- l'absence d'investissements palpables et incitatifs pour les contribuables ;

- l'absence d'un découpage fiscal cohérent pour le recouvrement dans les gros villages ;

- la politisation du recouvrement,…

C'est généralement lorsqu'un partenaire au développement exige un apport financier de la communauté rurale pour la réalisation d'une infrastructure que le taux de recouvrement atteint un niveau acceptable. C'est ainsi que pour obtenir les financements du projet Décentralisation et Initiatives de Santé communautaire (DISC) et du Programme Bassin arachidier, le taux de recouvrement de la taxe rurale dans la communauté rurale de Keur Socé[78] grimpe à 95% pour l'année 2003 alors qu'il n'avait jamais atteint 50%.[79] Pour des raisons similaires, ce taux passe, dans la communauté rurale de Gagnick,[80] de 6,45% en 2002 à 52% dès février 2003. Par ailleurs, le montant de la taxe rurale n'évolue pas et son taux demeure indifférent à la conjoncture.

Beaucoup d'autres recettes sont prévues dans la nomenclature budgétaire, mais les efforts pour les recouvrer sont à ce jour largement insuffisants. Les élus ignorent souvent les possibilités de recettes qui leur sont offertes en dehors de la taxe rurale.

La licence ne produit que de très faibles recettes. Les débits de boissons alcoolisées ou fermentées clandestins pullulent dans certaines communautés rurales sans verser un franc au trésor sous le regard passif des autorités locales. Souvent, les initiateurs de ces commerces illégaux ne sont même pas informés de leurs obligations fiscales. La licence frappe toute personne ou toute société se livrant à la vente en gros ou en détail de boisson alcoolisée ou fermentée, à consommer sur place ou à emporter. Suivant l'article 276 de la loi n° 92-40 du 9 juillet 1992 portant code général des impôts, renvoyant au tableau D de l'annexe III du même texte, de la première à la cinquième classe, les taux varient dans les communautés rurales de 6 000 à 30 000 F CFA. Ce n'est pas le montant qui est en cause, mais l'absence de stratégie idoine de recouvrement. La licence est l'un des postes de recette qui produit le moins de rentrées financières dans les communautés rurales. Dans la région de Tambacounda, une évaluation de la fiscalité des collectivités locales montre que la taxe sur les débits de boisson n'a produit aucune recette pour l'ensemble des communautés rurales étudiées sur la période allant de 1997 à 1999 (Ndoye Sène 2001 : 87). Les élus dont le niveau d'information permet de déceler l'illégalité et le manque à gagner fiscal, hésitent à saisir les autorités administratives et judiciaires car, dans la conception traditionnelle, conduire un camarade en justice, c'est l'humilier et salir le nom de sa famille.

Les droits de fourrière ne sont pas recouvrés convenablement et cette lacune s'explique par plusieurs facteurs :

- beaucoup de communautés rurales ne disposent pas de fourrière ;

- la plupart des fourrières existantes sont délabrées, faute d'entretien ;

- beaucoup d'animaux errants sont conduits non pas à la fourrière mais chez le chef de village, chez un particulier ou sont tout simplement volés ;

- la commission chargée de la vente des animaux mis en fourrière siège rarement d'où l'accroissement des charges de nourriture et de gardiennage ;

- les animaux gardés trop longtemps ont le temps de se reproduire et le préposé au gardiennage réclame la propriété de cette progéniture, d'où des conflits fréquents.

Le montant des droits de fourrière est fixé par l'article 6 du décret n° 86-275 du 10 mars 1986 selon lequel :

- les frais de nourriture et de gardiennage s'élèvent à 2 000 F CFA par jour et par animal saisi ; ces frais commencent à courir le jour de l'arrivée à la fourrière ; toute journée commencée est intégralement due ;

- les frais de conduite s'élèvent à 2 000 F CFA par animal saisi.

Selon l'article 3, « l'animal qui n'est pas réclamé par son propriétaire le huitième jour après la saisie, est mis à la vente aux enchères publiques ». Le montant des frais de conduite, de gardiennage et de nourriture, ainsi que le produit de la vente des animaux aux enchères publiques sont versés au trésor pour le compte de la communauté rurale.

Le compte administratif de la communauté rurale de Porokhane[81] pour l'année 2002 révèle que le montant des recettes recouvrées au titre des droits de fourrière est nul. Le budget 2004 avait prévu, malgré tout, la somme de 100 000 F CFA, comme recettes des fourrières, dont il faut déduire 50 000 F prévus en dépense pour la nourriture des animaux mis en fourrière…

En matière d'état civil, les produits fiscaux ne peuvent être recouvrés que si le conseil rural, après avoir délibéré sur les taux à pratiquer (délibération soumise à l'approbation du représentant de l'État) commande, au trésor, des vignettes portant les taux délibérés. Mais dans bien des cas, les pièces d'état civil sont délivrées sans vignette alors que le service reste payant. Cela signifie que le produit financier du service va non pas dans la caisse de la communauté rurale mais dans la poche de ceux qui en ont la charge.

Le produit des droits de place est généralement dérisoire. Les collecteurs de marché reçoivent souvent, des contribuables, des sommes en deçà du montant délibéré sans délivrer de reçu. Ainsi, ils s'enrichissent illégalement mais n'hésitent pas à dénoncer le faible montant et le retard de leurs indemnités. À chaque fois que la commission des finances organise une descente dans le marché pour suivre le collecteur de près,[82] les recettes doublent ou triplent.

L'article 254 du code des collectivités locales permet à celles-ci de mettre en place des équipements marchands polarisant des activités imposables. Le texte dispose en effet que « les collectivités locales exploitant des équipements marchands peuvent instituer des taxes sur l'utilisation de ces établissements ». Cette ouverture n'est pas suffisamment exploitée par les communautés rurales car leur investissement est défaillant. Elles laissent donc s'échapper les multiples bénéfices de la productivité des services publics locaux (Dakhmouche 2001 : 187). Certaines communautés rurales tentent des expériences de recherche de fonds comme la création de bois de village à des fins commerciales (Communauté rurale de Dya),[83] l'ouverture de cabine téléphonique à la maison communautaire (Communauté rurale Gamadji Saré), l'achat et la location de chaises, etc. C'est généralement à la faveur de l'intervention de certains partenaires au développement que des communautés rurales parviennent à réaliser des infrastructures et équipements rentables à l'image des souks, gares routières, stades communautaires, arènes de lutte clôturées, etc. Le déficit d'une citoyenneté conquérante se manifeste également à ce niveau.

Le micro-crédit paraît comme une panacée pour le financement du développement local, mais dans la pratique, il ne conduit pas forcément « vers un monde sans pauvreté » (Yunus 1997 : 56). Lors du Sommet de Washington sur le Micro-Crédit, Fawizal Al Sultan[84] a souligné que « cela ne sert à rien de prêter de l'argent aux pauvres si ce n'est pas dans le cadre d'une stratégie intégrée exigeant stabilité politique, mise en place d'infrastructures et formation professionnelle » (Ortoli 1997 : 5). Ndèye Soukeye Guèye[85] estime que « le micro-crédit n'est un bon levier pour lutter contre la pauvreté que si les conditions d'octroi sont faciles et que les montants de financement sont en adéquation avec la situation du bénéficiaire ; il ne doit pas être pris de façon isolée : des mesures d'accompagnement doivent être prises comme le non-gaspillage dans les cérémonies, le renforcement des capacités des bénéficiaires en gestion et en marketing, une meilleure gestion des besoins en consommation dans la famille.[86] Quand à Yan Gauthier,[87] il craint que « l'argent n'afflue vers le crédit solidaire et qu'il soit distribué en pure perte faute de structures financières adaptées ».

« La microfinance ou systèmes financiers décentralisés (SFD), désigne l'ensemble des services financiers d'épargne et de crédit offerts à des petits opérateurs économiques des zones rurales et du secteur informel…» (Cissé et Sarr 2004 : 15). Elle se présente comme la principale alternative de financement des exclus du système bancaire classique d'où l'appellation « banque des pauvres ».

Malgré la volonté de modernisation, les circuits informels de financement sont encore vivaces. « Il est impressionnant de voir les rapports complexes que les SFD et tontines entretiennent. En effet, ces dernières, loin d'avoir disparu, ont su se redéployer dans ces réseaux. De plus en plus, les femmes gardent la collecte de leur tontine dans les caisses mutuelles et dans certains cas puisent dans les fonds de ces "natt"[88] en dernier recours pour rembourser un crédit qui arrive à échéance. La force de ces épargnes dites informelles résident dans leur souplesse mais aussi dans les causes sociales qui fondent leur création : solidarité, identification à un quartier, une confrérie, un métier; tout un ensemble de logiques sociales complexes qui rappellent qu'en Afrique le comportement économique est un phénomène social "total" » (Ndiaye et Friedman 2005 : 10) Les structures de microfinance ont incontestablement, et notamment avec l'appui de plus en plus important des partenaires au développement, permis aux pauvres en milieu rural d'accéder plus facilement au crédit et de financer leurs micro-projets individuels ou collectifs. L'appui de l'État et des partenaires a également favorisé la mise en place de Mutuelles d'Epargne et de Crédit (MEC) qui s'emploient à moderniser les transactions financières traditionnelles, à développer la culture de l'épargne et de l'investissement, ainsi que la solidarité économique. L'un des atouts de la mutuelle c'est qu'elle repose sur le sociétariat favorisant une plus grande implication des usagers qui sont eux-mêmes les propriétaires de l'institution.

Mais, plusieurs questions se posent au micro-crédit rural :

- comment cibler spécifiquement les plus pauvres ?

- comment mieux contrôler le micro-crédit informel (tontines, banquiers ambulants, usuriers,…) notamment pour le rationaliser et le conformer à la réglementation ?

- comment concilier la volonté de financer les plus pauvres et les exigences de viabilité et de rentabilité de la structure ?

- quel système d'assurance pour le micro-crédit ?

- comment sécuriser le crédit dans un contexte de risques (caractère périssable des productions agricoles, caprices du climat, manque de formation du bénéficiaire,…) ?

« Il est évident que le problème est plus crucial chez les femmes. L'analphabétisme est plus important chez les femmes que chez les hommes. En effet, s'il concerne globalement plus de 60% de la population sénégalaise, les femmes affichent un taux d'analphabétisme de 71% contre 49% pour les hommes. Cette quasi-absence de formation handicape doublement les femmes dans l'accès au crédit et dans la conduite de leurs entreprises. Car si la création d'une entreprise est relativement aisée, la maintenir viable est autrement plus difficile » (Ndiaye et Friedman 2005 : 10).

Le micro-crédit se présente ainsi comme une arme à double tranchant pour le paysan. Il peut permettre le financement souple des micro-entreprises agricoles mais ne profite réellement qu'à ceux qui sont aptes à le gérer. Il peut même être dangereux. « La plupart du temps, on livre les paysans au crédit sans véritablement se soucier des conséquences. Si les sacrifices consentis pour rembourser un crédit inopportun (réduction des prélèvements familiaux, vente d'objets personnels, emprunts auprès d'usuriers) ne suffisent pas à l'acquittement de ses annuités, un paysan endetté peut perdre les biens mis en garantie dans son contrat. C'est pourquoi, il faut rester très attentif aux discussions qui sont menées autour de l'immatriculation foncière et de la mise en garantie systématique des titres fonciers auprès des banques, car il ne faudrait pas que le crédit entraîne l'expropriation des petits paysans » (Diouf 2000 : 17).

De manière générale, la communauté rurale ne développe aucune stratégie de mobilisation financière si elle n'est pas appuyée par des partenaires au développement. L'élu local, pour des raisons électoralistes, craint même de demander aux électeurs de payer les impôts et taxes. Au demeurant, les ressources sont faibles et incapables de financer la demande sociale locale. La faible productivité de la fiscalité locale, le caractère balbutiant de la microfinance et la sous-exploitation des opportunités financières de la coopération décentralisée (Rousset 1998 : 25) privent l'institution communautaire des moyens de ses objectifs. L'État, qui constitue alors le dernier rempart, éprouve lui aussi des difficultés à financer les communautés rurales.

Le soutien financier insuffisant de l'État

Les populations des collectivités locales sont aussi des citoyens de l'État. Ce dernier ne peut se libérer de sa mission naturelle de poursuite du bonheur de tous les citoyens sans exception, sous prétexte d'un transfert des compétences aux collectivités décentralisées. L'ingérence dans les affaires locales n'est pas souhaitable mais elle est souvent nécessaire. Le code des collectivités locales a d'ailleurs prévu et aménagé le pouvoir de substitution. Il faut rappeler que lorsque l'élu local n'exécute pas une obligation prévue par la loi, le représentant de l'État, après constat de la carence et mise en demeure, y pourvoit en se substituant à lui. Il en est ainsi lorsque l'élu local ne présente pas pour approbation le budget de la collectivité locale jusqu'au 31 mars.

Si l'intervention de l'État est justifiée dans le domaine de la légalité financière, elle l'est davantage dans le domaine de l'appui à la recherche des moyens. L'État intervient financièrement en accordant des avances de trésorerie aux collectivités locales, en octroyant le fonds de concours (ordinaire ou spécial), en versant le fonds de dotation, etc. Mais, les sommes mobilisées sont largement insuffisantes par rapport à l'ampleur des tâches à accomplir pour viabiliser certaines collectivités locales. Entre 1997 et 2003, la région a reçu une moyenne de 53% du total du fonds de dotation de la décentralisation contre 36% pour les communes. Paradoxalement, sur la même période, « la part allouée aux communautés rurales ne représente que 6% du total du fonds de dotation de la décentralisation soit moins de 3 milliards, alors que ces collectivités locales ont, en matière de santé et d'éducation notamment, des charges tout à fait semblables à c elles des communes » (Ministère chargé des Collectivités locales 2003). Cette lacune n'est que partiellement comblée par des programmes de lutte contre la pauvreté rurale et de financement du développement local en général comme : le PSIDEL, le PADMIR, le PBA, le PNDL, etc.

Certaines communautés rurales risquent de s'appauvrir davantage car, ne pouvant recouvrer la taxe rurale à 100%, elles ne sont pas éligibles au fonds de concours ordinaire. Sans ressources, elles ne peuvent investir et restent incapables de soutenir les activités économiques susceptibles de créer pour les populations des revenus et donc des capacités contributives.

L'action urgente attendue de l'État est la réforme d'une fiscalité locale obsolète. Beaucoup de discours sont servis à ce sujet, mais aucune initiative concrète n'est prise. Une réflexion profonde doit être menée notamment sur la productivité des impôts locaux.

Plusieurs facteurs permettent d'apprécier la productivité des impôts locaux :

- *l'universalité de l'impôt* : l'impôt est-il payé par tous les contribuables sur la totalité de leur matière fiscale ? Dans les communautés rurales, beaucoup d'acteurs économiques (tailleurs, tenanciers de boutiques, vendeurs, etc.) échappent à la patente faute d'un recensement complet fait par le Service des Impôts et Domaines. Lors des recensements en vue de distribuer des vivres de soudure, on se rend compte que la liste des ayants droit est de loin plus longue que celle des contribuables à la taxe rurale. Cette dernière est établie avec légèreté et beaucoup de contribuables n'y figurent pas avec la complicité du chef de village. La Taxe représentative de l'Impôt du Minimum fiscal (TRIMF) connaît de fortes échappées de recettes. En effet, la TRIMF est un impôt local perçu par voie de retenue à la source et due par toute personne bénéficiant d'un salaire, d'un traitement ou d'une pension. Mais, du fait du règne de l'informel, certains travailleurs en service sur le territoire de la communauté rurale n'ont ni contrat de travail écrit et visé par l'inspecteur du travail, ni bulletin de salaire et échappent ainsi à la vigilance de l'administration fiscale. Le recouvrement des taxes sur les abattoirs est compromis par l'existence d'abattoirs clandestins ou spontanés qui, parfois, produisent des recettes pour le « propriétaire » de l'espace exploité.

- *la rationalisation des frais de perception :* les frais de perception sont-ils réduits au strict nécessaire pour maximiser le rendement fiscal ? En principe, le recouvrement des recettes est financé par l'État. C'est lui qui recrute et paie les agents du trésor chargés de la collecte et de la garde des fonds de la collectivité locale. La plupart des budgets des communautés rurales prévoient une dotation au profit de la sous-préfecture et du trésor comme appui au recouvrement. Ces services, il faut le rappeler, prélèvent avec empressement les fonds qui leur sont réservés mais remplissent très rarement les missions pour lesquelles ces fonds sont libérés. L'élu local est souvent obligé de distribuer, en plus, des bons de carburant pour déplacer le trésor, le service des impôts ou la sous-préfecture. Les collecteurs d'impôts sont payés par la communauté rurale suivant le taux de recouvrement réalisé. C'est le cas du chef de village, du collecteur du marché, du régisseur du service d'état civil, etc. Ces collecteurs se plaignent généralement du retard et du faible montant de leurs indemnités.

- *l'inéluctabilité de l'impôt :* des garanties sont-elles prises contre la fraude et l'évasion fiscales ? L'évasion fiscale est la principale caractéristique de la fiscalité locale. La permissivité des contribuables n'a d'égal que la passivité de l'administration fiscale. Certains locataires de souks, gargotes ou restaurants refusent de s'acquitter de leurs obligations fiscales tout en continuant à occuper les lieux sous prétexte d'un mauvais chiffre d'affaires ; des manifestations récréatives sont organisées notamment dans les villages relativement éloignés du chef lieu de communauté rurale sans paiement des droits de spectacle sous le regard complice du chef de village ; beaucoup de points de vente de produits agricoles comme les « seccos » d'arachide occupent royalement le domaine public sans s'acquitter des charges fiscales correspondantes ; l'auteur de l'infraction routière ne verse pas toujours l'amende requise parce qu'il s'agit d'une connaissance ou d'un parent à l'agent préposé à la circulation,…

Au-delà de la productivité des impôts, il se pose la question de la pertinence de la répartition de la matière fiscale entre l'État et les collectivités locales. L'impôt local devrait être assis sur une activité maîtrisée par la collectivité locale. En principe, celle-ci est portée à mieux gérer l'activité ou l'infrastructure à partir du moment où elle en tire un intérêt fiscal direct. La taxe sur l'exploitation des carrières échappe aux communautés rurales alors que les carrières sont ouvertes hors des agglomérations urbaines donc généralement sur le territoire de ces communautés. Dans le domaine du tourisme, « les communautés rurales devraient tirer profit des gains réalisés par les campements touristiques et les villages de vacances ; la fixation d'une taxe sur le prix de la chambre par exemple, pourrait être envisagée. Il est regrettable que certaines communautés rurales qui ont des conditions climatiques favorables, des sites historiques ou des spécificités culturelles accueillent des infrastructures touristiques, sans y gagner directement » (Diagne 2003).

L'État doit mettre fin à ces dysfonctionnements et lacunes et apporter un appui utile aux collectivités locales pour la maximisation des rentrées fiscales. Certains observateurs ont suggéré que l'État, dans l'optique de « l'anesthésie fiscale locale » concède aux collectivités locales de nouveaux types d'impôts indirects dissimulés dans les prix des marchandises et que le contribuable paye sans vraiment s'en rendre compte, à l'image de la TVA.

Le rendement fiscal est étroitement lié aux capacités contributives des assujettis, donc à la consistance de leurs revenus économiques. C'est pourquoi, le grand problème de la fiscalité locale, c'est le retard économique.

Le retard économique

Le développement local, au Sénégal comme dans la plupart des pays africains, souffre d'un environnement économique globalement peu favorable. Suite à la carence économique de l'État, les collectivités locales sont appelées à développer des stratégies propres au milieu pour relever le niveau de vie des populations. Mais elles se heurtent à plusieurs difficultés dont elles produisent parfois la cause.

La pénurie d'eau est sans doute la contrainte la plus partagée au sein des communautés rurales du Sénégal, mais elle ne suffit pas à expliquer leur retard économique. D'autres explications doivent être recherchées dans la dispersion des forces, l'absence de données précises pouvant éclairer la prise de décision économique et la crainte de sanctionner les contre-performances économiques.

La pénurie d'eau

L'expression bien connue « eau source de vie » doit être entendue au sens large. En effet, si l'eau est indispensable à la survie des êtres vivants, elle l'est également au développement des activités du secteur primaire. Aussi, l'homme doit-il maîtriser l'eau disponible pour la rendre propre aux usages auxquels il veut l'affecter. C'est pourquoi, les pouvoirs publics ont reconnu sans équivoque que « la maîtrise de l'eau est la condition sine qua non de la survie économique et sociale du Sénégal.[89] Que la question hydrique soit considérée comme une priorité économique et sociale se comprend aisément. L'économie sénégalaise, essentiellement agricole, est soumise aux aléas climatiques. Or, le Sénégal se situe au cœur du Sahel où le déficit en eau inhibe le développement des activités agricoles.

Les perturbations induites par cette pénurie d'eau sur le développement local se résument dans la perte de temps à la recherche de l'eau et la fragilisation des activités agricoles.

La perte de temps dans la recherche de l'eau

La carence d'une eau propre à la consommation a des répercussions certaines sur les activités économiques. La consommation de l'eau non traitée du puits, du

fleuve, du marigot et des mares cause des maladies d'origines hydriques qui im-
mobilisent les bras valides et les détournent de l'effort de développement local.
La Revue américaine *Word Watch* estime que « dans les pays en développement,
80% des cas de maladie sont dus à la consommation d'une eau impure. Les
agents pathogènes et la pollution de l'eau tuent chaque année 25 millions de personnes » (La crise de l'eau 1997 : 8).Ces propos sont confirmés par le biologiste
Gilles-Eric Séralini selon qui : « La contamination des eaux dites potables est à
l'origine de plus de 25 millions de décès par an dans le monde » (Hardy 1997 : 5).
À l'heure actuelle, il n'existe pas de données nationales complètes permettant de
quantifier les effets pervers de ces maladies sur les rendements économiques,
mais des efforts sont entrepris pour inciter les populations à traiter et à conserver
de manière optimale l'eau réservée aux besoins domestiques et à éviter la consommation des eaux proches des zones d'irrigation agricole, polluées par l'usage
des produits industriels. Mais la conséquence la plus visible des pénuries d'eau est
sans doute le volume de temps et d'énergie investi dans la recherche de l'eau.

Une enquête réalisée à Diass, montre que les femmes « sont 53 % à dépendre
du puits du village ou du quartier, contre seulement 15 % des fontaines. Moins de
2% disposent d'un robinet à la maison. Le temps consacré au puisage montre
bien l'ampleur des difficultés rencontrées (environ trois heures par jour) » (Thioubou
2002).

L'idée de l'eau comme un bien social commun, un aliment de base indispensable à la vie, a conduit à la pleine responsabilisation des femmes dans sa gestion.
La distribution des rôles sexuels a toujours confié à la femme ce qui est alimentaire ou directement lié à la vie. Dans les familles, c'est la femme qui offre l'eau en
s'agenouillant, ce qu'elle ne fait pas forcément en servant le repas et cela révèle
encore la sacralité de l'eau et la prise de conscience de son rôle vital. À l'étranger
qui arrive, on s'empresse de servir de l'eau et ce dernier est presque obligé de
boire, même s'il n'a pas vraiment soif ou même s'il doute de la qualité de l'eau.

Les femmes font souvent des dizaines de kilomètres pour trouver l'eau. Cette
situation est généralement due aux pannes fréquentes de forages surexploités, au
tarissement ou à l'affaissement de puits mal entretenus. Le temps que requiert la
recherche de l'eau surtout dans les villages des zones arides les empêche de se
consacrer à l'alphabétisation et à la formation ou aux activités de production.
Certaines femmes passent une bonne partie de la journée au puits pour puiser une
eau dont la profondeur réclame des efforts physiques considérables pouvant
avoir des répercussions sur leur santé.

La recherche de l'eau potable est donc une corvée particulièrement éprouvante.
« Nous manquons d'eau dans les Émirats ? Mais c'est faux. Regardez, la mer est
pleine », ironise un ingénieur arabe (Lewino 2005 : 58). Le Sénégal dispose d'une
côte atlantique sur toute sa façade occidentale, mais n'a pas les moyens de s'offrir
une usine de dessalement de l'eau de mer à l'image de l'Arabie Saoudite, du

Mexique, de l'Espagne, de l'Algérie qui expérimentent à merveille la fameuse technique « du filtrage sur membrane par osmose inverse » (Lewino 2005 : 58). Il n'est pas non plus éligible au luxe du captage de l'eau douce en pleine mer, au moment où la société française Nymphea Water défend que « l'exploitation de sources d'eau off shore s'inscrit comme une véritable alternative économique aux usines de dessalement [coûteuses] » (Cadasse 2005).

La débauche d'énergie due à la péjoration climatique ainsi qu'à une mauvaise politique de l'eau détourne les femmes de leur rôle économique dont l'utilité dans le milieu rural n'a jamais été contestée. D'ailleurs, les conséquences de l'exode rural frappant les jeunes à la recherche d'emploi font des femmes, moins affectées par ce phénomène, les principales actrices de développement dans le village. La pénurie d'eau fragilise par ailleurs les activités productives.

La fragilisation des activités agricoles et pastorales
La pénurie d'eau serait-elle un déterminant de la pauvreté ?

La réponse ne peut être que positive dans les pays du Sahel caractérisés par l'absence ou l'insuffisance de l'eau, ce qui compromet les activités de subsistance que sont l'agriculture, l'élevage et la pêche. Paradoxalement, certaines zones du Sahel mieux loties en eau du fait, le plus souvent, de la présence de cours d'eau, n'échappent pas totalement aux difficultés liées à la gestion de l'eau. Au problème de la disponibilité de l'eau, s'ajoute donc celui de la maîtrise de l'eau disponible. Il faut en effet maîtriser l'eau disponible pour la rendre propre aux usages auxquels on veut l'affecter (consommation humaine, cultures irriguées, élevage, pisciculture,…).

L'aridité est source de conflits au sein des acteurs agricoles. « La ruée vers l'eau » (Cans 2001 : 12) plonge les divers utilisateurs dans une lutte sans merci que ne semblent pas pouvoir apaiser les valeurs traditionnelles de solidarité et de partage. À la suite de l'interrogation de Raymond Aron : « Le pouvoir ne se partage-t-il pas parce qu'il est rare ou bien est-il rare parce qu'il ne se partage pas ? » (Aron 1972 : 47), on peut se demander si l'eau ne se partage pas parce qu'elle est rare ou si elle est rare parce qu'elle ne se partage pas. Pour Jean-Paul Sartre, la rareté « détermine l'aliénation de l'existence et la conflictualité de la relation humaine » (Sartre 1983, Draï 1998 : 3). Les conflits dans l'hydraulique agricole ne sont pas sans effet sur les performances des acteurs et donc sur la consistance de la production. La rareté de l'eau en milieu rural est aggravée par le caractère aléatoire des sources d'eau. Les caprices d'une pluviométrie structurellement défaillante ont orienté beaucoup d'acteurs agricoles vers les cultures irriguées où ils sont encore confrontés à de nombreuses contraintes dues notamment à la faible maîtrise des sources d'irrigation, au coût des aménagements en rapport avec les revenus agricoles, à l'inadéquation de la réglementation de la terre et de l'eau. Celestin Bomba note à cet effet que « Tout en apportant une solution partielle au problème de la maîtrise de l'eau, beaucoup de barrages vont en créer d'autres comme la surexploitation des sols, la déforestation, le déplacement massif des populations et le développement des épidémies (malaria, onchocercose, fièvre typhoïde,…). Ces nombreux impacts négatifs donnent à penser que le problème de l'eau au Sahel tient, dans bien des cas, non pas à une insuffisance des ressources hydriques, mais bien à leur gestion intégrée » (Bomba 1998).

Le manque d'eau ainsi que la faible maîtrise des ressources hydriques disponibles sont les principales causes du retard de l'élevage au Sénégal. Il explique l'utilisation intensive des forages causant leurs pannes fréquentes, la ruée anarchique vers les points d'eau et surtout le nomadisme aléatoire, préjudiciable à la santé des animaux qui meurent d'épuisement et de soif en cours de transhumance. Les bassins de rétention dont certains sont déjà réalisés ainsi que les pluies artificielles annoncées traduisent une volonté des pouvoirs publics de promouvoir une politique de l'eau plus volontariste pour sauver les activités économiques rurales dont l'essentiel est tributaire de l'eau.

Certaines localités sont moins frappées que d'autres par la pénurie d'eau ; mais là où les ressources sont abondantes on assiste à la dispersion des forces.

La dispersion des forces

Le monde rural est bien le siège de la solidarité. Mais il s'agit généralement de micro-solidarités reposant sur l'appartenance au même village ou aux mêmes origines ethniques. La communauté rurale n'est pas encore ce cadre de communion et d'action attendu. La prolifération d'activités économiques informelles échappant à toute programmation communautaire est une preuve réelle de la dispersion des forces. Des initiatives intéressantes sont parfois prises par des organisations de base, mais elles souffrent d'un manque d'articulation à un programme d'ensemble. Une parfaite illustration en est donnée par l'anecdote de cet arbre rare qui poussait à la place publique d'un village. Tout le monde voulait protéger cet arbre et le conduire à maturité pour bénéficier de ses fruits. Tous les matins, l'Imam du village prenait soin de l'arroser abondamment ; le chef de village faisait de même ; les jeunes du village aussi. Finalement, l'arbre est mort par excès d'eau… Ainsi, les forces se sont mobilisées avec beaucoup de volonté et de ressources, mais le résultat final est nul parce qu'elles ont agi en ordre dispersé. Le développement ne se résume pas à une juxtaposition d'initiatives prises par des acteurs isolés ; c'est un ensemble d'actions concertées et cohérentes dont l'équilibre ne peut être obtenu que par la maîtrise des interactions dynamiques entre elles. Il faut donc une ambition et une vision communautaires qui servent de fil conducteur aux initiatives locales. L'absence d'organisation des acteurs explique la difficulté à évaluer leurs actions. Ces actions pèchent dès le départ par l'absence de données fiables susceptibles de les justifier.

L'absence de données pouvant éclairer la prise de décision économique
Les données élémentaires sur la consistance du tissu d'acteurs sont rarement disponibles. Lorsqu'elles le sont, elles ne sont pas toujours fiables. Même au niveau du service du développement communautaire, on maîtrise difficilement le nombre exact ainsi que les domaines précis d'intervention des associations et groupements communautaires, des ONG et projets, etc.

Le recensement administratif, placé sous la responsabilité du sous-préfet avec l'appui du chef de village, est bien souvent bâclé.

L'absence de statistiques fiables plonge les décideurs dans l'obscurité scientifique et les confinent à une gestion tatillonne dénuée de toute vision prospective. Les chiffres, les dates et les cartes constituent pourtant les instruments de base du décideur en développement local. Malheureusement, sur le plan social par exemple, la communauté rurale ne sait pas combien de femmes meurent par an en donnant la vie, combien d'enfants meurent de malnutrition, combien de citoyens n'ont pas accès à l'eau potable ou à un réseau moderne d'assainissement, combien de jeunes sont handicapés, combien d'enfants ne vont pas à l'école, combien de filles quittent l'école prématurément, etc. Dans ces conditions, aucun programme social cohérent ne peut être adopté lors du débat d'orientation budgétaire qui se résume alors à un chapelet de vœux pieux.

Sur le plan économique, l'absence de données est encore plus manifeste. La plupart des activités sont dissimulées dans le secteur informel. Même les activités traditionnelles comme l'agriculture, la pêche, l'élevage, le petit commerce, etc., ne sont pas maîtrisées. En dehors de quelques chiffres détenus par les sociétés nationales de développement ainsi que certains services déconcentrés et obtenus par des méthodes et des calculs inadaptés aux réalités traditionnelles locales, aucune information économique chiffrée n'est disponible. La notion de chômage rural ne fait pas l'unanimité. Le piroguier qui s'adonne à la « petite pêche vivrière » est-il un acteur économique ? L'éleveur qui détient des centaines de têtes de bétail, mais qui, pour des raisons de prestige, refuse de commercialiser son patrimoine est-il un chômeur ? La vendeuse d'arachide de bouche, d'eau ou de beignets au marché hebdomadaire peut-elle être classée parmi les chômeurs ?

La notion de produit local brut est loin d'être maîtrisée. La collectivité locale, n'ayant pas à sa disposition une base de données sur sa propre vie économique, bien traitée, dûment analysée et régulièrement actualisée, ne peut définir aucune politique de développement économique local répondant réellement aux besoins. Certaines structures ou personnes extérieures font des investigations dans la communauté rurale, obtiennent des chiffres et des repères économiques intéressants, mais ne les partagent pas avec les acteurs locaux. Les résultats qu'elles obtiennent servent plutôt à être présentés au bailleur pour empocher le reliquat prévu au contrat du consultant. Après quoi, ils sont bien souvent rangés dans les tiroirs. La mise en œuvre d'un processus de planification financé par un bailleur externe est parfois l'occasion d'obtenir des données dont aucun service ne disposait auparavant, ni la sous-préfecture, ni le Centre d'Expansion rural polyvalent, ni la communauté rurale.

Beaucoup d'intervenants extérieurs s'agitent autour des problèmes du développement local, sans informations précises sur le milieu d'intervention, donc sans aucune emprise sur le réel. Ils nient de ce fait les spécificités locales en se cantonnant à des interventions stéréotypées assorties de discours audacieux.

Bien souvent, l'élu local est plus préoccupé par le renforcement de son statut politique que par ses performances économiques. Il ne recherche pas les données utiles à ses interventions et lorsqu'il échoue dans ses missions de développement, il n'est pas sanctionné.

L'absence de sanction des contre-performances économiques
L'élu local peut-il être sanctionné ?

Le code des collectivités locales a prévu la possibilité de déclarer un conseiller démissionnaire, de suspendre le conseil de la collectivité locale ou de le dissoudre.

Mais ces sanctions n'interviennent qu'en cas de violation manifeste d'une disposition juridique (absences répétées et non justifiées aux réunions du conseil, injures au président du conseil, blocage du conseil, etc.) comme le montre la lecture du Code des collectivités locales.

Article 21 - Les présidents et vice-présidents, après avoir été entendus ou invités par le Ministre chargé des Collectivités Locales à fournir des explications écrites sur les faits qui leur sont reprochés, peuvent être suspendus par le Ministre chargé des Collectivités Locales pour un temps qui n'excède pas un mois, mais qui peut être porté à trois mois. Ils peuvent être révoqués par décret. Les arrêtés de suspension et les décrets de révocation doivent être motivés .

Article 221 - Sans que la liste soit limitative, les fautes énumérées ci-dessous peuvent entraîner, outre des poursuites judiciaires, l'application des dispositions de l'article 219 :

1. *faits us et punis par la loi instituant la Cour de Discipline Budgétaire ;*
2. *utilisation des deniers publics de la communauté rurale à des fins personnelles ou privées ;*
3. *prêts d'argent effectués sur les recettes de la communauté rurale ;*
4. *faux commis dans certains documents administratifs, dans les feuilles de routes et certificats visés aux articles 137, 138, 140, 142 et 145 du code pénal ;*
5. *concussion ;*
6. *spéculation sur les terres du domaine national, les permis de construire et de lotir ;*
7. *refus de signer ou de transmettre, au représentant de l'État, une délibération du conseil rural.*

Dans les sept premiers cas, la sanction administrative ne fait pas obstacle aux poursui tes judiciaires ».

Article 230 - Tout membre du conseil rural dûment convoqué qui, sans motifs légitimes reconnus par le conseil, a manqué à trois convocations écrites successives, peut être, après avoir été admis à formuler ses explications, déclaré démissionnaire par le président, après avis du conseil rural.

Article 232 - Tout membre du conseil rural qui, sans excuse valable, a refusé de remplir une des fonctions qui lui sont dévolues par la loi, est déclaré démissionnaire par le Ministre chargé des collectivités locales ….

Article 235 - Lorsque le fonctionnement du conseil rural se révèle durablement impossible, sa dissolution peut être prononcée par décret après avis du Conseil d'État. S'il y a urgence, le conseil rural peut être provisoirement suspendu par arrêté motivé du Ministre chargé des collectivités locales. La durée de la suspension ne peut dépasser un mois ».

Ce refus de sanctionner les contre-performances économiques est à mettre en rapport avec le caractère purement administratif traditionnellement et malencontreusement conféré à la décentralisation au détriment d'une conception dynamique et développementaliste. La décentralisation ne saurait se limiter à une opération administrative. Elle est aussi et surtout un défi économique qui organise et encadre la possibilité pour des groupes territorialement solidaires d'accompagner, de compléter et de renforcer la mission fondamentale de l'État consistant à assurer le bonheur des citoyens, en s'appuyant sur les spécificités du milieu. De ce point de vue, elle est un gage de performance économique en ce sens que l'œuvre nationale de développement est plus efficace lorsqu'elle est relayée et adaptée par des forces locales.

En somme, plus que la démocratie, le développement local est la raison et l'essence de la décentralisation. Dans un pays en développement comme le Sénégal où des besoins primaires comme la sécurité alimentaire, le logement, les soins de santé primaires sont loin d'être couverts, le développement local n'est pas pertinent s'il n'assure pas, au moins partiellement, le bien-être économique et social des populations. Malheureusement, aucun mécanisme précis ne permet de garantir, notamment par la menace d'une sanction, la performance économique des acteurs locaux au premier rang desquels se trouvent les élus. L'idée de sanction est faiblement ancrée dans la mentalité sénégalaise. L'histoire offre peu d'exemples ou les populations locales ont massivement et explicitement exigé le départ d'un élu où d'un conseil, prématurément, pour absence ou insuffisance de résultats économiques.

L'organisation des élections locales apparaît donc comme un méga-gaspillage. Des sommes énormes sont mobilisées pour organiser des consultations électorales pour chaque collectivité locale ; des élus s'installent, reçoivent des indemnités, exécutent avec beaucoup d'empressement des dépenses dites de fonctionnement qui aspirent la presque totalité des contributions sans qu'aucune garantie fiable ne soit prise pour assurer la réalisation effective de la mission pour laquelle ces sommes sont investies. Le caractère représentatif du mandat local lui confère une certaine stabilité. Ainsi, les décisions prises par les conseillers sont réputées être celles de la communauté qu'ils représentent, aussi inopportunes soit-elles.

L'absence d'obligation de résultat ne favorise pas la rigueur. L'écrasante majorité des élus des communautés rurales ne réalise aucun résultat économique palpable. Le temps passe, mais les villages gardent le même visage : pénuries d'eau, petites activités de subsistance, exode des jeunes, évasion fiscale, bref : pauvreté. Ces élus ne sont nullement inquiétés et demeurent certains de terminer leur mandat, même si le niveau de vie des électeurs régresse. Cela leur donne la possibilité de bien se consacrer à la politique.

La politisation à outrance du développement local

Pour Alfred de Musset, « ne pas s'intéresser à la politique, c'est refuser de s'intéresser à la vie ». En effet, la politique dans son sens noble désigne l'organisation et l'animation de la vie dans la Cité. Si elle est évoquée ici comme facteur nocif au développement local, c'est parce qu'elle est réduite, par les acteurs, à une compétition électorale bafouant l'intérêt supérieur de la communauté.

Cette tendance grossière à politiser la vie locale est entretenue par l'attitude clientéliste de l'État et s'aggrave par la survenance de querelles politiciennes entre les acteurs.

L'attitude clientéliste de l'État

L'objectif vital de tout parti politique consiste à accéder au pouvoir et à s'y maintenir. Mais bien souvent, l'éthique républicaine est bafouée au profit de préoccupations purement partisanes qui, malheureusement, motivent les choix politiques qui engagent la communauté. Le choix de la décentralisation relève d'une volonté politique. Or, le politique est difficilement dissociable de la politique. L'idée selon laquelle la décentralisation a été inventée au Sénégal pour permettre au parti au pouvoir de se consolider en étendant ses tentacules dans les contrées les plus reculées, à la tête desquelles des responsables du parti travaillent sans relâche pour le maintien du système, est d'ailleurs assez répandue. Jacques Mercoiret relève qu'après la mise en place des communautés rurales au Sénégal en 1972, « tout naturellement, les politiciens et les hommes politiques du parti socialiste unique se les sont appropriées, comme moyen à la fois de relayer la politique gouvernementale et d'en faire profiter leur famille ou réseau » (Mercoiret 2003 : 201).

L'aspect le plus réussi de la politique de décentralisation, c'est l'élection des conseillers. Malgré le nombre relativement élevé de collectivités locales (320 communautés rurales, 67 communes, 43 communes d'arrondissement et 11 régions, soit un total de 441), des élections sont organisées dans chacune d'elles.[90] A l'issue de ces élections, des élus sont installés dans toutes les communautés rurales, sauf contentieux électoral exceptionnel. Que le conseil rural fonctionne normalement ou pas, que les populations soient satisfaites par les élus ou pas, que la taxe rurale soit payée ou pas, les élus sont toujours là. En dépit de la léthargie de l'assemblée locale, les démissions de conseillers élus sont rarissimes.

L'image de partis d'opposition sillonnant les communautés rurales pour y exprimer des promesses démagogiques en incitant les populations peu informées à la violation de la loi[91] est aujourd'hui bien courante. L'attention doit plutôt être portée sur l'attitude des gouvernants à l'égard des communautés rurales.

En matière fiscale, l'évasion, la fraude et les détournements de taxe rurale restent généralement impunis bien que souvent parfaitement identifiés. La sanction de ces manquements et malversations rencontre de fortes résistances de personnes ou groupes de personnes que l'appétit électoral rend insensibles aux exigences du droit et du développement.

À côté des scandales fiscaux impunis, c'est dans la crise de l'arachide que la vision clientéliste de l'État est plus lisible. Le pouvoir sortant, pour les mêmes raisons électorales a accoutumé les paysans à un certain paternalisme au prix d'importants sacrifices financiers. Les paysans ne participent que très faiblement à la formation du PIB comparativement aux acteurs du tourisme et de la pêche, bien qu'ils représentent plus de la moitié de la population du Sénégal. Dans le centre du pays, ils sont encore attachés à la monoculture arachidière devenue anachronique face à la demande nationale et internationale. L'État n'est jamais allé jusqu'au bout de sa logique de désengagement par crainte de perdre ce vivier électoral. Au contraire, il l'encourage dans une certaine mesure, en accordant des conditions souples d'accès à l'engrais et aux semences. Plus grave, il accepte d'être obligé d'acheter directement ou indirectement la production arachidière. Au résultat, les agriculteurs sont les acteurs économiques les plus choyés[92] alors que leur activité reste traditionnelle, rudimentaire et peu compétitive.

La poursuite d'objectifs électoraux est tout à fait normale pour un parti politique, mais elle ne doit jamais prendre le pas sur la mission objective de l'État de jeter les bases d'une saine croissance en orientant les acteurs économiques vers des créneaux porteurs dans le cadre de politiques incitatives ou dissuasives. D'autres secteurs porteurs ne bénéficient pas du même appui. Cela crée d'ailleurs des frustrations qui montrent bien que la politique politicienne tend à gangrener la famille des acteurs.

Les querelles politiciennes entre acteurs

En réunion du conseil rural, tout ce que dit un opposant ou un membre d'une tendance politique opposée est faux. L'appréciation du discours repose non pas sur la qualité de l'idée, mais sur la personne émettrice de l'idée. Une séance de formation des élus initiée par le Projet CTL[93] dans la communauté rurale de Diander[94] en 1997, s'est terminée dans la confusion du fait des querelles de tendance. La tendance favorable au PCR pensait que ce dernier avait raison de créer les commissions techniques qu'il jugeait utiles en nommant des conseillers à leur tête ; celle du vice-président soutenait que seul le conseil rural dans son ensemble pouvait, par consensus, créer des commissions.[95] Les arguments développés par les parties respectives n'avaient rien de juridique ni de technique ; ils reposaient au contraire sur les affinités pour l'un ou l'autre chef de file. L'autorité du sous-préfet avait été profondément bafouée à cette occasion, nonobstant la présence de l'agent de sécurité.

Dans le mouvement associatif, les divisions politiques persistent. Au sein des groupements de promotion féminine, le choix des membres du bureau comporte une forte connotation partisane. Même lorsque les membres des associations de base s'efforcent d'exclure les considérations partisanes de la gestion interne, les responsables politiques locaux infiltrent ces mouvements dans le cadre de la pêche aux voies.

Mais en quoi la politique politicienne peut-elle être un obstacle au développement local ?

Le développement local repose sur le consensus. Elle intègre des valeurs humaines positives qui s'adaptent difficilement à la compétition politique marquée par des émeutes et les coups bas.

Mais peut-on faire du développement local sans politique ? En conclusion aux Rencontres Mondiales du Développement local,[96] la Déclaration finale adoptée par les participants affirmait : « À la mondialisation néo-libérale, nous opposons la mondialisation de nos solidarités ». En réalité, se démarquer d'un courant politique, c'est aussi faire de la politique. Les hommes politiques ne peuvent pas être exclus du champ du développement local. Ils y jouent même un rôle indispensable de mobilisation sociale, de proposition d'alternatives à la crise et de formation à la citoyenneté. L'idée est donc moins de condamner l'irruption de la politique dans le champ du développement local que d'empêcher son utilisation à des fins préjudiciables à la stabilité de la famille des acteurs. La compétition électorale, lorsqu'elle n'est pas canalisée et rationalisée par le primat de l'intérêt général, brise les ententes et fragilise les cadres communs de concertation.

Le tableau du développement local au Sénégal est donc bien sombre. En l'absence de visions consensuelles, de moyens d'abord endogènes et d'expertise adaptée, les initiatives dites de développement local, quoique nombreuses, s'apparentent à de simples gesticulations gaspilleuses de l'énergie des acteurs. C'est ce qui explique le statu quo économique et social dans nombre de communautés rurales, malgré la multiplication des programmes d'appui au monde rural.

Mais il faut avouer que l'avènement de l'Alternance ainsi que les changements qualitatifs dans les méthodes d'intervention des partenaires au développement semblent donner un souffle nouveau à certaines communautés rurales. L'espoir est donc permis. La capitalisation de l'analyse des contraintes vécues par les acteurs locaux doit inspirer la recherche de nouvelles pistes du développement local.

4

Les pistes du développement local

Le statu quo économique et social dans les communautés rurales doit conduire à la recherche de solutions plus adaptées, plus originales et donc plus performantes. Aucune recette miracle ne peut être imposée, mais des propositions justifiées par l'analyse du réel peuvent être avancées.

Les défis que la communauté rurale doit relever pour relancer un développement local aux fruits palpables se situent essentiellement au niveau de la trilogie : Acteurs, Actions, Moyens : pas d'action efficace sans acteurs performants ; pas d'acteurs performants sans moyens importants. Le bon dosage de cette trilogie peut permettre de construire des recettes originales comme la Clinique du développement local, la CASE du développement local et la Charte du développement local.

Les acteurs

La qualité de l'action communautaire ne peut être garantie que si elle résulte de la mobilisation consciente, organisée et méthodique des acteurs autour d'objectifs consensuellement conçus. Le secret de la performance des acteurs, indissociable de la qualité des actions, pourrait être recherché dans l'éducation à la citoyenneté, la professionnalisation des mouvements associatifs et le renforcement de la formation.

L'éducation à la citoyenneté

André Gide disait : « Ce n'est pas seulement le monde qu'il s'agit de changer mais l'Homme. D'où surgira-t-il cet Homme neuf ? Non du dehors, camarade, sache le découvrir en toi même et, comme du minerai l'on extrait un pur métal sans scories, exige-le de toi cet Homme attendu » (Gide 1935 : 15).

L'œuvre de reconstruction de la Cité est une aventure vouée à l'échec si elle ne commence pas par la reconstruction du citoyen. La collectivité locale est une abstraction juridique au même titre que la personnalité juridique dont elle dispose fictivement. Au-delà de cette fiction – dont on ne saurait douter de l'utilité –

l'espace communautaire décentralisé est concrètement animé par des hommes et des femmes, tout comme les actes juridiques à caractère communautaire sont pris par des personnes physiques élues, quoique regroupées sous le vocable statique et neutre de conseil de la collectivité locale. Il est donc hasardeux de vouloir perfectionner l'œuvre communautaire sans chercher à renforcer positivement les attitudes et les aptitudes des acteurs chargés de la conduire. Il faut donc construire l'homme pour le rendre plus apte à reconstruire sa société. Cette exigence conduit à explorer les relations entre la citoyenneté et le développement local, entre la citoyenneté et la fiscalité et, enfin, entre la citoyenneté et la pauvreté.

Citoyenneté et développement local

Le déficit d'esprit citoyen est patent. L'investissement humain qui était l'une des principales ressources communautaires est en net recul. Le bénévolat ne mobilise plus.

La citoyenneté est de l'essence même du développement local. Le développement local n'est pas un rejet de l'État et de ses valeurs. Il se situe au point de jonction entre l'exercice des droits et devoirs de citoyen de l'État et l'animation de la démocratie locale qui ne se réalise que par la participation citoyenne. L'objectif politique de la décentralisation, faut-il le rappeler, consiste à promouvoir la citoyenneté locale. Ce n'est pas la cité qui fait le citoyen, mais c'est le citoyen qui fait sa cité. La citoyenneté réalise l'harmonisation des initiatives locales en ce sens qu'elle fait agir les acteurs pour le même idéal. L'organisation de base, la coopérative d'éleveurs, le comité de gestion de forage, le comité de lutte contre les feux de brousse,… doivent prendre conscience, au-delà de leurs objectifs spécifiques, de l'exercice de leurs droits et devoirs identiques envers la communauté, du respect du bien commun et de la participation active à la réalisation des actions d'utilité communautaire.

Les populations locales, faut-il le rappeler, ont le droit d'assister comme observateurs aux séances du conseil rural. Elles peuvent consulter les délibérations du conseil rural au tableau d'affichage ou au niveau du secrétariat de la maison communautaire où doivent être classés tous les documents communautaires à des fins d'archivage et de consultation. L'article 3 du Code des collectivités locales reconnaît à tout habitant de la collectivité locale « le droit de demander à ses frais, communication, de prendre copie totale ou partielle des procès-verbaux du conseil régional, du conseil municipal, du conseil rural, des budgets, des comptes et des arrêtés ». La même disposition permet à toute personne physique ou morale « de faire au président du conseil régional, au maire, au président du conseil rural, des propositions relatives à l'impulsion de développement économique et social de la collectivité concernée et à l'amélioration du fonctionnement des institutions ». Ces facultés sont peu ou mal appliquées au niveau des communautés rurales. Dans la plupart des cas, elles sont ignorées.

Les compétences transférées aux communautés rurales se sont contentées d'un contenu purement académique. L'éducation à la citoyenneté locale aurait dû être la préoccupation fondamentale du législateur. Le monde rural a conservé un certain nombre de valeurs liées à la solidarité et au partage. Il s'agit de les redynamiser et de les mettre au service du développement communautaire.

La promotion de la citoyenneté en développement local doit permettre de relativiser les conflits sociaux, relancer l'esprit d'entreprise, réduire les flux de l'exode rural et renforcer le civisme fiscal.

Citoyenneté et fiscalité

Le civisme fiscal n'est certainement pas la chose la mieux partagée dans le monde rural sénégalais. Le principe du consentement à l'impôt, qui traduit le droit des populations à déterminer la nature et la consistance des contributions auxquelles elles acceptent librement de se soumettre par le canal de leurs représentants, n'est même pas bien compris.

Les stratégies déjà entreprises pour réduire l'évasion fiscale locale se sont avérées peu fructueuses parce qu'elles ont été menées dans l'optique de la chasse aux contribuables récalcitrants alors qu'il urge de s'orienter plutôt vers une véritable éducation à la fiscalité. La recherche de la maturité fiscale des contribuables est d'autant plus nécessaire que les services déconcentrés du trésor public n'ont, ni les ressources humaines, ni les ressources matérielles suffisantes pour assurer la couverture optimale des communautés rurales dans le cadre des opérations de recouvrement.

Le débat d'orientation budgétaire est obligatoire, mais les convocations ne sont adressées qu'aux conseillers car il s'agit d'une séance du conseil rural. Les citoyens de la communauté rurale peuvent assister aux séances du conseil, mais ils y revêtent le statut de simple observateur et ne peuvent prendre la parole que sur habilitation expresse du président de séance. On rate ainsi l'occasion d'entendre les contribuables s'exprimer librement sur l'appréciation de l'usage fait de leurs contributions passées et sur l'utilisation souhaitée de leurs contributions ultérieures.

Lorsqu'elles apprennent que le conseil rural a voté un budget de 15 millions par exemple, les populations pensent que le conseil dispose de cette somme effectivement et en espèces. Quand, à la fin de l'année, les faibles rentrées fiscales n'ont pas permis de faire les réalisations prévues, elles accusent le conseil d'avoir détourné les fonds à des fins privées.

La promotion du civisme fiscal pourrait être réalisée à trois paliers notamment.

- Lors des sessions d'orientation budgétaire, la communauté rurale ne devrait plus se contenter d'égrener un chapelet de vœux pieux. La question centrale est celle de la mobilisation des moyens financiers disponibles et accessibles pour répondre à la demande sociale locale. Cette question ouvre un large champ de concertation, d'une part, sur la capacité contributive de chacun et, d'autre part, sur la promptitude des contribuables à s'acquitter de leurs charges fiscales. Dans ce domaine, les élus devraient démontrer aux contribuables que la qualité des prestations attendues, ainsi que la diligence dans leur réalisation sont indissociables de la consistance et du rythme des rentrées fiscales.

- En raison de l'évasion fiscale et du faible taux de recouvrement des recettes autres que la taxe rurale, les opérations de recouvrement devraient s'accompagner concomitamment d'activités adaptées de communication fiscale. Recouvrer une contribution c'est bien ; expliquer par la même occasion au contribuable, souvent peu informé, le sens de son geste et la destination de sa contribution, c'est encore mieux ; cela conduit à l'encourager et à le fidéliser. Il est souhaitable que les agents du trésor chargés du recouvrement, ainsi que les collecteurs disposent chacun d'une copie du budget afin d'informer les contribuables au moment des opérations de recouvrement. Le trésor devrait participer à cette œuvre citoyenne au lieu de se limiter à des opérations purement mécaniques d'encaissement et de décaissement.

- Au moment de l'examen des comptes de la communauté rurale,[97] l'accent devrait être mis sur l'explication des écarts entre les prévisions et les réalisations. Si l'élu local prouve que des efforts appréciables ont été réalisés dans le traitement de la demande sociale et que ces efforts auraient pu être plus fructueux, n'eussent été les échappées de recettes et évasions fiscales, il aura réalisé un pas de géant dans la transparence fiscale et l'incitation des populations au prompt acquittement de leurs charges fiscales.

L'éducation à la fiscalité doit en particulier débarrasser le monde rural de la conception coloniale de l'impôt-sanction qui confine la fiscalité à un système d'asservissement. Il faut reconnaître toutefois que les textes sur la fiscalité n'ont pas échappé au mimétisme juridique ; ils ont été conçus sans analyse du milieu et apparaissent aujourd'hui inadaptés et inefficaces. La réforme urgente de cette fiscalité doit évidemment prendre en compte le contexte de pauvreté.

Citoyenneté et pauvreté

« Vivre d'abord, philosopher après » ! Toute société qui prétend assurer aux hommes la liberté doit commencer par leur garantir l'existence (Blum 1898 : 16). La citoyenneté peut-elle s'accommoder de la pauvreté ? La pauvreté contribue à dénaturer le comportement des acteurs locaux. La psychose de la faim conduit souvent les masses appauvries à des agressions irrationnelles sur les ressources communautaires et même au pillage du bien public. En effet, le sauve-qui-peut conduit vers une gestion au jour le jour plus consommatrice que protectrice, parfois destructrice, qui plonge les masses démunies dans la spirale Population/

Pauvreté/Environnement. La pauvreté constitue par ailleurs un terrain favorable à la « marchandisation du vote » (Banégas 1989 : 75-87).

L'existence précaire laisse peu de temps à la réflexion et il apparaît de plus en plus que la pauvreté et l'ignorance sont les grandes ennemies de la démocratie et de la citoyenneté. Le paysan qu'on forme sur les droits et devoirs du citoyen envers le conseil rural préfère recevoir de l'engrais, du matériel agricole ou obtenir des marchés d'écoulement. Le temps qu'il passe à la formation l'empêche d'aller à la recherche de la « dépense quotidienne ».[1]

En réalité, la citoyenneté est au cœur de la lutte contre la pauvreté. C'est elle qui rassemble les forces locales et qui leur imprime la discipline, la détermination et l'enthousiasme indispensables à la réalisation d'une œuvre de développement local qui est toujours de longue haleine.

Mais la volonté ne peut, à elle seule, réaliser le développement local. Il faut en plus, une touche d'expertise, de professionnalisme.

La professionnalisation du mouvement associatif

Les mouvements associatifs prennent généralement la forme, soit d'une association, soit d'un Groupement d'Intérêt économique. L'association ne peut effectuer des activités lucratives destinées à enrichir ses membres. Elle ne peut bénéficier de subventions publiques que si elle est déclarée d'utilité publique. De plus en plus d'Associations sportives et culturelles (ASC) tentent d'embrasser des activités économiques pour dépasser les volets sportifs et récréatifs et se positionner comme de véritables acteurs de développement économique local[2]. Les Groupements de Promotion féminine (GPF) créés au départ sous le statut d'association, se transforment de plus en plus en GIE pour mener des activités économiquement rentables, ou créent en leur sein un GIE dans le même but.

Pour se poser comme des organisations crédibles, capables de mener des activités d'envergure et de peser sur les décisions communautaires, les mouvements associatifs devraient s'orienter progressivement vers la professionnalisation. Une telle option permettrait la contractualisation des rapports avec le conseil rural et renforcerait la lutte contre le chômage et l'exode rural.

La contractualisation des rapports avec le conseil rural

Beaucoup de délibérations de conseils ruraux restent lettre morte faute de ressources humaines adéquates pour les mettre en œuvre. Les organisations locales pourraient être mobilisées à cet effet, encore faudrait-il qu'elles revêtent une forme juridique et se dotent de ressources qui les rendent viables et crédibles aux yeux de la communauté. Cette contractualisation des rapports fonctionnels entre l'instance décisionnelle locale et la population organisée contribuerait à mettre fin à la gestion informelle et tatillonne des initiatives de développement local.

La contractualisation apparaît comme le meilleur mode de mise en œuvre du plan local de développement. Dans ce plan, pour chaque action, il est identifié un acteur (acteur principal, acteur en appui). Mais, rien ne lie ces acteurs. Aucun document signé ne fixe leurs droits et leurs responsabilités précises dans le cadre des activités d'exécution et de suivi du plan. Cette banalisation fragilise le processus de planification et compromet l'atteinte des objectifs fixés. Il aurait fallu que les personnes et groupements reconnus comme acteurs dans l'exécution d'un plan, d'un programme ou d'un projet soient liés par un contrat ou une lettre de mission et sécurisés par un ordre de mission établi par l'instance locale. Ce montage ambitieux appelle la réorganisation interne des mouvements associatifs dont la plupart se cantonnent à de petites activités insignifiantes pour l'économie locale, à la mesure de leurs moyens dérisoires et de leur gestion interne archaïque et informelle.

Les instances des mouvements associatifs gagneraient à rechercher une formation adaptée en gestion institutionnelle, en petite comptabilité, en élaboration de projets, en suivi-évaluation,… destinée à accroître leur performance, de manière à mériter la confiance de la communauté et se voir confier des tâches par elle. C'est de cette manière qu'elles contribueront à la lutte contre le chômage et l'exode rural.

La lutte contre le chômage et l'exode rural

La vie même des mouvements associatifs est compromise par la faible envergure des activités qui les mobilisent. Les prestations qu'ils effectuent sont incapables de faire vivre leurs membres encore moins de répondre à la demande sociale locale. On pouvait s'attendre à ce que la volonté de s'extirper de la pauvreté rurale conduise à l'émergence de groupements de producteurs performants ou de services offrant des prestations de qualité à la communauté et tirant un profit substantiel du produit de ces prestations. Dans un créneau porteur comme l'élevage offrant d'immenses possibilités de commercialisation de la viande, du lait, de la peau, etc., les groupements existants pèchent par leur irrationalité et un traditionalisme déconcertant. L'absence de stratégie idoine d'investissement et d'écoulement imprime à ce secteur un aspect domestique et parfois contemplatif. L'image de troupeaux de centaines de têtes d'une valeur vénale importante, gardés par un petit berger esseulé et sans outils ni moyens de défense, montre bien le caractère irrationnel de cette activité. Une gestion professionnelle et rentable de cette activité aurait permis d'employer beaucoup plus d'acteurs.

Les populations locales se plaignent souvent de l'octroi des marchés locaux de prestation de services à des structures externes à la communauté. Mais se sont-elles dotées de structures professionnelles crédibles capables d'offrir des services de qualité et de capter ces marchés ?

En se dotant d'une organisation interne rationnelle et performante et en investissant dans des créneaux économiques originaux, les organisations de base créeraient des emplois tout en réduisant l'exode rural. En effet, la recherche de revenus en ville est, de tout temps, le motif principal de l'exode. Le retour des populations au village pendant la saison des pluies pour les activités culturales montre bien que la promotion d'activités économiques rentables et durables transcendant les clivages climatiques constitue un pas décisif vers la fixation des populations rurales dans leurs terroirs respectifs.

La professionnalisation des acteurs est donc de plus en plus une exigence du développement du fait notamment de la technicité des secteurs à explorer. Elle nécessite une bonne dose d'expérience mais aussi et surtout une formation adaptée.

La formation des acteurs

Les acteurs du développement local se doivent de conformer leurs actions à la légalité au moyen d'une formation juridique et de renforcer leurs capacités au moyen d'une formation technique.

La formation juridique

Sur le terrain juridique, le choix du contenu de la formation est plus ou moins aisé. Nul n'est censé ignorer la loi et tous les acteurs locaux doivent être formés sur les différentes dispositions législatives et réglementaires qui régissent la décentralisation et le développement local. Mais livrer une formation juridique aux acteurs de la décentralisation et du développement local ne signifie pas leur administrer un cours magistral de droit.

La vulgarisation du droit en milieu rural pose bien sûr le problème de la langue de communication. Le faible taux d'alphabétisation en langue officielle est une donnée fondamentale au moment où la rédaction du législateur comporte des termes techniques que seule une interprétation approximative permet de traduire en langue nationale. C'est ainsi que la différenciation entre les notions de *domaine public* et de *domaine national* a posé des problèmes aux traducteurs.

Une autre difficulté provient du fait que les textes relatifs à la décentralisation ne sont pas consignés dans un document unique. Ainsi par exemple, pour le thème de l'état civil qui est une attribution de l'élu local, le formateur doit se référer au code de la famille. Pour la gestion des ressources naturelles, il doit, en plus de la loi portant transfert de compétences, se référer au code de l'eau, au code forestier, au code de la chasse, etc.

Enfin, il s'agit, dans un style adapté au niveau d'instruction de la cible, de contribuer à l'insertion des différentes activités locales dans le cadre tracé par la loi et de proposer des solutions juridiques pragmatiques aux différents cas pratiques.

Si l'exigence de légalité se poursuit au moyen de la formation juridique, l'exigence de performance appelle, elle, une formation technique.

La formation technique

L'une des principales difficultés de la formation technique réside dans le choix des contenus. Le choix des modules par le formateur, même après concertation avec les cibles de la formation, comporte toujours une dose de subjectivité. En effet, de manière inéluctable, le formateur met l'accent sur les aspects qu'il maîtrise le mieux. Le choix du contenu de la formation par les cibles uniquement n'est pas toujours judicieux. En effet, ces cibles ne sont pas forcément informées de tous leurs domaines de compétences. En choisissant les thèmes de formation, ils risquent d'écarter des thèmes se rapportant à des domaines dont ils ignorent qu'ils font partie de leurs compétences. Or, les cibles doivent être formées sur ce qu'elles disent ignorer et surtout sur ce qu'elles ne savent pas qu'elles doivent savoir. Dans la plupart des conseils ruraux, à la question de savoir quels sont les besoins prioritaires de formation, les aspects les plus couramment évoqués se rapportent principalement à la planification, à l'état civil, à la gestion du domaine national. L'urbanisme, par exemple, est rarement spécifiquement évoqué alors qu'il s'agit d'un domaine rendu sensible par la poussée démographique dans certains villages.

La formation technique s'impose à tous les niveaux et pour tous les acteurs. Elle renforce les capacités entreprenariales et prépare les acteurs au passage méthodique « *de la volonté à l'action* » (Lavigne-Delville, Villeval 2004 : 5).

Les agents techniques préposés à l'appui aux communautés rurales devaient subir une formation dûment actualisée conforme au caractère multiforme et évolutif de la demande sociale locale. L'ouverture à Sébikotane, le 09 avril 2003, du Centre national de Documentation, de Formation et d'Information (CNDFI) des agents des Centres d'Expansion rurale polyvalents constitue une avancée significative vers cette exigence.

La mission du représentant de l'État se résume aujourd'hui essentiellement à un contrôle de légalité, mais son rôle d'impulsion du développement local reste d'actualité. Il doit faire des proportions constructives aux autres acteurs du développement local et coordonner l'ensemble des initiatives locales assises sur son ressort territorial. Le contrôle de légalité qu'il exerce n'est pas un contrôle statique. C'est un contrôle pratique destiné à vérifier la conformité des initiatives communautaires aux dispositions légales et réglementaires. Ce travail conduit inévitablement à l'interprétation de la loi. Or, cette interprétation doit se faire en tenant compte des réalités du développement local, de l'intérêt des populations locales, du niveau technique des méthodes et des outils du développement local. C'est pourquoi, une formation technique approfondie doit permettre au sous-préfet de se libérer de son carcan traditionnel essentiellement administratif pour investir davantage le champ dynamique du développement économique et social.

Les commissions du conseil rural sont généralement peu actives. Le conseil rural peu averti, éprouve des difficultés à concevoir des objectifs précis à l'intention de ces commissions ou à leur confier des missions pertinentes. Ces commissions ont besoin chacune, dans son domaine d'intervention, d'une formation détaillée et assise sur les réalités du milieu.

De nombreuses formations livrées aux élus restent plus ou moins générales parce qu'elles se veulent exhaustives en embrassant l'ensemble des attributions et compétences dévolues aux élus. La formation des élus n'est pertinente que lorsqu'elle est interactive, continue et itérative. Elle doit, par ailleurs, distinguer les besoins de formation du conseil rural en tant qu'acteur institutionnel global de ceux plus spécifiques du conseiller rural, du président et des vice-présidents du conseil rural, du préposé à l'état civil, de l'assistant communautaire et des présidents et vice-présidents de commission.

Les assistants communautaires gagneraient à dépasser ce rôle purement administratif (archivage, classement de document, réception de courrier, etc.). Ils disposent d'un bon niveau d'entrée ;[100] de ce fait une formation en développement local participatif et en communication sociale pourrait faire d'eux des conseillers techniques en développement auprès de tous les acteurs et des conseillers en communication auprès de l'élu local.

La formation des mouvements associatifs est de plus en plus une nécessité. C'est en effet le manque de formation qui explique en partie, le défaut de politique interne de recherche de moyens, l'absence de comptabilité, de transparence financière, et, surtout, de planification des activités. La plupart des initiatives économiques prises par les organisations communautaires de base s'exécutent sans comptabilité ni analyse financière même sommaire. À la question de savoir si on peut gérer sans chiffres, Bernard Péneau répond : « Non, car une décision économique n'est rationnelle que si l'on est sûr qu'elle rapporte plus qu'une autre, soit par économie de dépenses, soit par surplus de recettes, et que les conséquences non chiffrables sont jugées positives par le décideur » (Péneau 2002 : 15).

Ainsi, la qualité de l'action est inéluctablement tributaire de l'état d'esprit et de l'expertise de l'acteur. Jean de La Bruyère disait à ce propos que : « Le motif seul fait le mérite des actions et le désintéressement y met la perfection ». Comment devrait être l'action en développement local ?

L'action

Les philosophes ont expliqué le monde de plusieurs façons ; maintenant il s'agit de la transformer disait Karl Marx (1942, Chambers 1990 : 229), pour nous inviter à l'action tangible et utile. Le secteur primaire, qui est le domaine de prédilection des activités économiques rurales, est un secteur dynamique par essence dont les fruits naissent de l'action plutôt que de la controverse. Dans des domaines de subsistance comme le petit maraîchage, la pêche artisanale, l'artisanat, etc. qui demeurent vitaux pour les masses démunies, « il vaut mieux faire que dire (Musset 1844).

L'action locale doit être renforcée par la promotion du culte de l'action. Mais pour être efficace, elle doit être planifiée. Cette planification est si vitale qu'elle doit être érigée en obligation. Pour adapter cette action au vécu des acteurs, il convient également de renforcer le caractère participatif de la planification et de promouvoir les conventions locales. Toutes ces précautions devraient permettre la rationalisation des activités productives.

La promotion du culte de l'action

« L'homme n'est pas fait pour penser, mais pour agir » dit-on couramment. Cette affirmation n'est pas une négation de la réflexion qui demeure indispensable à la préparation de l'action. Il s'agit plutôt de justifier la réflexion par l'action. On dirait alors, « l'homme ne doit penser que pour agir ». Pour Bergson également, «originellement, nous ne pensons que pour agir. C'est dans le moule de l'action que notre intelligence a été coulée. La spéculation est un luxe, tandis que l'action est une nécessité» (Bergson 1907 : 12).

Lors d'un séminaire sur la sécurité foncière au Sahel,[101] un Burkinabè taquinant ses homologues sénégalais disait : « Vous autres Sénégalais vous êtes les champions de la conception. Vous avez réfléchi et établi des plans impeccables dans tous les domaines imaginables. Mais tout cela dort dans les tiroirs. Nous autres sommes donc dispensés de la réflexion. Il nous suffit d'aller au Sénégal, de prendre les programmes déjà bien ficelés et de les appliquer chez nous en les adaptant ».

La réflexion et la conception ne sont certes pas des exercices qui font défaut au Sénégal où se multiplient à un rythme ahurissant les ateliers de conception, de restitution, de capitalisation ou de validation, les séminaires, conférences, assises, fora, symposiums, journées de réflexion, semaines ou quinzaines de promotion, retraites, rencontres, sommets, etc. Les résultats d'envergure que le foisonnement de ces rencontres met en droit d'attendre ne se font pas sentir concrètement.

De nombreux cadres de concertation sont destinés à accompagner la politique de décentralisation. On pourrait citer sans être exhaustif : le Conseil national de Développement des Collectivités locales, le Comité interministériel de l'Administration territoriale, la Commission nationale d'Aménagement du Territoire, les organisations faîtières des collectivités locales, le Comité économique et social de la Région, l'Agence régionale de Développement, (ARD), le Comité départemental de Développement (CDD), le Comité local de Développement (CLD), les ententes et associations de collectivités locales, les Organisations communautaires de Base (OCB), les Organisations de Producteurs (OP), etc. À quelques exceptions près, toutes ces structures se créent rapidement, mais sombrent presque immédiatement dans une léthargie profonde qui démobilise leurs membres.

L'action est indispensable à la pérennité et au développement de toute association en ce sens qu'elle seule peut produire des résultats qui consolident puis renforcent la motivation et l'enthousiasme des acteurs et donnent vie à la structure. La concertation est essentielle en développement participatif, mais elle n'est pas une fin en soi. Elle ne se justifie que par le souci de garantir la consensualité et la cohérence des initiatives d'action et de prévenir les conflits potentiels inhérents à la mise en œuvre de ces initiatives.

La promotion du culte de l'action pourrait être poursuivie à travers l'obligation pour les acteurs de développement local de présenter un bilan d'activités mettant l'accent sur le degré de réalisation des objectifs fixés. On sait que, dans la pratique, les acteurs ne font presque jamais de bilan critique, y compris lorsque la loi les y oblige. C'est ainsi que des Présidents de conseil rural ne présentent pas toujours de bilan financier (compte administratif) et se voient pourtant octroyer de nouvelles autorisations budgétaires curieusement approuvées par le représentant de l'État. Certaines ONG, en violation des dispositions du décret n° 96-103 du 08 février 1996, ne rendent pas compte à l'État de leurs activités.

Une autre piste de promotion de l'action serait le renouvellement des instances des dynamiques de développement local qui brillent par l'inertie. Le pouvoir est malheureusement une question délicate dans le monde rural, où on a toujours le sentiment que démettre un responsable, c'est l'humilier et humilier sa famille. C'est ainsi qu'en violation de la règle de l'alternance inhérente à la dynamique de démocratie interne, des responsables peu performants restent à la tête des organisations de base pendant d'interminables années, sans être inquiétés de destitution. Certains comités de gestion de forage ou de lutte contre les feux de brousse ont des présidents élus pour une durée indéterminée. Leur mode de désignation antidémocratique et parfois irrationnel les rend inamovibles. La certitude de conserver un poste de responsabilité contre vents et marées, conduit à l'usure et à l'immobilisme.

Mais la promotion de la promptitude à agir ne doit pas conduire à la précipitation et à la dispersion des forces agissantes : les acteurs doivent être astreints à l'obligation de planifier leurs actions.

L'obligation de planification

La planification locale est le passage obligé dans la recherche de l'efficacité de l'action. Elle garantit la cohérence des interventions et maximise les chances de réussite par son système intrinsèque de suivi-évaluation. La dispersion des forces est l'un des principaux obstacles du développement local. La multiplicité des acteurs et le foisonnement anarchique des initiatives constituent une double contrainte en ce sens qu'ils créent le désordre et l'inefficacité des interventions d'une part et les conflits de compétences entre les acteurs d'autre part.

Il est inconcevable qu'un conseil rural, durant tout son mandat, ne puisse pas proposer des orientations précises de développement local déclinées en actions cohérentes concourant à la réalisation des objectifs communautaires. La planification locale est une compétence transférée qui, à l'heure actuelle, ne reçoit pas de ressources financières du fonds de dotation. Mais elle a toujours été une attribution centrale du conseil rural depuis la loi de 1972 instituant les communautés rurales.

La conduite des affaires locales par les élus en dehors de toute vision matérialisée dans un Plan Local de Développement est source d'incohérence. Elle révèle un manque de respect pour le citoyen contribuable et surtout un manque d'ambition pour la communauté rurale. L'argument du manque de moyens est irrecevable dans la mesure où la planification locale n'est devenue coûteuse qu'avec l'intervention des partenaires extérieurs qui ont introduit des techniques trop sophistiquées et les notions de perdiem et d'honoraires. Mais la vraie planification, celle qui repose sur la perception que les populations bénéficiaires ont de leur milieu, est relativement facile et peu coûteuse. Il suffit que les acteurs locaux, quel que soit leur niveau d'instruction, fassent le diagnostic intégré du milieu et déterminent les voies et moyens pour transformer leur espace vital dans un sens librement choisi. Lorsque ce plan est rédigé dans un style qui fait appel à des notions externes et inadaptées au milieu, il perd de sa valeur authentique et, en même temps, ses chances de réalisation par des acteurs qui ne s'y identifient alors plus.

L'article 258 du Code des collectivités locales rend obligatoires « les dépenses nécessaires à la réalisation des programmes d'investissement ou des actions de développement délibérées par le conseil et inscrits au plan de développement ». Il aurait fallu, en plus, rendre obligatoires les dépenses éventuelles de conception du plan dès le premier exercice budgétaire des conseillers nouvellement élus. En effet, une action du plan ne peut être une dépense obligatoire que si le plan existe. Le mieux est donc d'obliger juridiquement le conseil rural à élaborer un plan de développement de la communauté rurale, au plus tard un an après son élection.

Le mouvement associatif ne devrait pas échapper à cette discipline de développement. Les organisations de base, quel que soit leur domaine d'intervention, devraient présenter à l'autorité administrative de la collectivité locale un programme d'action. Cette précaution permettrait à la fois de renforcer la cohérence interne de ces organisations et de vérifier la conformité de leurs ambitions aux orientations consignées dans le plan local de développement dont les prescriptions ont une valeur juridique incontestable dès le vote de l'assemblée locale et l'approbation du représentant de l'État.

Mais même si la planification est érigée en obligation, elle ne peut être opérationnelle qui si elle revêt un caractère réellement participatif.

Le renforcement du caractère participatif de la planification

Aucun texte juridique n'oblige les élus à associer les populations dans la conception des plans de développement. Même si ces populations sont impliquées, la validation du plan relève de la responsabilité exclusive du conseil rural qui délibère et du représentant de l'État qui approuve la délibération. Le code des collectivités locales est très laconique sur la gestion de la planification comme compétence transférée. Cette situation présente des avantages en ce sens que l'existence de règles trop nombreuses et trop contraignantes aurait contrarié l'esprit d'initiative des acteurs et emprisonné la souplesse que requiert un domaine aussi dynamique dans la rigidité de la règle de droit. Mais rien n'empêche l'introduction dans le dispositif juridique de prescriptions prévoyant les types d'acteurs locaux devant être obligatoirement consultés ou impliqués dans le processus de planification. De cette manière, le contrôle de légalité du représentant de l'État viserait également à vérifier que le plan est conçu de manière réellement participative.

Les communautés rurales disent ne pas avoir les moyens de concevoir un Plan Local de Développement. Elles attendent donc l'appui des partenaires extérieurs. Mais dès l'instant que le financement du processus est au dessus de leurs moyens propres, la maîtrise de l'aspect participatif leur échappe dans la plupart des cas. C'est ainsi que, bien souvent, le choix des actions qui figurent au plan est orienté par le bailleur qui souhaite voir dans ce plan des prévisions qui correspondent à sa vision ou ses domaines de financement.

Comme signalé plus haut, les populations sont souvent tout simplement utilisées afin de simuler un processus participatif pour un plan dont les orientations sont préconçues par le tout-puissant bailleur. Ces populations ne font pas l'affaire des bailleurs et techniciens en raison de leurs faibles capacités qui ne leur permettent pas d'accéder aux procédés de plus en plus techniques de planification. La participation ne doit pas se limiter au diagnostic préparatoire du plan. Les populations bénéficiaires doivent avoir la pleine maîtrise de l'exécution et du suivi-évaluation des actions planifiées.

Cette maîtrise que les populations doivent avoir sur leur propre développement pose la problématique des conventions locales.

La promotion des conventions locales

La décentralisation est organisée par un arsenal juridique très vaste incluant la Constitution (principe de la libre administration des collectivités locales), la loi (Code des collectivités locales), le règlement (décrets d'application du Code des collectivités locales, décrets d'application du Code forestier, arrêté de suspension en matière foncière, …), les actes du conseil de la collectivité locale (délibération fixant le montant de certaines taxes ou autorisant l'exécution du budget), etc. Cet arsenal n'enferme pas pour autant le développement communautaire dans des carcans rigides et standards préjudiciables à la liberté des citoyens de conduire les affaires locales selon leur vision propre. Cette marge de manœuvre laissée par la réglementation doit être captée par les acteurs avec le dessein légitime d'y imprimer une empreinte spécifique au terroir. C'est dans cet esprit qu'il faut appréhender le phénomène des conventions locales.

Celles-ci se présentent comme des accords, des ententes conclus par les acteurs locaux dans certains secteurs de la vie économique et sociale et principalement dans le domaine de la gestion des ressources naturelles. Elles prennent des appellations diverses : contrat, contrat-plan, code de conduite, tableau de bord, pacte local, etc. Plusieurs critères permettent de les caractériser :

- elles reposent sur la libre volonté de leurs auteurs ; la notion de contrainte est en effet incompatible à celle de convention ;

- elles fixent des règles de conduite ou des actions à mener en vue d'un objectif fixé ;

- elles ne doivent ni ne peuvent contrarier les lois et règlements en vigueur.

« Les conventions locales sont des arrangements locaux élaborés par les populations pour mieux gérer leurs ressources naturelles. Elles découlent souvent d'un contexte de dégradation des ressources et d'une volonté des populations de recouvrer une situation antérieure plus favorable. Elles posent la problématique d'une gestion globale et holistique des ressources naturelles » (Guèye et Tall 2003 : 5). Elles reposent sur les principes de base de :

- la légalité : Le contenu des conventions locales doit s'insérer dans le cadre général tracé par les lois et règlements ;

- la rationalité : La gestion durable et rationnelle des ressources constitue l'essence des conventions locales ;

- la localité : La convention locale ne se limite pas à des principes généraux et stéréotypés ; les populations d'un espace solidaire donné s'efforcent de dégager des règles propres adaptées à leur milieu et à leurs préoccupations spécifiques ;

- la légitimité : La convention locale est conçue selon un processus participatif aboutissant à un consensus à travers lequel des acteurs locaux libres et responsables expriment leur vision commune de gestion des ressources.

Les conventions locales se présentent ainsi comme un instrument précieux de développement local. Elles intègrent, en effet à la fois, les impératifs de vision locale commune, de gestion concertée et de promotion du savoir local. La promotion de cette pratique présente plusieurs avantages. Elle permet :

- d'investir utilement les espaces non réglementés ;

- d'adapter la réglementation aux spécificités locales ;

- de prolonger les réglementations générales par des règles locales d'application immédiate.

Plusieurs questions restent cependant en suspens :

- les personnes n'ayant pas adhéré à la convention peuvent-elles y être soumises ?

- est-il possible de sanctionner des contrevenants à la convention ? Sur quelle base ?

Ces questions posent le problème de la valeur juridique des conventions locales. S'agit-il d'actes juridiques générateurs d'obligations ou de simples pétitions de principes locaux ?

Ces difficultés de qualification n'enlèvent rien à la pertinence des conventions locales. Celles-ci au même titre que la planification favorisent un esprit d'organisation et de méthode indispensable à la rationalisation des activités productives.

La rationalisation des activités productives

Il n'y a pas de richesse durable sans production sécurisée. Cette production doit susciter un progrès soutenu : il faut aller du « développement de la production à la production du développement » (Najim et Védélago 2001 : 12).

La nécessaire rationalisation des activités productives, aujourd'hui faibles et dispersées, passe notamment par la modernisation et la diversification de la production et l'*approche projet*.[102]

La modernisation et la diversification de la production

L'État admet que « *depuis l'indépendance, l'agriculture sénégalaise est essentiellement restée une petite agriculture paysanne, à faible productivité, pratiquée sous pluie, ceci malgré la diffusion de progrès techniques* ».[103]

Les secteurs clés de l'économie rurale restent confinés à un archaïsme affligeant. L'agriculture, la pêche, la foresterie et l'élevage accusent dans leurs approches et leurs méthodes, un retard inacceptable au XXIᵉ siècle. Il est temps pour les acteurs du monde rural de quitter le statut social de paysan pour atteindre le statut professionnel d'agriculteurs.

La formation est indispensable pour impulser et accompagner cette dynamique de progrès, mais les acteurs locaux n'en prennent pas conscience. On est pêcheur parce qu'on vit au bord de la mer, on est cultivateur parce que les grands-parents l'ont été, on est éleveur parce qu'on a hérité d'un troupeau. L'activité n'est donc pas éclairée par un savoir-faire scientifique, mais liée à un statut traditionnel et confinée à un savoir local, certes utile, mais peu apte à s'arrimer à la dynamique fatale de modernité et de mondialisation. Marcel Mazoyer met en exergue le caractère archaïque des agricultures manuelles et leur incapacité à supporter la concurrence des systèmes agricoles modernisés des pays riches. Cette situation expliquerait la pauvreté dans les campagnes, l'exacerbation de l'exode rural, la concentration urbaine et même l'émigration (Mazoyer 1997 : 54).

L'État et les collectivités locales ont le devoir de former les acteurs du monde rural dans leurs domaines d'activités respectifs. Au Sénégal, la création de Centres Polyvalents de Formation des Producteurs tente de répondre à cette exigence. Les pays les plus acquis au modernisme disposent de grandes écoles où se développent des formations de pointe en agriculture. Rien n'empêche les universités de se doter d'unités de formation et de recherches exclusivement consacrées à la pêche ou à l'élevage pour s'affranchir des facultés classiques dont les produits ne correspondent pas toujours à la demande sur le marché du travail. Il existe quelques écoles dans ce domaine mais leurs performances restent limitées par un certain nombre de contraintes. D'abord, leurs méthodes d'enseignement sont peu évolutives, ensuite leurs acquis en matière de recherches sont faiblement vulgarisés, enfin elles ne s'ouvrent qu'aux candidats ayant déjà un certain niveau intellectuel (Institut des Sciences de la Terres - IST, École nationale des Cadres ruraux - ENCR, École nationale des Sciences agricoles - ENSA, etc.), alors que l'écrasante majorité des masses laborieuses rurales est analphabète. Dans un pays ou l'agriculture occupe près de 60% de la population, la formation en sciences agricoles doit être renforcée et décentralisée. La création de l'Agence nationale de Conseil agricole et rural (ANCAR) semble être un pas décisif vers cette exigence.

Pour mieux soutenir le développement agricole, l'État s'est engagé, dans la loi d'orientation agro-sylvo-pastorale,[104] à prendre des mesures d'accompagnement comme l'information agricole, l'éducation et la formation aux métiers agricoles et ruraux, le renforcement des capacités des paysans et des organisations professionnelles, des organisations de la société civile, des collectivités locales et des services de l'État, la recherche et le conseil en matière agro-sylvo-pastorale. Il convient également d'encourager les efforts louables d'institutions comme la Société d'Aménagement et d'Exploitation du Delta du Fleuve Sénégal (SAED), l'Institut sénégalais de Recherche agricole (ISRA), l'Association pour le Développement de la Riziculture en Afrique de l'Ouest (ADRAO), etc., qui s'investissent notamment dans la maîtrise de l'eau, la revalorisation du capital semencier, la réduction des cycles de culture, l'identification d'itinéraires techniques pertinents, la densification des rendements à l'hectare,... Les aspects positifs du savoir local agricole, en particulier ceux qui peuvent accompagner la dynamique de protection et de renforcement de la production, méritent d'être développés et vulgarisés. Monique Chastanet est impressionnée par « la créativité des agricultures africaines et la diversité des plats élaborés par les femmes africaines » (Chastanet 1998 : 37).

À côté de la formation et de la recherche, l'accent devrait être mis sur les moyens de production. Il est du domaine du miracle d'obtenir une production significative en quantité et en qualité sans consentir des investissements lourds. Malheureusement, les outils et les méthodes n'ont pas changé depuis des siècles : la houe, la daba et la traction animale pour l'agriculture ; la transhumance et la pharmacopée animale pour l'élevage ; les pirogues et autres embarcations sommaires, sans aucune garantie de sécurité, pour la pêche.

La modernisation de l'économie rurale appelle nécessairement la révision de la loi sur le domaine national. En effet, l'ambition de renforcer la production agricole suivant de grands projets pilotés par des fermiers éclairés par une formation adaptée, rend caduques les préoccupations exclusivement socialistes qui ont inspiré la rédaction de cette loi. Tout en permettant à tout sénégalais d'accéder à la terre dans les conditions définies par la loi, il convient d'octroyer aux grands porteurs de projets agricoles des titres fonciers leur permettant à la fois d'accéder au crédit et de sécuriser leurs investissements. L'exploitation personnelle ou familiale qu'impose la loi sur le domaine national n'est pas toujours de nature à favoriser l'implantation et le développement de grandes fermes agricoles. Les détenteurs de parcelles de terre peuvent et doivent s'associer pour dépasser l'agriculture de subsistance et développer des productions d'envergure destinées à la commercialisation et au réinvestissement. Faut-il alors privatiser les terres du domaine national sur lesquelles l'affectataire n'a aujourd'hui qu'un droit d'usage ? Abdoulaye Dièye relève « les avantages de l'option libérale en matière domaniale : sécurité de la propriété, immatriculation de la propriété foncière, inscription d'hypothèques sur les titres fonciers qui permettent des recours au crédit, sécurité de l'investissement garantie par une grande stabilité des tenures, grande possibilité de mobilité des propriétés sur le marché, remodelage des parcelles pour une exploitation à l'échelle industrielle, intérêt financier de l'État (Dièye 2004 : 204). Mais l'auteur signale que Quels que soient les impacts positifs d'une libéralisation de la gestion foncière, les perspectives de troubles à la paix sociale risquent d'annihiler tous les avantages escomptés » (Dièye 2004 : 204). La conséquence la plus redoutée de la privatisation des terres du domaine national, est celle qui consiste à priver d'accès à la terre les populations démunies qui occupent les parcelles avec la conviction de détenir un droit de propriété familiale traditionnelle hérité du premier occupant. Coquery-Vidrovitch rappelle à ce sujet que « dans une communauté qui vit d'agriculture, le droit à la terre est à la fois une nécessité et une évidence : exclure un paysan de la terre, c'est le condamner à mort (Coquery-Vidrovitch 1982 : 67). Amsatou Sow Sidibé estime qu' « Au Sénégal, une privatisation des terres pourrait constituer une véritable bombe. Elle menacerait la paix, ce qui serait incompatible avec le développement économique » (Sow Sidibé 1997 : 63). L'enjeu essentiel selon Philippe Lavigne-Delville « est que les droits des producteurs sur la terre et les ressources qu'ils exploitent soient sécurisés : pouvoir paisiblement cultiver ses terres ou alimenter son troupeau sans risque de voir ses droits subitement contestés. Ceci ne passe pas nécessairement par le titre foncier ni la propriété privée. Vouloir généraliser une propriété individuelle déstructurerait les sociétés paysannes avec sans doute une exclusion massive des ayants droits familiaux, femmes et jeunes, et guère d'avantages en termes de productivité : c'est d'abord le contexte économique qui limite la productivité de l'agriculture et non les structures familiales. De plus, si les transactions foncières peuvent être source de conflit là où elles ne sont pas l'objet de règles claires, dans la grande majorité des cas, les facteurs essentiels d'insécurité ne sont pas liés aux droits coutumiers : ils résultent du risque de voir quelqu'un immatriculer une terre sans qu'elle lui ait été cédée explicitement par les paysans qui la détiennent, de voir un emprunteur tenter de revendiquer la propriété de la parcelle, de voir un arbitrage rendu dans un sens contesté sans raison auprès d'une autre instance. Bref, l'insécurité foncière découle du fait que certains jouent sur les contradictions entre les règles locales et la législation pour revendiquer des droits illégitimes » (Lavigne-Delville 2003 : 15). Un point pertinent d'équilibre doit être identifié entre la législation foncière, le droit coutumier agricole et l'impératif de renforcement de la production. La loi d'orientation agro-sylvo-pastorale aborde cette épineuse question dans son article 22 consacré à la réforme foncière : « La définition d'une politique foncière et la réforme de la loi sur le domaine national constituent les leviers indispensables pour le développement agro-sylvo-pastoral et pour la modernisation de l'agri-culture. La politique foncière repose sur les principes suivants : la protection des droits d'exploitation des acteurs ruraux et des droits fonciers des communautés rurales, la cessibilité encadrée de la terre pour permettre une mobilité foncière favorisant la création d'exploitations plus viables, la transmissibilité successorale des terres pour encourager l'investissement durable dans l'exploitation familiale, l'utilisation de la terre comme garantie pour l'obtention du crédit,…». Mais le texte esquive le débat de fond en posant qu'« une nouvelle politique foncière sera définie et une loi de réforme foncière soumise à l'Assemblée nationale dans un délai de deux ans ».

Le défaut de diversification de la production est dû notamment à l'héritage colonial, mais aussi au manque de formation, d'initiatives et de moyens. La bous-culade des producteurs dans des secteurs où l'écoulement des produits est étriqué par la saturation est révélatrice d'une faible créativité économique. L'entreprenariat rural reste faible. Des créneaux potentiellement juteux comme la pêche crevettière, l'artisanat rural d'art, la production de viande à l'intention des hôtels et campe-ments, la pisciculture, la transformation des céréales locales (Broutin 2003 : 15), demeurent très faiblement exploités. Un secteur original comme le tourisme rural intégré est curieusement banalisé.

L'élevage est à la traîne. Le développement de ce secteur vital est inhibé par le comportement irrationnel de ses acteurs qui font du pastoralisme une activité peu performante. Cette incapacité des pasteurs à s'imposer dans le paysage économique explique, du moins en partie, qu'ils soient chassés des terres qu'ils occupent au profit d'activités plus ambitieuses. « Pour des raisons d'ordre historique, économique et socio-politique, le rapport des forces est nettement défavorable aux pasteurs qui se trouvent de ce fait contraints de céder la place aux exploitants agricoles ou de se débarrasser de leur bétail pour avoir le droit de demeurer dans leur zone d'implantation. Dans ces conditions, les systèmes d'accès et d'utilisation des terres connaissent des modifications rapides qui se traduisent par une réduction de l'espace pastoral dans les principales zones agro-écologiques du pays. Ce développement de l'emprise agricole au détriment des zones de parcours entraîne des conséquences d'autant plus préjudiciables que les systèmes pastoraux sont pour l'essentiel de type extensif et se trouvent actuellement confrontés à la nécessité de disposer de territoires plus vastes pour pouvoir entretenir un cheptel dont les effectifs ont considérablement augmenté depuis le début des années 1950 » (Touré 1997 : 1).

À cette contrainte spatiale s'ajoute le caractère faiblement productif dû à « une alimentation essentiellement tributaire de la production primaire herbacée elle-même sous la dépendance de la pluviométrie parfois aléatoire ; une mauvaise utilisation des sous-produits agricoles et agro-industriels indispensables à la suppléance des pâturages déficients mais également à l'intensification de la production ; des imperfections du système de commercialisation du bétail et de la viande ; l'absence d'un programme de formation en direction des éleveurs ».[105] Des solutions idoines sont à rechercher dans la formation et l'organisation des acteurs, le développement des cultures fourragères, la lutte contre le vol de bétail et les feux de brousse, le rationalisation de l'hydraulique pastorale, la diversification de la production animale,… « L'ISRA recommande l'extension et le renforcement des zones-refuges dans et autour du ranch de Doli et un mode de distribution de l'eau des forages par des bornes fontaines individualisées par campement ou par secteur. L'hypothèse sous-jacente est qu'il va en découler une responsabilisation des propriétaires de bornes dans la gestion de l'espace avoisinant, un éclatement de la charge animale, un ralentissement significatif des pertes de poids occasionnés par l'énergie détournée par la marche vers le forage et le retour aux pâturages. Le bétail ne sera plus forcé de boire une fois tous les deux jours en saison sèche ; il aura ainsi un temps de pacage plus long. Il est reconnu de façon empirique que la perte de poids causée par la diète hydrique est plus significative que celle due au déficit alimentaire » (Ndione 2005 : 10).

La diversification de la production agricole est un grand défi des autorités. Les initiatives prises dans ce sens commencent à porter des fruits à l'image du Programme Maïs lancé par le chef de l'État lors de la campagne agricole 2002-2003. D'autres produits comme le manioc, le sésame et le niébé sont en expérimentation pour une production d'envergure. Il faut espérer que les paysans retiennent la leçon et n'attendent plus les appels d'en haut pour explorer d'autres spéculations, briser le cercle vicieux de la monoculture et relancer une agriculture *mal partie*.[106] La diversification agricole appelle également une bonne maîtrise de l'eau. Le confinement aux cultures hivernales réduit sensiblement les activités agricoles dans le temps et dans l'espace. Au Sénégal les précipitations significatives se retrouvent surtout dans la partie sud et ne durent guère plus de trois mois. Les cultures irriguées tentent de prendre la relève, mais elles doivent être renforcées et sécurisées par la facilitation de l'accès des acteurs aux coûts des aménagements hydroagricoles, la maîtrise des barrages et la prise en compte des retombées environnementales. Le projet *Baawnaane* de pluies artificielles annoncé par les autorités autorise les paysans à reprendre espoir.

Dans une agriculture modernisée, le choix des spéculations doit résulter d'une étude prospective et non d'un conservatisme inopportun. En somme, il faut une approche projet.

L'approche projet

L'approche projet est indispensable en matière agricole. Les petites exploitations familiales de subsistance et de circonstance doivent dépérir au profit de véritables entreprises agricoles. L'entreprise agricole ne peut prospérer par une gestion au jour le jour. Elle doit s'organiser suivant un projet dûment conçu, intégrant les données issues de l'étude de marché, favorisant l'organisation de moyens suffisants autour d'objectifs réalistes tenant compte du milieu et des intrants et développant des activités permanentes de suivi-évaluation. Dans un système foncier rigoureux et cohérent, nul ne devrait accéder à la terre pour des besoins agricoles s'il ne présente pas un projet agricole à l'autorité chargée de la lui affecter. Cette précaution peut contribuer à une attitude plus responsable des affectataires de terre.

L'approche projet signifie également que l'acteur doit maîtriser son activité de bout en bout. L'activité agricole ne se limite pas à la production au sens strict. Elle doit se préoccuper des intrants agricoles en amont et des problèmes d'écoulement en aval. C'est dire que l'agriculture dans son ensemble ne se résume pas aux activités culturales ; elle intègre également des paramètres connexes liés à l'agriculteur et à son environnement. Thomas Sankara l'avait bien compris, au Burkina Faso, en fondant sa « Révolution » notamment sur « la modernisation et la rationalisation de l'agriculture, le développement de filières, la mise en place d'un circuit de commercialisation qui libère les paysans de l'emprise des commerçants spéculateurs, mais aussi la formation des paysans, l'alphabétisation et la lutte contre la chefferie » (Jaffré 1997 : 27). La culture de l'oignon au Sénégal produisant entre 80 et 100 mille tonnes par an illustre cette préoccupation. D'abord, le produit n'est pas de très bonne qualité[107] parce que le soin requis n'est pas toujours observé dans le choix des semences et les méthodes culturales. Ensuite, une partie de la production est bradée ou vouée à la pourriture en raison de problèmes d'écoulement. En l'absence d'abri-séchoir permettant de conserver le produit dans l'attente d'une plus forte demande, les producteurs sont astreints à déverser la production sur le marché et parfois à la céder à vil prix. Cela signifie que l'activité n'a pas été organisée dans un projet intégrant les variables d'investissement et d'écoulement. C'est la technique « produisons d'abord, après on verra ». Les pouvoirs publics ont pris des mesures tendant à protéger l'écoulement de la production locale d'oignon, mais n'ont pas pu résoudre l'équation de la spéculation ni celle de la qualité du produit. La pastèque est également dans ce cercle vicieux. Aucun projet significatif de conservation ou de transformation ne vient sécuriser cette production de plus en plus massive et particulièrement adaptée à la sécheresse.

Mais les actions de développement, même intégrées dans un projet, aussi pertinentes soient-elles, ne peuvent être réalisées sans des moyens adéquats.

Les moyens

La question des moyens financiers se pose en des termes relativement simples : comment obtenir le maximum de ressources financières possibles et comment les utiliser de façon optimale ? La première question soulève le problème de la maximisation des recettes financières et la deuxième celle de la rationalisation des dépenses.

La maximisation des recettes financières

La fiscalité locale mérite une réforme profonde. En entendant la réalisation de ce projet d'envergure, plusieurs solutions intermédiaires pratiques paraissent pertinentes. Notons parmi celles-ci : le relèvement du taux de la taxe rurale et l'exploration d'autres possibilités de recettes.

L'augmentation du taux de la taxe rurale

Les élus proposent que la taxe rurale, qui est aujourd'hui la principale recette des communautés rurales, soit rendue « obligatoire » afin de maximiser son recouvrement. Très rares sont les communautés rurales qui réalisent 100% de recouvrement de la taxe rurale.

Les communautés rurales qui soldent le montant total de la taxe rurale ont droit au fonds de concours ordinaire.[108] Rendre obligatoire le paiement de la taxe rurale permettrait d'avoir un pouvoir de contrainte légitime sur les contribuables récalcitrants, mais ne règlerait pas le problème du marasme financier des communautés rurales. En effet le taux de la taxe rurale (1000 F par contribuable et par an) est si faible que même si tous les contribuables payent, la somme totale obtenue ne permet de réaliser aucun investissement significatif. Dans la plupart des cas, ce montant ne permet même pas de réaliser une salle de classe équipée. Le rapport précité sur le développement humain au Sénégal estime que : « Le niveau inconsistant de la taxe rurale, dont l'acquittement est de plus en plus hypothétique dans certaines zones, ne permet pas aux collectivités locales de couvrir leurs dépenses obligatoires et de réaliser les investissements communautaires pour offrir des services aux populations » (PNUD 2001 : 38).

Les différents gouvernements, pour des raisons électoralistes, n'ont pas plaidé pour une augmentation de ce taux qui est resté le même pendant plus de trente ans, à l'épreuve de l'évolution rapide du coût de la vie. Comme aiment à le rappeler les chefs de carré :[109] « À l'époque, en vendant une chèvre, on ne parvenait à payer que la taxe rurale d'une seule personne membre du carré. Aujourd'hui les produits de la vente d'un cabri permettent le paiement de la taxe rurale pour tous les membres du carré, ce qui veut dire que le montant de la taxe rurale est devenu insignifiant ».

Ce taux devrait être au moins doublé pour présenter un intérêt réel par rapport à l'ampleur des tâches des élus. La pauvreté rurale n'a certainement pas atteint des proportions qui empêcheraient les populations de s'acquitter de la somme de 2000 F CFA par an. Cette innovation contribuerait à conférer plus de crédibilité à l'institution communautaire, à rendre les populations plus exigeantes à l'égard des élus et à rendre ces élus plus performants et plus ambitieux.

Loin de se limiter à cette taxe rurale, la mobilisation financière doit explorer d'autres créneaux.

L'exploitation des autres opportunités financières

En attendant la réforme annoncée de la fiscalité locale, il convient déjà d'exploiter les opportunités de recettes autorisées par la loi. Avant de réclamer de nouveaux droits, il faut d'abord exercer pleinement les droits déjà acquis.

Les recettes autres que la taxe rurale sont faiblement recouvrées. Il s'agit, par exemple, des droits d'occupation du domaine public, des droits de stationnement, des droits de fourrière, des droits de place, etc. Pour ces recettes spécifiques, le conseil rural doit :

- autoriser leur recouvrement par délibération ;

- en fixer le montant par la même délibération ;

- commander des vignettes en vue de leur recouvrement ;

- recruter des collecteurs, sauf disponibilité des agents du trésor.

D'autres stratégies porteuses méritent d'être expérimentées comme l'imposition de l'agriculture et de l'élevage et la confection de projets rentables.

L'imposition de l'agriculture et de l'élevage

L'improductivité de certaines recettes est due à la non-pertinence de la matière et de l'assiette fiscales. Les droits de place produisent de faibles recettes parce que les activités imposables à ce titre sont généralement de petits commerces aux revenus dérisoires. La patente est rarement recouvrée, car les activités à imposer dans ce domaine sont également de faible envergure ou dissimulées dans le secteur informel. Les droits de stationnement sont souvent dérisoires parce qu'en dehors des communautés rurales traversées par la route nationale, l'enclavement et la faiblesse des moyens de communication réduisent sensiblement les activités de transport de personnes et de marchandises. Curieusement, l'agriculture et l'élevage qui sont les principales activités du monde rural ne sont pas imposés. La taxe sur le bétail est supprimée sous prétexte de la sécheresse. Ainsi des propriétaires de centaines de têtes de bétail exercent gratuitement leur activité pastorale sur le sol de la communauté rurale. Cette dernière n'en profite pas directement et, au contraire, leur fournit des prestations en termes d'organisation des parcs à vaccination, de création de parcours de bétail, de subvention des comités de gestion de forages pastoraux, etc. L'élevage comporte bien sûr des coûts du point de vue de la couverture médicale et de l'alimentation du bétail, mais la vente de quelques unités permet bien souvent de couvrir largement ces dépenses pour tout le bétail. Le lait également constitue une source de revenus pour les éleveurs.

L'accès à la terre du domaine national est gratuit alors que la terre constitue la principale richesse de la communauté rurale. L'affectataire d'une parcelle du domaine national n'a certes pas un droit de propriété imposable au titre de la contribution foncière, mais le droit d'usage qu'il obtient lui permet d'exploiter personnellement ou avec l'aide de sa famille la parcelle délimitée à l'exclusion de tout autre membre de la communauté rurale. En effet, tant que dure l'affectation, l'affectataire est seul à pouvoir exploiter sa parcelle. Ce droit d'occupation et d'exploitation exclusive, dans le cadre de la communauté rurale conçue dans l'optique de la solidarité, mérite bien le versement d'une redevance à cette communauté.

Cette solution de rentabilité fiscale de la terre à mi-chemin entre la gratuité et la privatisation des terres du domaine national, permettrait, à coup sûr, de renflouer les caisses de la communauté rurale. Une taxe payée pour service rendu est toujours plus digeste qu'un impôt sans contrepartie identifiable comme la taxe rurale.

La recherche des ressources locales ne se limite pas à la fiscalité. Il faut capter d'autres fonds grâce aux projets.

La confection de projets rentables

Bien souvent, l'absence de financement des dynamiques de développement local ne relève pas de l'absence de bailleurs, mais de l'absence de projets cohérents et viables susceptibles d'accréditer la requête de financement. Parfois, la structure nécessiteuse, qu'il s'agisse de l'institution locale ou des organisations de base, ne sait pas à qui adresser telle ou telle requête de financement.

Même l'État n'accorde plus de financements sur simple demande. Pour bénéficier du fonds d'équipement des collectivités locales, les communautés rurales doivent présenter des projets d'investissement pertinents et compétitifs. La plupart des partenaires extérieurs n'accordent de financement que si l'activité entreprise est priorisée dans un plan de développement ou crédibilisée, justifiée et organisée dans un projet.

Les petits projets rentables peuvent être supportés par le micro-crédit. Que ces crédits soient distribués par le biais d'institutions mutualistes, de banques classiques, de caisses villageoises autogérées ou de tontines, ils doivent être rationalisés par des mesures d'accompagnement comme « l'organisation des marchés, la mise en place d'infrastructures économiques, l'aide technique aux producteurs » (Wampler 1997 : 26).

Dans un environnement économique et social où l'épargne est constamment menacée par le gaspillage et la thésaurisation, il convient de former les différents acteurs du développement local en techniques d'élaboration, d'exécution et de suivi-évaluation de projets. Le Ministère de la jeunesse s'attelle à cette tâche à travers la Direction de la Jeunesse et de la Vie associative, l'Agence nationale pour l'Emploi des Jeunes, la Direction des Études, de la Planification et de la Formation, le Service civique national, et surtout le Fonds national pour la Promotion des Jeunes (FNPJ). Mais sa cible est prioritairement constituée des jeunes. L'approche projet doit être généralisée à tous les niveaux. Elle permet de maximiser les chances de financement et de rationaliser l'utilisation du financement obtenu.

Lorsque le projet est rentable, sa réalisation procure des ressources à la communauté en contournant les lourdeurs des procédures fiscales. Toutes ces ressources doivent être utilisées de manière rationnelle.

La rationalisation des dépenses

Elle appelle la pratique des budgets de programme et la promotion des investissements.

La pratique des budgets de programme

La nomenclature budgétaire actuelle offre un cadre rigide opérant une présentation stérile des dépenses en lieu et place d'un classement fonctionnel et dynamique. Elle présente en elle-même de nombreuses anomalies. Par exemple l'article 207 du code des collectivités locales dispose que « les conseillers ruraux ont droit, lors des missions fixées par le président, à une indemnité journalière et à des frais de déplacement pour la participation aux travaux du conseil rural ». On ne retrouve dans la nomenclature budgétaire aucune rubrique consacrée à l'indemnisation des conseillers ruraux en mission. Le recours au chapitre « dépenses imprévues » est juridiquement inacceptable car, une dépense prévue par la loi ne peut être classée comme imprévue dans une nomenclature fixée par un règlement.[110] De plus, cette nomenclature ne classe pas les dépenses et les recettes par type de collectivité locale contrairement à la loi pour ce qui concerne les recettes. Ainsi, certaines communautés rurales réclament des contribuables la taxe sur les entrées payantes en référence à la nomenclature alors qu'une telle recette ne figure pas expressément parmi celles énumérées par les articles 251 et 252 traitant des recettes de la communauté rurale.

Le classement statique des dépenses a l'avantage de faciliter le contrôle budgétaire grâce notamment à la codification des postes de dépenses. Mais elle enlève à l'exécution du budget toute sa logique et toute sa lisibilité.

Tout en poursuivant la présentation de leur budget officiel selon la nomenclature actuelle, les communautés rurales gagneraient à élaborer des budgets de programme. Il s'agirait pour elles d'identifier et de classer les dépenses selon les différents programmes de développement retenus. Le choix des dépenses se ferait en fonction de leur pertinence par rapport à la réalisation des actions prioritaires. Ce budget de programme conforme au programme d'investissement consigné dans le plan local de développement pourrait couvrir une période plus longue que celle des budgets classiques. Lors des rencontres entre élus et populations (par exemple au moment du débat d'orientation budgétaire), ce budget de programme paraît plus pratique et plus pertinent à présenter que le budget classique comportant des termes comptables qui n'ont aucun répondant dans la conscience populaire. À l'occasion de la confection du budget classique, il s'agira d'inscrire les dépenses annuelles sciemment retenues en vue de la réalisation des programmes pluriannuels. Ainsi, l'élu local aura, sans se perdre dans des considérations techniques, à répondre concrètement à des questions simples :

- quels sont les programmes poursuivis ?

- quels ont été les moyens dégagés pour leur mise en œuvre ?

- quel a été leur degré de réalisation ?

- qu'est-ce qui reste à faire ?

- quels sont les moyens nécessaires pour poursuivre les programmes ?

- où trouver ces moyens ?

Mais le maître-mot pour accroître les ressources par le biais des dépenses, c'est la promotion des investissements.

La promotion des investissements

La communauté rurale a été conçue à l'origine pour répondre à la demande des populations rurales en infrastructures, équipements et services de base. Dans l'entendement du législateur, l'essentiel des ressources financières locales doit être orienté vers l'investissement dans le but d'accroître le patrimoine de la communauté rurale.

La taxe rurale qui est aujourd'hui la principale ressource des communautés rurales est une recette de fonctionnement. Son érection en recette d'investissement paraît plus conforme à la vocation de la communauté rurale. Par cette initiative, les contribuables seraient amenés à constater l'impact réel de leur principale contribution et manifesteraient, logiquement, plus d'engouement pour son paiement. Les recettes réservées à l'investissement sont toutes aléatoires comme l'excédent de fonctionnement, les dons et legs, l'emprunt, les fonds de concours, etc.

L'initiative privée étant dérisoire en milieu rural, les communautés rurales devraient opérer un interventionnisme économique[111] optimal en finançant la réalisation d'infrastructures économiques adaptées polarisant des activités imposables. En construisant des souks, la communauté rurale attire la patente et le produit de la location des souks. En construisant une gare routière, elle favorise le recouvrement des droits de stationnement et des produits d'occupation du domaine auprès des vendeurs installés autour de la gare routière. En construisant une fourrière, elle se prête au recouvrement des droits de fourrière et du produit de la vente des animaux mis en fourrière.

En dehors des retombées fiscales, les investissements accroissent le patrimoine de la communauté rurale, créent des emplois et crédibilisent l'institution communautaire.

La consistance des moyens financiers et matériels est donc indispensable à la marche du développement local au même titre que l'expertise des acteurs et la pertinence des actions. La combinaison de ces trois éléments interdépendants (l'action, les acteurs et les moyens) peut permettre de construire des outils adaptables à plusieurs situations, comme la clinique du développement local.

La Clinique du Développement local

La Clinique du Développement local, contrairement à ce que son nom pourrait indiquer, n'a pas pour objet de placer l'acteur local dans une position statique de patient, d'assisté. Elle vise principalement l'implication de cet acteur dans les différents diagnostics qui le concernent, que ceux-ci soient initiés par lui ou par d'autres. Elle doit toutefois, dans l'optique d'une plus grande participation des populations locales, être combinée à d'autres stratégies qui mettent davantage en valeur leur liberté et leur responsabilité.

Quel est l'intérêt de cet outil ? Comment peut-il être mis en œuvre ?

L'intérêt de la Clinique du Développement local

Il s'agit tout simplement d'une source d'inspiration pour la démarche en développement local. L'intérêt de la clinique du développement local se situe dans la transposition sur le terrain du développement de certaines qualités de la démarche médicale comme le traitement au cas par cas et la simplicité.

Le traitement au cas par cas

Le préjugé de l'efficacité des recettes stéréotypées d'inspiration académique et urbaine détourne les spécialistes du développement local de l'effort d'identification et d'analyse des spécificités physiques, sociales et culturelles des terroirs d'intervention. La même analyse, et donc la même solution sont souvent proposées pour toutes les situations apparemment similaires, sans tenir compte du réel. Lorsqu'on observe l'appui en planification locale de certains partenaires, on se rend compte que, malgré les clivages géographiques et socio-économiques des différentes communautés rurales, les plans d'actions finaux ont, à quelques nuances près, la même vision et le même esprit. C'est que le partenaire d'appui a déjà une vision plus ou moins précise du développement local, vision dont l'emprise, entretenue par d'importants moyens financiers et matériels, influence et réduit la liberté des populations dans le choix des priorités d'actions locales.

En médecine, il n'y a pas de recette standard. La même pathologie peut ne pas être traitée de la même manière chez tous les patients. En effet, le niveau d'évolution ou de gravité du cas à traiter n'est pas le même d'un patient à l'autre. Les patients ne présentent pas forcément les mêmes symptômes. Ils n'ont pas le même âge, le même sexe, la même capacité de résistance du système immunitaire, etc. Surtout, ils peuvent présenter des cas d'allergie à l'un des remèdes qui s'est pourtant révélé efficace ailleurs. Lorsque le médecin reçoit un patient victime d'une crise d'asthme, il ne traite pas l'asthme mais l'asthmatique. Le même remède appliqué au même cas pathologique peut être facteur de soulagement chez un patient et facteur de complication chez un autre.

Les solutions à apporter aux problèmes du développement local doivent êtres assises sur le réel. Elles doivent s'harmoniser avec la perception que les acteurs locaux ont de leur terroir et la qualité et la quantité des ressources mobilisables. Aucune ordonnance ne doit être validée si elle ne découle pas d'un diagnostic spécifique et précis du problème. Cette rigueur n'exclut pas la simplicité.

La simplicité

Tout citoyen a, en principe, au moins une fois, fréquenté une structure médicale. La démarche qu'il y subit est simple et logique, même si les traitements proprement dits sont souvent très complexes. On l'examine pour identifier le mal, on lui prescrit un traitement et, au bout du traitement, on vérifie si le mal est vaincu. En développement local, une démarche contraire serait hasardeuse. Il faut identifier les contraintes, déterminer les actions à mener pour les combattre et s'assurer, par le suivi-évaluation, que les objectifs sont atteints. La rigueur dans l'action n'exclut pas la simplicité. Cette simplicité est souvent un gage de performance dans la mesure où les acteurs impliqués, ayant une lecture aisée et donc une parfaite maîtrise du système, s'engagent dans la poursuite des objectifs de manière plus cohérente. L'introduction, dans le système, de techniques et méthodes insuffisamment assimilées est source d'incompréhensions, de gêne et de crispation des forces.

L'intérêt de la démarche médicale en développement local est incontestable au regard de sa mise en œuvre.

La mise en œuvre de la clinique du développement local

La démarche médicale suit la logique du diagnostic du traitement et du bilan. Elle s'intéresse également à la prophylaxie.

Le diagnostic

Le diagnostic est nécessaire et il doit être participatif, d'où le rôle actif du patient.

La nécessité du diagnostic

Sur le plan professionnel et déontologique, aucun médecin ne peut prescrire un traitement sans au préalable procéder à un diagnostic adapté. Ce diagnostic est nécessaire pour plusieurs raisons : l'analyse peut déceler dans l'organisme des spécificités qui rendent impropre le traitement classique pour une maladie dont les symptômes sont apparents avant même le diagnostic ; des symptômes similaires peuvent apparaître pour des maladies différentes.

La précipitation et le mimétisme sont des attitudes malheureusement courantes. Des cases de santé sans personnel qualifié ni équipements adéquats sont construites là où la sensibilisation sur les règles de prévention et d'hygiène est peut-être plus efficace. La construction d'un forage n'élimine pas toujours les maladies d'origine hydrique puisque les populations démunies des moyens financiers d'accès à l'eau du forage se rabattent sur l'eau des puits non sécurisée, en dépit des importants moyens financiers investis dans le forage. Des sommes folles sont dépensées pour la disponibilité de certains services alors que le problème se situe plutôt du point de vue de l'accessibilité de ces services.

Les outils et les méthodes du diagnostic sont déterminants. Un médecin qui utilise un tensiomètre pour traiter un cas de dermatose a peu de chances de guérir son patient. En développement local, les outils d'investigation doivent être adaptés aussi bien aux enquêteurs qu'aux enquêtés. Ils doivent également être bien assimilés. Lors d'un diagnostic participatif sur les ressources naturelles dans l'arrondissement Médina Sabakh,[112] dans le cadre du Projet de Gestion communautaire des Ressources naturelles (PGCRN) initié par l'USAID, certains membres de l'équipe d'enquête issus de la population étaient émerveillés par les outils de la MARP. Au moment des restitutions, ils faisaient étalage de l'usage qu'ils avaient fait des outils de la MARP et en définitive, enseignaient la MARP au lieu de présenter les résultats qu'elle a produits...

L'usage des méthodes avancées de diagnostic initiées par les partenaires produit des résultats certes valables, mais dont la compréhension et l'appropriation posent problème chez les populations, surtout lorsque celles-ci ne jouent pas un rôle actif dans le diagnostic.

Le rôle actif du patient

Le médecin traitant pose des questions au patient, le fait participer au diagnostic, lui demande de l'aider à l'aider. Le diagnostic médical est beaucoup plus difficile lorsque le patient n'est pas en situation de localiser le mal ni d'en exprimer l'intensité.

Le développement local va plus loin, car la communauté est à la fois l'acteur et l'objet du diagnostic. Elle est donc à la fois, l'ouvrier, la matière première et l'instrument de travail. Lorsque, comme c'est souvent le cas, le diagnostic est initié et organisé par un partenaire externe, la communauté doit y jouer un rôle de premier plan. C'est elle qui doit rechercher et exprimer les causes du mal ; c'est elle qui doit, en partenariat avec le médecin traitant, choisir parmi les voies de sortie de crise, celles qui paraissent les plus adaptées à ses capacités et à ses moyens. En effet, en prescrivant un médicament performant mais hors de portée de la bourse du patient, le médecin n'apporte aucune solution.

Le rôle actif du patient ne se limite pas au diagnostic. Il intègre le traitement.

Le traitement

Le traitement médical se caractérise notamment par sa rigueur et son suivi permanent.

La rigueur du traitement

Le traitement prescrit par un médecin est toujours strict. La notice des médicaments à prendre contient des indications minutieuses dont le non-respect peut être fatal. Le patient doit donc suivre scrupuleusement les prescriptions médicales pour s'affranchir de son mal.

Les actions de développement local décidées par le collège des acteurs doivent être exécutées comme telles. Le défaut de traitement d'une contrainte identifiée dans le plan peut conduire à l'aggravation de la contrainte, à la contamination d'autres secteurs ou à la germination de contraintes connexes. L'effectivité et la qualité des actions sont assurées au moyen d'un suivi permanent.

Le suivi permanent

Le médecin traitant n'attend pas la fin du traitement pour réexaminer le malade. Il vérifie en cours de traitement si les médicaments prescrits produisent les effets positifs escomptés. Au cas contraire, il peut modifier le traitement ou procéder à un autre diagnostic.

En développement local, le suivi est une activité, permanente et non séquentielle, de collecte d'informations destinée à s'assurer que les différentes interventions prennent une trajectoire susceptible de mener à la satisfaction des objectifs fixés. De même que le patient sous traitement doit lui-même être attentif à son état de santé et signaler au médecin traitant toute information utile, les acteurs locaux doivent effectuer eux-mêmes le suivi de l'exécution de leurs activités planifiées. Ce suivi participatif permet la maîtrise des opérations par les bénéficiaires. Il doit être complété par un bilan.

Le bilan

Après le traitement, un bilan s'impose pour s'assurer que le patient est bien rétabli, vérifier que le traitement n'a pas produit des effets secondaires et éventuellement rechercher d'autres cas à traiter.

En développement local, chaque victoire appelle un nouveau défi. L'évaluation des initiatives prises est indispensable et doit conduire à des mesures de redressement, de consolidation ou de réforme. Le bond vers une nouvelle action sans un bilan courageux de l'action précédente relève de la précipitation, de la loterie et de la dispersion des forces.

Un traitement est toujours difficile. C'est pourquoi, il doit, dans la mesure du possible, être évité au moyen d'une bonne prophylaxie.

La prophylaxie

En médecine, le meilleur et parfois le seul moyen de vaincre une maladie est de l'éviter. Lorsque le malade est traité, le médecin a le devoir de l'informer des mesures préventives destinées à éviter la rechute.

Les acteurs du développement local, sortis vainqueurs d'un défi doivent identifier et mettre en œuvre les garanties destinées à éviter la résurgence de la même contrainte. Le reboisement ne peut vaincre la déforestation si les coupes ne sont pas contrôlées. Le tracé de parcours de bétail ne règle pas les conflits entre agriculteurs et éleveurs si les limites ne sont pas matérialisées et surveillées.

La vulgarisation du droit en milieu rural peut prévenir les risques d'illégalité. La mise en place de cadres fonctionnels de concertation peut désamorcer les conflits sociaux au même titre que le renforcement de l'unité et de la solidarité de la famille d'acteurs appartenant à la même « *case* ».

La CASE du développement local

Le développement local organisé suppose un ensemble d'actions construites sur la base d'un solide consensus et dont la réalisation concourt à l'atteinte d'objectifs démocratiquement fixés : il faut un plan de développement local. Ce plan doit s'insérer dans le cadre d'une démarche globale culturellement adaptée à l'espace concerné et rassemblant toutes les forces vives du terroir autour de l'effort civique de développement. Dans cette optique, la démarche CASE (Communication – Action – Suivi-Évaluation) paraît adaptée au développement rural.

La philosophie de cette démarche se résume dans la notion de *case*. La case est une réalité bien familière de la culture africaine. Elle constitue la principale caractéristique de l'habitat des sociétés traditionnelles non encore envahies par la modernité d'inspiration occidentale. Elle renvoie à l'idée de famille, de proximité physique et psychologique, de solidarité interne, de partage. C'est ainsi que les expressions « case-foyer des femmes »,[113] « case de santé »,… traduisent l'idée de proximité, de convivialité, de communauté et d'intégration à l'environnement rural. Ainsi, cette démarche de développement local repose sur le socle de la solidarité, du consensus et de la fraternité active. Mais la famille peut s'élargir notamment par alliance, par voisinage ou par communauté d'intérêts. C'est pourquoi, le partenariat est une dimension capitale de la démarche CASE.

Dans le même esprit, cette démarche préconise la construction, dans un endroit stratégique de la communauté rurale, de la case du développement local, selon un style traditionnel quoique fonctionnel. Cet édifice expressif aura vocation à s'ériger en symbole de la solidarité active des populations et en centre d'impulsion et de coordination des actions de développement populaire. Cette CASE pendra donc l'aspect physique d'une case traditionnelle et va animer le processus de développement local sous la supervision du conseil rural. Le conseil rural est, en effet, l'organe local légalement investi de la prérogative de promouvoir et de conduire le développement de la communauté rurale. Mais dans la pratique, ses interventions sont d'une part lestées par les procédures budgétaires et comptables rigides et, d'autre part, dévoyées par les préoccupations électoralistes des élus. De ce constat découle la nécessité de mettre en place une structure d'appui comme la CASE qui se distinguerait par :

- *sa neutralité* : les clivages partisans et sociaux seraient aplanis au sein de la Case du Développement Local où les acteurs, éclairés par des séances de formation adaptées et débarrassés des querelles politiciennes par l'enracinement d'une culture citoyenne, n'auraient d'autres préoccupations que l'amélioration concrète des conditions de vie des membres du terroir ;

- *sa diversité de sa composition* : la case favoriserait la mobilisation des acteurs peu impliqués dans les cadres de concertation officiels : c'est le cas des jeunes, des femmes, des notables, des handicapés ou des acteurs économiques défavorisés au profit de l'agriculture, comme les éleveurs. Elle serait le terroir en miniature et associerait les élus, la population dans ses divers segments, l'État dans ses divers services, les partenaires au développement ;

- *l'égalité de ses membres* : au sein de la CASE, les parties prenantes du projet de développement local sont allégées des charges portées au sein des organisations qu'elles représentent. Les personnes impliquées n'y représentent pas forcément leur structure d'origine. Cela leur permet de travailler dans un cadre égalitaire, dans un esprit de fraternité et de partage d'une même ambition pour le terroir ;

- *sa souplesse* : la CASE, en plus des cotisations citoyennes, recevrait des subventions du conseil rural et des partenaires externes. Les interventions, quoique revêtues de la transparence financière, seraient exemptes des lourdeurs procédurales propres aux dépenses budgétaires, pour intégrer les préoccupations dynamiques de diligence et de rentabilité des dépenses effectuées.

Les relations entre la CASE et le conseil rural seraient rationalisées grâce au principe de la contractualisation. En effet, le conseil rural pourrait, sur la base d'une convention fixant les droits et les responsabilités de chaque parti, confier l'exécution d'un certain nombre de tâches liées au développement local à la CASE. Celle-ci pourrait ainsi, pour le compte du conseil rural par exemple, vérifier les conditions d'hygiène autour des points d'eau, surveiller les forêts pour les préserver des exploitations clandestines, tracer les pare-feux ou parcours de bétail, contrôler l'action des collecteurs d'impôts, vulgariser les décisions du conseil rural, réaliser des études ponctuelles pour préparer une prise de décision, etc.

Cette démarche renferme 3 composantes :

♦ **la Communication** : il s'agit d'élargir la circulation de la bonne information afin d'éclairer le maximum d'acteurs possibles et de les mobiliser, d'un vol égal, vers l'action ;

♦ **l'Action** : il s'agit d'entreprendre des actions organisées dans un plan démocratique aussi bien dans sa conception que dans son contenu et dont l'efficacité serait garantie par un suivi-évaluation optimal ;

♦ **le Suivi-Évaluation** : c'est un impératif d'efficacité permettant d'apprécier, de réajuster et de progresser. Ses résultats ouvrent des perspectives tant il est vrai qu'en développement local, toute nouvelle victoire crée de nouveaux défis.

La stratégie de communication

La CASE est un espace de proximité. Les acteurs qu'elle abrite sont condamnés à agir ensemble et donc à communiquer. Cette communication ne doit pas être laissée au hasard des humeurs et des évènements. Elle doit être organisée en vue de la réalisation des objectifs du groupe. La communauté rurale est relativement vaste puisqu'elle regroupe plusieurs villages dont le nombre dépasse parfois la centaine. Malgré une relative homogénéité, la perception du milieu par les populations peut connaître des clivages d'un village à l'autre ou d'un ménage à l'autre. La diversité d'opinion enrichit le groupe, mais peut le déstabiliser si elle n'est pas bien maîtrisée. Or, l'individu construit son opinion principalement à partir des informations qu'il reçoit. Il convient donc de mettre en place un système de communication permanente, permettant de hisser toutes les composantes du milieu au même niveau d'information et donc de renforcer la cohérence de leurs actions communes.

Ce système comporte plusieurs éléments :

♦ **la centralisation et le traitement de l'information** : les informations sont portées vers une ou deux personnes désignées pour un temps déterminé. Ces personnes sont chargées de rechercher et de vérifier l'information, de la mettre en forme pour pouvoir servir de relais fiables aux populations. Le Président du conseil rural, l'assistant communautaire, le président de l'association des chefs de village, le président de l'organisation de base la plus représentative, le représentant des notables, etc. pourraient, chacun, jouer ce rôle. En fait, ce n'est pas l'information elle-même qui est centralisée, mais c'est le système d'information qui comporte un centre stratégique de contrôle, de traitement et de diffusion. Cette responsabilité pourrait être tournante pour permettre à d'autres acteurs de la communauté rurale de se mettre en valeur et de s'instruire. En effet, la responsabilité d'informer juste appelle l'obligation de bien s'informer. Les résultats des enquêtes dans le cadre de la planification constituent une bonne base de données pour le centre d'information ;

♦ **le journal du développement local et la radio communautaire** : ils permettent de faire le point sur les actions menées et d'en informer les populations. Ils permettent aussi, et en retour, à ces dernières de s'impliquer, de défendre leur point de vue et de faire des suggestions pour le développement local à travers des débats démocratiques ;

♦ **le porte à porte** : il est rendu possible par la proximité et permet de détailler l'information et de recueillir la réaction des destinataires. L'information de proximité permet de désamorcer les fausses rumeurs porteuses de germes de confusion et de dissensions dans le village ou la communauté rurale ;

♦ **l'affichage :** à la faveur du recul progressif de l'analphabétisme, des affiches pourraient être apposées à des endroits aménagés à cet effet, pour véhiculer des messages utiles et renforcer l'information des populations sur les orientations de développement local. Pour les rendre attractives, ces affiches pourraient être imagées voire divertissantes mais toujours d'inspiration locale ;

♦ **les causeries :** la causerie est une valeur traditionnelle qu'il s'agit de rentabiliser comme moyen de construction des consensus. La chaleur et l'esprit de famille propres à la case contribueront à promouvoir ces causeries.

De la réussite de la communication entre acteurs dépend la performance des actions.

La stratégie d'action

Les actions ne sont admises que lorsqu'elles sont planifiées. La communauté rurale a reçu compétence en matière de planification. La Case ne doit pas être un acteur de plus. Deux cas de figure peuvent se présenter :

- si la communauté rurale ne dispose pas de plan local de développement, la Case pourrait :

- exiger la réalisation de cette opération auprès de l'instance locale en jouant donc un rôle de plaidoyer/lobbying/influence ;

- signer avec le conseil rural un contrat pour prendre en charge certaines opérations du processus de planification qui sont à sa portée : diagnostic participatif, animation des rencontres, recueil des données de suivi, etc.

- si la communauté rurale a déjà élaboré son plan local de développement, la Case pourrait :

- apporter son concours à l'exécution et au suivi du plan sur la base de contrats dûment signés avec l'institution locale ;

- approfondir la planification dans des secteurs particuliers présentant un intérêt spécial pour la communauté rurale en élaborant par exemple des projets sectoriels.

Quel est l'esprit de cette planification et quelles en sont les étapes ?

L'esprit

La stratégie de planification de la CASE est basée sur la participation, la simplicité et le recueil d'informations fiables. La CASE n'exclut aucune catégorie d'acteur durant tout le processus de planification. Il est inutile de mettre en œuvre des techniques de planification sophistiquées si celles-ci ne peuvent pas être comprises et appropriées par les bénéficiaires dont le niveau d'instruction est souvent faible.

Les étapes

Il n'existe pas de technique exclusive de planification, mais certaines activités paraissent incompressibles :

1. la mise en place d'un comité de pilotage (regroupant les principales composantes de la communauté rurale : élus locaux, mouvements associatifs, autorités administratives, opérateurs économiques, partenaires, etc.) chargé de conduire le processus de planification.

2. l'information des populations et la formation des acteurs (enquêteurs, décideurs) ;

3. le recueil des données ;

4. l'analyse des données recueillies ;

5. la restitution et la capitalisation des résultats ;

6. le choix et la justification des actions prioritaires ;

7. le montage du plan selon un cadre cohérent (actions, acteurs, dates, moyens, indicateurs de réussite, etc.) ;

8. la mise en œuvre du plan (le suivi étant une activité concomitante à l'exécution) ;

9. l'évaluation ;

10. la définition de nouveaux objectifs…

En particulier, le plan devra préciser les objectifs généraux, les objectifs spécifiques et pour chaque objectif, déterminer les actions à mener, l'acteur ou les acteurs, la source et le mode de financement, les modalités spatiales et temporelles de réalisation, les indicateurs de réalisation et d'impact. Il devra prévoir un système de suivi-évaluation.

Le Suivi-Évaluation

Il revêt deux caractéristiques principales.

(i)   Il est systématique : toutes les actions, sans exception, font l'objet d'un suivi de proximité et d'une évaluation périodique. Pour chaque activité, il est désigné un responsable de suivi (la même personne peut suivre plusieurs activités).

(ii)   Il est simple : il ne sert à rien d'imaginer des indicateurs rébarbatifs et hors de portée de la compréhension des populations et difficiles à appliquer. Les techniques avancées de montage de cadre logique sont utiles pour les bailleurs et les techniciens mais ne peuvent être utilisées par la plupart des cibles de la planification. Il s'agit tout simplement de vérifier, pour toute activité, sa réalisation et son impact selon le schéma suivant :

Tableau 4 : Le suivi-évaluation simplifié.

Prévision	Réalisation	Écart ou Impact	Explication	Mesures (de correction de consolidation ou de renforcement).
-	-	-	-	-

On remarque que, dans beaucoup d'évaluations d'initiatives de développement local, les auteurs s'intéressent essentiellement au degré de participation des acteurs ou à l'ampleur des actions entreprises comme si ces critères étaient des fins en soi. Ils n'évaluent pas le résultat de l'action, mais les moyens engagés pour réaliser l'action. La persistance de la pauvreté dans toutes les communautés rurales du Sénégal montre bien la faible portée des initiatives de développement dont certaines ont duré plus d'une dizaine d'années et englouti des moyens financiers immenses. Les auteurs de ces initiatives se vantent d'avoir réalisé telle ou telle action ou d'avoir mobilisé tel ou tel acteur, mais ne peuvent pas dire avec précision quels résultats palpables, quels progrès concrets et visibles on peut mettre à l'actif de leurs interventions.

Le suivi-évaluation est un exercice de correction de l'action donc de remise en question de soi et d'acceptation de l'erreur. L'andragogie nous apprend que l'adulte s'épanouit davantage dans une ambiance du groupe qui reconnaît le droit de toute personne de faire des erreurs et garantit la liberté d'expression. La proximité, la convivialité et donc l'esprit de tolérance de la Case devraient favoriser les critiques fraternelles et constructives au sein de la famille d'acteurs.

Bien qu'il soit indispensable, le suivi-évaluation fait appel à des considérations techniques souvent hors de portée des populations rurales. Sa mise en œuvre nécessite bien souvent l'appui d'une expertise externe mais respectueuse du contexte local, d'où l'intérêt de la Clinique du Développement local.

L'ensemble des outils du développement local devrait faire l'objet d'une systématisation. La diversité inhérente au développement local est rebelle à toute réglementation uniformisante, mais le souci de consolider les acquis et de prévenir les dérives doit conduire à consigner un certain nombre de normes générales et transversales dans une Charte du Développement Local.

La Charte du Développement local

Le vif engouement suscité par le développement local justifie que soient fixées les règles du jeu en la matière. La multiplication exponentielle des dynamiques de développement local doit être rationalisée à travers le respect d'un certain nombre de principes auxquels les acteurs se soumettent librement et en toute responsabilité. Ces principes et les orientations qu'ils suggèrent doivent être suffisamment larges pour ne pas emprisonner les initiatives locales souvent spontanées, passionnées et expansives dans des cloisons étanches.

L'opportunité et le contenu de la charte du développement local doivent être négociés par les acteurs dans une mouvance participative et intégrée. Mais l'observation du comportement des différents intervenants en développement rural, ainsi que l'étude de l'expression de leurs principales préoccupations, peut permettre de tracer, avec bien entendu une dose d'arbitraire, une esquisse de ce que pourrait être cette Charte du Développement local.

Dispositions générales

Article premier : Le développement local n'est pas une opposition à l'État ni à une idéologie. Tout en affirmant la liberté et la responsabilité de ses acteurs, il s'inscrit dans une perspective d'affinement, d'adaptation et de renforcement des programmes nationaux et internationaux de développement dans la mesure de leur pertinence en rapport avec les spécificités locales.

Article 2 : Le développement local est l'atelier de la collectivité locale. C'est donc le lieu de la création où les acteurs solidaires construisent des stratégies de gestion durable de la demande sociale locale. Cet impératif de mise en commun des forces du terroir n'exclut pas la liberté d'expression et d'initiative de chaque acteur et de chaque catégorie d'acteurs.

Article 3 : Le développement local n'exclut aucune catégorie d'acteurs. Il doit, en particulier, contribuer au renforcement de la place des femmes et des jeunes aussi bien au niveau des instances décisionnelles locales qu'au niveau des espaces de mise en œuvre des initiatives de développement local comme les mouvements associatifs.

Article 4 : Le développement local est indissociable des réalités du terroir. Il prend sa source dans le savoir local avant de s'ouvrir aux progrès de la modernité et à l'attrait de la mondialisation.

Titre I : De la performance des acteurs

Chapitre I : La communication entre acteurs

Article 5 : Les acteurs locaux mettent en place des cadres de concertation démocratiques et dynamiques pour construire des consensus sur les grandes orientations du développement local.

Article 6 : Ces cadres de concertation définissent librement leur propre mode de fonctionnement. Mais des mesures idoines sont prises pour garantir leur fonctionnalité et leur pérennité et pour rationaliser leurs relations avec les autres institutions et organisations locales.

Article 7 : Le conseil rural élabore, en partenariat avec les ressources humaines locales, un plan de communication général pour renforcer la lisibilité de ses actions et susciter un changement positif de comportements.

Article 8 : Des plans de communication sectoriels peuvent être initiés sur les questions jugées sensibles ou prioritaires.

Article 9 : La communauté rurale appuie la mise en place, dans chaque village, d'une instance de prévention et de gestion des conflits où sont présents ou représentés, au moins : le chef de village, les autorités coutumières ou religieuses, l'autorité administrative, les femmes, les jeunes, les organisations de producteurs.

Article 10 : Ces instances de gestion des conflits n'ont pas pour ambition de trancher des litiges ou de prononcer des sanctions. Elles tentent, par l'information et la sensibilisation, de prévenir les conflits potentiels ; et par la médiation et la conciliation, de susciter le rapprochement et le dépassement des parties en conflits.

Chapitre II : La formation des acteurs

Article 11 : L'organisation de sessions de formation destinées aux élus et aux organisations de base doit faire l'objet d'une négociation équilibrée entre les animateurs de la formation et les cibles de la formation en ce qui concerne les contenus, les outils, le calendrier et l'aménagement de l'espace pédagogique.

Article 12 : La formation en développement local est participative. Elle doit être conçue non comme une opération ponctuelle, mais comme un processus continu à travers lequel les besoins de formation quoique complétés par les formateurs, sont librement exprimés par les bénéficiaires qui jouent par ailleurs un rôle déterminant dans l'administration des modules et surtout dans la capitalisation, le suivi et l'évaluation des résultats de la formation.

Titre II : De la qualité des actions

Chapitre I : La légalité des interventions

Article 13 : Les diverses interventions entreprises par les acteurs s'insèrent dans le cadre tracé par les lois et règlements.

Article 14 : Le représentant de l'État met à la disposition de l'élu local, dans la mesure du possible, l'ensemble des documents relatifs à la réglementation des collectivités locales (conventions internationales, lois, décrets, arrêtés, etc.).

Article 15 : La collectivité locale prévoit dans son budget la formation des acteurs dont l'une des préoccupations majeures est l'information juridique de ceux-ci. Elle s'engage à tout mettre en œuvre pour réaliser les dépenses budgétaires prévues pour cette formation.

Chapitre II : La planification du développement

Article 16 : Le plan de développement de la collectivité local n'est ni un ensemble de souhaits irréalistes ni un paquet de techniques sophistiquées. C'est un ensemble d'actions construites et maîtrisées de bout en bout par les acteurs du terroir, les intervenants externes jouant simplement un rôle d'animation, d'appui et d'accompagnement.

Article 17 : Toute initiative, toute action de développement local doit répondre à une préoccupation exprimée dans le plan de développement de la collectivité locale ou s'inscrire dans la réalisation d'un projet articulé à ce plan.

Article 18 : Aucune catégorie d'acteurs, aucune force sociale du terroir n'est écartée, et sous aucun motif, de la conception, la mise en œuvre et l'évaluation du plan de développement de la collectivité locale.

Chapitre III : La coordination des actions

Article 19 : Il est conçu au niveau de chaque collectivité locale, la feuille de route du développement local.

Article 20 : La feuille de route dessine les grandes orientations de développement ainsi que les règles minimales de conduite des acteurs. Elle se présente à la fois comme un tableau de bord et un code de conduite qui organise, rationalise et harmonise les initiatives de développement local.

Article 21 : Le cadre de concertation prévu à l'article 5 assure l'harmonisation et la mise en cohérence des initiatives locales.

Chapitre IV : Des règles qualitatives de gestion

Article 22 : La transparence est érigée en principe intangible et transversal. Le conseil rural assure par la concertation, l'ouverture et l'affichage, la visibilité et la lisibilité de ses actes. L'information régulière des citoyens sur la gestion locale n'exclut pas l'exercice de leur droit de regard sur celle-ci.

Article 23 : Aucune action de développement communautaire n'est mise en œuvre sans que les acteurs n'en aient au préalable défini les modalités de suivi et d'évaluation.

Article 24 : Les acteurs du développement local, sans exception, s'engagent notamment dans le cadre visé à l'article 5, à présenter aux autres acteurs et à des intervalles à négocier, le bilan écrit de leurs interventions à des fins de mise en cohérence, de critiques constructives et de perfectionnement des interventions.

Article 25 : Les acteurs mettent en place des conventions locales respectueuses de la réglementation en vigueur et fixant des règles minimales destinées notamment à prévenir et à gérer les conflits, à adapter le comportement des acteurs impliqués aux objectifs qu'ils poursuivent et à renforcer la cohérence et la discipline des interventions.

Titre III : Les moyens

Article 26 : La communauté rurale conçoit chaque année, concomitamment au vote du budget, avec la population et ses autres partenaires, un plan de mobilisation financière décrivant l'ensemble des opérations participatives et concrètes à mener à l'intérieur comme à l'extérieur pour maximiser les ressources financières locales.

Article 27 : Les organisations communautaires de base conçoivent également des plans de mobilisation des ressources intégrant notamment la redynamisation des cotisations internes et la confection de requêtes de financement compétitives.

Article 28 : L'examen, par le conseil rural, du compte administratif n'exclut pas la responsabilité de l'exécutif local d'informer directement et régulièrement les contribuables sur l'utilisation de leurs contributions.

Cette proposition de charte déjà enrichie des points de vue recueillis auprès de nombreux acteurs (élus, mouvements associatifs, agents de l'État, notables, agents de projet, militants de partis politiques, etc.) pourrait constituer un matériau de base en vue de la conception d'une véritable Charte du Développement Local impliquant officiellement toutes les parties concernées. Pour ce faire, un processus global et dynamique s'avère nécessaire, incluant notamment :

- l'atelier de lancement constitutif d'un cadre de concertation, d'action et de coordination (ou l'organisation des Assises du Développement Local) ;

- le diagnostic participatif, général et profond du développement local ;

- les rencontres sectorielles et consultations auprès des différents acteurs concernés dûment catégorisés ;

- l'atelier de restitution des résultats du diagnostic et d'analyse des attentes des cibles ;

- la rédaction de la Charte ;

- l'Atelier de validation ;

- la rédaction finale et l'adoption solennelle de la Charte.

5

Conclusion

Le développement local au Sénégal n'est-il donc pas mal parti ? La décentralisation territoriale, censée lui apporter un soutien formel, s'embourbe dans un mimétisme juridique perceptible dans le parachutage de textes inadaptés au réel et dans le manque de formation des élus ainsi que le caractère encore balbutiant des stratégies de mobilisation financières locales. Les efforts de l'État en faveur d'une décentralisation dynamique et conquérante, intégrant la relance de l'économie locale et le développement de projets communautaires d'envergure significative, sont gangrenés par l'attitude clientéliste des gouvernants qui fait primer les calculs électoraux sur la nécessité de percer l'abcès pour aller de l'avant et s'apparente, en définitive, à la formule « Abrutir pour mieux régner ». Les partenaires au développement ont indubitablement le mérite d'avoir prodigué un appui financier et méthodologique précieux à la conception et à la réalisation des initiatives locales, mais ont péché par le diktat insidieux de leurs méthodes d'intervention empreintes de préjugés, donc faiblement amarrées aux perceptions locales et, parfois, par la corruption déguisée de leurs cibles à travers le phénomène du *perdiemisme*, notamment lorsque les appuis proposés n'emportent pas l'adhésion massive de ces cibles.

En milieu rural, le décollage est inhibé par l'exode rural à la place de l'entreprenariat rural, l'attentisme au lieu d'un sursaut imaginatif et créatif. Il urge d'opérer une rupture salvatrice d'avec cette conception paternaliste et condescendante qui fait du rural un indigent. L'option clairement affichée par les pouvoirs publics de faire du secteur primaire le moteur de la relance a peu de chances de réussir si les principaux acteurs de ce secteur que sont les ruraux ne font pas preuve d'un esprit d'entreprise. Les réformes urgentes ne peuvent découler que d'une évaluation sans complaisance de l'existant. L'approche critique n'est donc pas une marque de pessimisme. Elle est le terreau fécond des remises en question et le tremplin courageux du progrès et du changement.

Au Sénégal, comme dans les autres pays africains, une analyse pertinente du développement local comme moyen de sortie de crise doit prendre en compte l'environnement politique et culturel. Or, le paradoxe africain est déconcertant.

L'Afrique est le continent qui a le plus besoin de ressources pour s'extirper de la spirale de la pauvreté, mais c'est également le lieu où les ressources humaines sont brimées sur la base de considérations tribales ou ethniques et où les deniers publics, du reste précaires, sont régulièrement agressés par la culture de la corruption exacerbée par la rapacité des dirigeants. L'Afrique est le continent où l'initiative privée est plus que jamais urgente pour suppléer les insuffisances de l'interventionnisme étatique, mais c'est aussi le lieu ou l'épargne privée est reversée dans l'achat de bien ostentatoires et improductifs et dans la polygamie abusive. Alors que la fragilité des pseudo-nations africaines rend urgente la présence d'États forts, l'État en Afrique s'enfonce dans des spéculations partisanes et des querelles meurtrières autour du pouvoir. Incontestablement, c'est « la carence des encadrements et d'abord des encadrements étatiques qui plongent l'Afrique dans des situations extrêmement difficiles » (Dubresson et Raison 1998 : 10). Malgré la précarité économique s'épuisant essentiellement dans le développement d'un secteur informel chaotique et les précarités sociales perceptibles notamment dans la mendicité infantile, le faible accès à un logement décent et aux soins de santé primaires, l'africain garde le sourire.

Le sourire et la mort se côtoient quotidiennement dans le cadre d'un compagnonnage gouverné par le fatalisme et le dogmatisme. Car, alors que l'africain se distingue par son engouement pour les fêtes dispendieuses (Mathieu 2005 : 9) organisées pour tout prétexte (baptême, retour d'un fils de l'Europe, rencontre de Chefs d'États au sujet d'une guerre meurtrière, retour d'un pèlerinage religieux, deuil (Alissoutin 2005 *Le Quotidien* n° 630 : 9), la mortalité et la morbidité font des ravages souverains sans qu'aucune initiative endogène significative soit prise pour désamorcer cette *négrologie* (Smith 2003 : 15).

Cet environnement global ne peut être ignoré lorsqu'on se propose d'analyser le comportement des acteurs engagés dans des dynamiques de développement national et local. Il est impératif que soient adoptés, à tous les niveaux, des comportements conformes aux exigences de justice, de transparence, de gestion participative et rentable, de sécurité sociale. Le sommet des chefs d'État en charge du NEPAD, tenu à Kigali au Rwanda les 13 et 14 février 2004 a tenté de déterminer les critères de bonne gouvernance. L'application de ces critères nationaux ne peut prospérer que si le souci de bonne gouvernance est répercuté au niveau local. Le développement local restera un mythe de Sisyphe, tant que ne seront pas garanties, durablement, les normes minimales de bonne gouvernance locale. Après des décennies de gestion patrimoniale du service public et de citoyenneté vacillante, l'enracinement d'une culture de bonne gouvernance exige des ruptures fondamentales, tant dans l'attitude des gouvernants que dans la mentalité des gouvernés. Ces ruptures, ainsi que les sacrifices qu'elles réclament, constituent la rançon du progrès. En effet, comme nous l'enseigne, à juste titre, Théodore Jouffroy, « Il faut donc choisir de deux choses l'une : où souffrir pour se développer, ou ne pas se développer pour ne pas souffrir ; voilà l'alternative de la vie, voilà le dilemme de la condition terrestre » (Jouffroy 1843 : 25).

Notes

1. Ce titre d'ouvrage assez provocateur a suscité de vives réactions des lecteurs dont certains ont accusé l'auteur d'afro-pessimisme. Les dérives que l'auteur dénonce sont pourtant couramment observées. Elles sont également perceptibles dans les institutions locales à tel point qu'on peut se demander si le retard du développement local en Afrique n'est pas imputable aux comportements des Africains eux-mêmes.
2. Une des principales langues nationales usitées au Sénégal.
3. Personne qui vient de loin ou de la brousse et qui est dépassée par la modernité.
4. Ayant largement bénéficié de l'influence coloniale, le Sénégal a pris une certaine avance sur les autres pays de la sous-région qui n'ont expérimenté la décentralisation territoriale que vers les « années 90 » pour la plupart. Parmi ces pays, rares sont ceux qui ont appliqué la décentralisation au monde rural.
5. Réunion tenue avec le réseau des bailleurs de fonds en décentralisation dans les locaux du Ministère de la Décentralisation en 2003.
6. L'ouvrage est peu récent (1979), mais demeure d'une grande actualité pour le chercheur en sciences sociales.
7. Ces investigations se sont déroulées dans la période 2001-2004, sous l'égide de l'Université Gaston Berger de Saint-Louis et sous l'éclairage du Directeur de Thèse, le Doyen Samba Traoré, Professeur à l'UFR de Sciences Juridiques et Politiques.
8. Le droit positif est le droit applicable, le droit en vigueur ; il se confond au droit étatique par opposition au droit coutumier ou traditionnel, généralement non reconnu par le pouvoir officiel.
9. Les communes à statut spécial seront versées dans le droit commun par la loi n° 90-35 du 8 octobre 1990, *JORS* n° 5372 du 13 octobre 1990.
10. La Constitution de la République du Sénégal dispose en son article 102 du titre VI consacré aux collectivités locales que : « Les collectivités locales constituent le cadre institutionnel de la participation des citoyens à la gestion des affaires publiques. Elles s'administrent librement par des assemblées élues ».
11. Ces règles découlent principalement de la loi n° 72-61 du 12 juin 1961 portant code de la famille, modifiée, *JORS* 1972, p. 1295, du code pénal et du code des collectivités locales précité.
12. Appellation courante du Président du Conseil rural.
13. Article 258, alinéa 3 du Code des collectivités locales.
14. La célébration du mariage ne peut être effectuée que par le maire dans les communes, le sous-préfet dans les communautés rurales, ou leurs délégués respectifs.
15. L'article 18, alinéa 1 du décret n° 64-573 applicable aux zones des terroirs dispose que : « Les terres de culture et de défrichement sont affectées aux membres de la communauté,

groupés ou non en associations ou coopératives, en fonction de leur capacité d'assurer directement ou avec l'aide des membres de leur famille, la mise en valeur des terres ».

16. La taxe rurale (Loi n°72-59 du 12 juin 1972) est actuellement la principale recette des communautés rurales. Elle est payée au chef de village qui la verse au trésor pour le compte de la communauté rurale.

17. Article 222 du Code des collectivités locales.

18. Article 258, alinéa 1, du Code des collectivités locales.

19. Le dernier alinéa de l'article 222 du Code des collectivités locales est très vague et très problématique. Il dispose que : « La convocation est faite par le président du conseil rural, par le moyen le plus approprié »…

20. Article 230 du Code des collectivités locales.

21. Commémoration religieuse annuelle drainant des milliers de fidèles vers la ville sainte de Touba (Région de Diourbel située au centre du pays) pour célébrer le départ en exil du Marabout Cheikh Ahmadou Bamba.

22. Cérémonie religieuse commémorant la naissance du Prophète de l'Islam et drainant de nombreux fidèles vers des lieux de prières, notamment la ville de Tivaouane, siège de la confrérie Tidiane.

23. Village-centre de la communauté rurale du même nom, située dans le Département de Foundiougne, Région de Fatick.

24. Article 231 du Code des collectivités locales.

25. Article 2 de la loi sur le domaine national précitée.

26. Ancien Garde des Sceaux, Ministre de la Justice du Sénégal.

27. Article 6-E du code du domaine de l'État.

28. Article 195-16 du code des collectivités locales.

29. La loi de finances 2005 consacre environ 40 % des ressources publiques au secteur de l'éducation.

30. Conférence mondiale sur l'Éducation tenue à Jomtien (Thaïlande) en 1990 ayant abouti à la Déclaration sur l'Éducation Pour Tous en l'an 2000 à la laquelle le Sénégal a souscrit.

31. Le Concept d'Éducation Pour Tous a évolué pour intégrer la préoccupation de la Qualité. On parle alors d'Éducation de Qualité Pour Tous (EQPT).

32. Articles 11 et 12 du décret n° 96-1133 du 27 décembre 1996, portant application de la loi de transfert de compétences aux régions, aux communes et aux communautés rurales en matière de planification.

33. Les avis sont partagés sur ce point. Une compétence transférée est-elle une activité obligatoire pour la collectivité locale ou une simple faculté qu'elle peut exercer ou non selon ses moyens et ses priorités ? Toujours est-il qu'aucune sanction expresse n'est prévue contre une communauté rurale qui ne dispose pas d'un plan local de développement.

34. Le Ministère chargé de la Décentralisation a reconnu cette lacune notamment dans sa communication devant le Conseil national de Développement des Collectivités locales tenu en 2003 : « Comme vous le savez, la mise en place du Fonds de Dotation de la Décentralisation, accuse chaque année un retard considérable. Les collectivités locales ne disposent effectivement de ces ressources que dans le dernier trimestre de l'année budgétaire ». Il s'est, par la même occasion, engagé à corriger ce retard.

35. Décret n° 66-510 du 4 juillet 1966, *JORS* du 23 juillet 1966 : 891-900.

36. Article 19, alinéa 5, de la loi 72-25 sur les communautés rurales précitée.

37. Propos recueillis par *Grain de Sel* n° 24 d'octobre 2003, dans la rubrique *comment combiner nos ressources propres avec les apports de l'aide*, p. 35.

38 Méthode active de Recherche et de Planification participatives.

39 Outil de la Marp consistant à traverser à titre exploratoire un espace donné en notant la qualité, la quantité et l'évolution des ressources qui s'y trouvent.

40. Arrondissement de Rao, département de Saint-Louis, région de Saint-Louis.

41 Point de vue exprimé lors d'un atelier sur la recherche de financements, organisé par le Réseau africain pour le Développement intégré (RADI) à Saint-Louis, du 10 au 13 janvier 2005.

42. Dans son ouvrage *L'éthique protestante et l'esprit du capitalisme*, Paris, Presses Pocket, 1985, Max Weber a amplement démontré que les valeurs religieuses positives peuvent être un catalyseur du développement. Ce sont, selon l'auteur, les vertus morales d'inspiration protestante qui ont inspiré la révolution industrielle en Angleterre.

43. L'échantillonnage a été effectué selon la méthode probabiliste.

44. Département de Fatick, Région de Fatick.

45. Une des ethnies dominantes au Sénégal.

46. Communauté rurale de Dodel, Département de podor, Région de Saint-Louis.

47. Le PNUD par exemple utilise le concept d'Indice de Développement humain (intégrant notamment : le niveau de longévité, l'instruction et les conditions de vie) certes pertinent dans sa conception mais très peu assimilé par les pauvres eux-mêmes.

48. Groupements d'Intérêt économique créés par la loi n° 84-37 du 11 mai 1984, *JORS* du 28 mai 1984, PP. 319 – 321, pour favoriser notamment l'accès des jeunes aux emplois non salariés.

49. *Le Joola* est ce bateau chargé de la navette entre Dakar et Ziguinchor et qui a sombré au large des côtes gambiennes emportant près de deux mille passagers dans des conditions atroces. Il est constant que le naufrage du bateau est dû à la légèreté des autorités qui en avaient la charge et à l'indiscipline des passagers qui tenaient à monter à bord malgré l'évidence de la surcharge. Cf : Le naufrage de la justice sénégalaise dans *le Joola*, *op. cit.*

50. Restitution de l'Équipe sénégalaise du groupe de travail *Décentralisation et Développement local* lors de l'Atelier international de Restitution tenu à Dakar en avril 1998 et ayant regroupé, outre la délégation sénégalaise, celle du Zimbabwe et du Togo.

51. Voir également le décret n° 72-1288 du 27 octobre 1972 relatif aux conditions d'affectation et de désaffectation des terres du domaine national comprises dans les communautés rurales, *JORS* du 18 novembre 1972, p. 1894, modifié par le décret n° 80-1051 du 14 octobre 1980, JORS du 11 janvier 1980, p. 1298, modifié par le décret n° 86-445 du 10 avril 1986, *JORS* du 10 mai 1986, p. 198.

52. Certains soutiennent que le membre de la communauté rurale, c'est tout simplement celui qui y paye ses impôts.

53. Dès son accession à la magistrature suprême, le Président Abdoulaye Wade, dans un souci d'innovation, avait émis l'idée d'un redécoupage territorial tenant compte des spécificités culturelles avec des régions qui devaient changer de nom en conséquence. Les fortes passions qui avaient animé les travaux préparatoires ont conduit à la suspension du projet.

54. Allocution du Président de l'Association nationale des Conseillers ruraux à la Cérémonie d'Ouverture de l'Atelier de Réflexion sur la *Réforme de la fiscalité locale,* Dakar, les 7 et 8 février 2003.

55. Arrondissement de Tengory, Département de Bignona, Région de Ziguinchor.

56. Cellule d'Appui aux Elus Locaux, *Plan stratégique 2003-2007*, Dakar, décembre 2002.

57. Arrondissement de Thiénaba, Département de Thiès, Région de Thiès.

58. Arrondissement de Sibassor, Département de Kaolack, Région de Kaolack.

59. Il s'agit d'un stage de formation des volontaires d'appui au développement local effectué en mai 2000 dans le cadre du Programme *Initiative pour le Développement local* financé par l'UNICEF, piloté par le Service Civique national et réalisé, en ce qui concerne la formation, par le Groupe de Recherches, d'Études et de Formation (GREF). Lire les pages 23 et 24 du rapport de stage.

60. Région de Thiès, Département de Mbour.

61. Circulaire Interministérielle du 1er janvier 1984 visant la création et la généralisation des comités de gestion de forages hydrauliques en milieu rural adressée au Ministre de l'Hydraulique, au Ministre de l'Intérieur, au Secrétaire d'État à la Décentralisation et aux Gouverneurs de région.

62. Groupe de Recherches, d'Études et de Formation : cabinet d'études et de formation bas é à Dakar et spécialisé en décentralisation et développement local.

63. Dans le Titre II consacré à la Région, le Code des collectivités locales dispose en son article 28, alinéa 4, que « les membres du bureau, en raison des responsabilités qui leur sont dévolues, doivent savoir lire et écrire ». En ce qui concerne les communes, l'article 101 du même texte prévoit que « le conseil municipal élit le Maire et ses adjoints parmi ses membres sachant lire et écrire ».

64. Cette délégation est une simple faculté. En effet, l'article 211 du Code des collectivités locales dispose : « Le président du conseil rural est officier de l'état civil. Sous sa surveillance et sa responsabilité, il peut déléguer cette fonction … ».

65. Dans sa nouvelle lettre de politique de développement du secteur de la jeunesse, le ministère de la jeunesse considère comme jeune, tout citoyen âgé entre 18 et 35 ans.

66. Ce sondage a touché une population de 194 individus. Le procédé de tirage adopté a été basé sur la méthode probabiliste, avec un taux de sondage de 1/3 appliqué à chaque catégorie de cible. Un tirage par quota basé sur des critères de sexe a été utilisé pour garantir la représentativité dans chaque catégorie de cibles.

67. L'article 266 dispose bien dans son dernier alinéa que : « Le comptable public est tenu de transmettre à la collectivité locale sa situation comptable mensuelle et son compte de gestion annuel ».

68. Les Centres d'Expansion Rurale, devenus par la suite Centres d'Expansion Rurale Polyvalents, sont créés par la loi n° 60 -14 du 13 janvier 1960, *JORS* n° 3355 du 29 janvier 1960, pp 74-75. Ils sont aujourd'hui appelés Centres d'Appui au Développement local (CADL).

69. L'État du Sénégal a décidé d'octroyer une indemnité mensuelle de 150 000 F CFA aux PCR qui recevaient en moyenne 20 000 F CFA puisés sur le budget local. Mais il s'agit d'une décision toute nouvelle qui ne peut servir d'explication aux farouches compétitions électorales précédentes.

70. Nom traditionnel donné au maître de l'eau.

71. Nom donné en pular au diable habitant l'eau.
72. Classe noble au sein de l'ethnie pular au Sénégal.
73. Département de Linguère, Région de Louga.
74. Département de Tivaouane, région de Thiès.
75. Nom local donné à une personne de race blanche et de manière générale à toute personne de culture occidentale.
76. Arrondissement de Ndiedieng, département de Kaolack, région de Kaolack.
77. Source : Plan Local de Développement disponible au Programme Bassin Arachidier, à la maison communautaire et à la sous-préfecture de Ndiedieng, p. 88.
78. Arrondissement de Mbadakhoune, département de Gossas, région de Fatick.
79. Arrondissement de Paos Koto, département de Nioro, région de Kaolack.
80. Ces descentes inopinées, de plus en plus nombreuses, sont couramment appelées *Opération coup de poing*.
81. Arrondissement de Sibassor, Département de Kaolack, Région de Kaolack.
82. Directeur du Fonds International de Développement Agricole (FIDA).
83. Directrice de la Famille au Sénégal.
84. Interview, Magazine *Microfinance et Développement*, n° 1 avril/juin 2004, p.15.
85. Directeur du Centre International du Crédit Mutuel (CICM) en France.
86. Nom traditionnel donné aux tontines organisées par les femmes regroupées en association de solidarité.
87. Ministère chargé des Collectivités locales, Conseil national de Développement des Collectivités locales. Fonds de dotation de la décentralisation, évolution 1997-2003, Dakar, novembre 2003.
88. Discours présidentiel du Nouvel An, janvier 1981.
89. Propos cités par Yves Hardy, 1997, *Le partage de l'eau, enjeu du prochain millénaire, Grain de sel* n° 6, p. 5.
90. À la dernière élection locale du 12 mai 2002, 14 352 candidats ont été élus au total.
91. Certains candidats aux élections demandent aux électeurs de ne plus payer les impôts pour s'attirer leur sympathie.
92. Cette opinion n'est d'ailleurs pas absolue. Le Conseil National de Concertation des Ruraux (CNCR) a entrepris une tournée nationale de sensibilisation pour décrier la politique agricole du gouvernement en place.
93. Projet Conservation des Terres du Littoral financé par l'Agence Canadienne de Coopération Internationale.
94. Arrondissement de Keur Moussa, Département de Thiès, Région de Thiès.
95. Sur ce point, l'article 299 du Code des collectivités locales dispose : « Le conseil rural peut former des commissions pour l'étude des questions entrant dans ses attributions ». Ainsi on peut retenir que : d'une part, la création des commissions n'est pas obligatoire pour les conseils ruraux et, d'autre part, elle n'est pas une attribution exclusive du PCR, mais relève plutôt du conseil rural souverain.
96. RMDL tenues à Sherbrooke, Canada, en octobre 1998 avec 1000 participants environ.
97. L'article 265 du code des collectivités locales dispose que : « Le président du conseil régional, le maire, le président du conseil rural tiennent la comptabilité des recettes et des dépenses de la collectivité locale. Le compte administratif pour la gestion close doit être présenté au conseil qui délibère ». Selon l'article 266, « Le comptable public est tenu de

transmettre à la collectivité locale sa situation comptable mensuelle et son compte de gestion ».

98. Au Sénégal, la pauvreté a conduit à l'émiettement des dépenses des ménages. Dans l'impossibilité d'assurer un ravitaillement mensuel, le chef de famille s'efforce de couvrir les besoins indispensables au jour le jour. C'est ainsi que les denrées alimentaires de base (lait, sucre, riz, huile,…) sont principalement vendues par les détaillants.

99. On voit de plus en plus apparaître des Associations Sportives, Culturelles et de Développement (ASCD) et des Associations de Développement (AD).

100. En principe, ils sont tous titulaires d'un baccalauréat et la plupart d'entre eux ont exercé, pendant deux ans, la fonction de volontaire du service civique national.

101. Séminaire organisé par Goethe Institute et l'Université Gaston de Saint-Louis du 1er au 3 avril 1998.

102. L'approche projet est un terme fréquemment utilisé dans le milieu des ONG. Il traduit le bannissement des activités incohérentes, approximatives et inadaptées et la nécessité de préparer l'action par la confection d'un projet dont la logique et la cohérence sont garanties par les diverses études pertinentes préalables.

103. Exposé des motifs de la loi n° 2004-16 du 4 juin 2004 portant loi d'orientation agro-sylvo-pastorale.

104. Loi 2004-16 du 4 juin 2004.

105. Plan d'Action pour l'Elevage, Ministère du Développement rural, juin 1988.

106. Parodie du titre de l'ouvrage de René Dumont, *L'Afrique noire est mal partie,* Paris, Le Seuil, 1962, dans lequel l'auteur relève l'incapacité des africains à abandonner la monoculture imposée par le colonisateur qui, pour servir ses intérêts, avait substitué les cultures vivrières indispensables à l'autosuffisance alimentaire, à des cultures commerciales destinées à l'exportation.

107. Les femmes en général se plaignent de l'excès d'eau dans les oignons produits localement qui allonge inutilement le temps de cuisson.

108. Certains élus ont décrié la politisation de l'octroi des fonds de concours.

109. Personnes chargées de récupérer la taxe rurale auprès des différents ménages composant le carré et de la verser au chef de village.

110. Arrêté interministériel n° 010830 du 1er décembre 1993 fixant la nomenclature du budget des collectivités locales.

111. L'article 306 du code des collectivités locales dispose que : « Les collectivités locales et leurs groupements peuvent exploiter directement, en régie, des services d'intérêt public à caractère industriel et commercial dans le cas où l'intérêt public l'exige, et notamment, en cas de carence et d'insuffisance de l'initiative privée ». La faiblesse de l'entreprenariat rural d'une part, et le quasi-dénuement du monde rural en infrastructures et équipements économiques et sociaux d'autre part, rendent impérieuse l'interventionnisme économique des communautés rurales.

112. Département de Nioro, région de Kaolack.

113. Bâtiments construits par les pouvoirs publics en forme de case sur toute l'étendue du territoire et où les groupements de femmes se retrouvent pour développer leurs différentes activités de promotion féminine.

Références

ABC Ecologie, 1998, *Réflexion sur les enjeux de l'aide au secteur agricole en Afrique Subsaharienne, contribution du Niger,* janvier. Les propos de l'enquêté sont repris par *Grain de sel* n° 9, mars 1998 : 14.

ABECEDAIRE du développement local du Groupe Développement local-Décentralisation de l'Inter-Réseaux (brochure), p. 1.

Adams, Adrian, 1979, "An open letter to a young researcher", *African Affairs,* 78, n° 313, October.

Ahanhanzo, Maurice, 1985, « L'État africain horizon 2000 », Introduction à *Mélanges à Pierre François Gonidec,* Paris ! LGDJ.

Alissoutin, Rosnert Ludovic, 1996, « Des enjeux économiques de la régionalisation », *Gouvernance locale,* 3.

Alissoutin, Rosnert Ludovic, 2004, « Les dérives de l'Islam sénégalais », *Walfadjri* n° 3787 du 25 octobre : 10

Alissoutin, Rosnert Ludovic, 2004, « Le naufrage de la justice sénégalaise dans le bateau « Le Joola » », *Jeune Afrique L'Intelligent* n° 2285 du 24 octobre : 107 ; *Walfadrji* n° 3764 du 28 septembre : 10 ; *Le Quotidien* n° 529 du 27 septembre : 9.

Alissoutin, Rosnert Ludovic, 2005, « Deuils festifs », *Le Quotidien* n° 630 du 1er février : 9.

Alissoutin, Rosnert Ludovic, 2005, « Les cinq péchés de la démocratie sénégalaise », *Le Quotidien* n° 621 du 19 janvier : 9.

Alissoutin, Rosnert Ludovic, 2005, *Un silence criminel sur la mendicité, Walfadjri* n° 3846 du 9 janvier : 10 ; *Le Quotidien* n° 416 du 13 janvier : 9.

Allocution du Président de l'Association nationale des Conseillers ruraux à la Cérémonie d'Ouverture de l'Atelier de Réflexion sur la *Réforme de la fiscalité locale,* Dakar, les 7 et 8 février 2003.

Allot, Antony, 1998, « La terre, le droit et l'eau dans les pays anglophones d'Afrique », in Françoise et Gérard Conac (dir.), *La terre, l'eau et le droit en Afrique francophone, à Madagascar et à l'Ile Maurice,* Bruylant : AUPELF-UREF.

ANCR/AMS, 1998, *Élus, Populations en développement local : le partage du pouvoir?* Atelier Bilan de Dakar : 57.

Arrêté du 4 avril 1921, *Journal Officiel de l'Afrique Occidentale Française* de 1921 : 277-282.

Arrêté interministériel n° 010830 du 1er décembre 1993 fixant la nomenclature du budget des collectivités locales.

Aron, Raymond, 1972, *Études politiques,* Paris : Gallimard : 47.

Aaron, Raymond, 1992, *Études politiques,* Paris, Gallimard : 47.

Aubry, François-Xavier, 1992, *La décentralisation contre l'État (l'État semi-centralisé),* Paris : LGDJ.

Auby, Jean-Bernard, 1990, *Droit des collectivités locales,* Paris : PUF.

Bacoyanis, Constantinos, 1993, *Le principe constitutionnel de la libre administration des collectivités territoriales*, Paris : Economica.

Badie, B., 1994, *L'État importé, L'occidentalisation de l'ordre politique*, Paris : Fayard.

Bagolini, Luigi, 1995, *Justice et société*, Paris : Édition Bière.

Baguenard, Jacques, 1996, *La décentralisation*, Paris : PUF.

Balans, Jean-Louis, Coulon, Christian, Gastellu, Jean-Marc,1975, *Autonomie locale et intégration nationale au Sénégal*, Paris : Pédone : 30.

Banégas, R., 1988, « Marchandisation du vote, citoyenneté et consolidation démocratique au Bénin », *Politique africaine* n° 69, mars : 75-87.

Banque mondiale, 1998, *L'État dans un monde en mutation*, Rapport sur le Développement dans le monde en 1997 : 11.

Barrière, Olivier (dir.), 2004, *Foncier et désertification : quelle gestion patrimoniale ?* (Brochure), Institut de Recherches pour le Développement (IRD) : 4.

Bayard, Jean-François, 1999, *L'État en Afrique, la politique du ventre*, Paris : Fayard.

Beaudoux Étienne, 2000, *Accompagner les ruraux dans leurs projets*, Paris, L'Harmattan.

Bédoucha Geneviève, 2000, *L'irréductible rural*, Paris : Études rurales.

Bédoucha, Geneviève, 2003, *L'irréductible rural*, Études rurales, Paris : Éditions AHESS : 155.

Belloncle, G., 1985, *Participation paysanne et aménagements hydro-agricoles*, Paris, Karthala.

Bergson, Henri, 1907, *L'Évolution créatrice*, Paris : PUF : 12.

Biarez, Serges, 1983, « L'aménagement du territoire, quels enjeux ? », *RISA* n° 1 : 87.

Blanc Jacques, Remond Bruno, 1994, *Les collectivités locales*, Paris : Presses de Sciences Po et Dalloz.

Bleu, M., 1999, « Quand les cadres se transforment en leaders paysans pour capter les aides », *Grain de sel*, n° 13, novembre : 27.

Blum, Léon, 1898, Nouvelles conversations de Goethe avec Eckermann, Paris : Gallimard : 16.

Blundo, G., 2001, *La corruption comme mode de gouvernance locale : trois décennies de décentralisation au Sénégal*, Afrique Contemporaine N° 199, 3ᵉ trimestre : 106-118.

Bockel, Alain, 1979, « Les institutions administratives », in *Encyclopédie juridique de l'Afrique*, tome I, titre II :173.

Bockel, Alain, 1985, « La démocratie en Afrique ou l'importance de la démocratie locale », in *Mélanges à Pierre-François Gonidec, L'État africain Horizon 2000*, Paris : LGDJ.

Boileau, Nicolas, 2005, *Épître XI, à mon jardinier*, Poésie française, http://webset.fr/poesie/ France

Bomba, Célestin, 1998, *Le droit des ressources en eau dans certains pays sahéliens et semi-sahéliens d'Afrique*, Conférence Ouest africaine sur la gestion intégrée des ressources en eau Ouaga-dougou, 3-5 mars.

Bouju, J., 2000, *Clientélisme, corruption et gouvernance locale à Mopti (Mali)*, IRD.

Broutin, Cécile et al., 2003, *Transformer les céréales pour les nouveaux marchés urbains. Opportunités pour des petites entreprises en Afrique*, Paris : Agridoc, Gret , décembre : 15.

Cadasse, David, 2002, *De l'eau douce en pleine mer*, 11 juin, publié par Afrik.com le samedi 9 juillet 2005 sur le site : http://www.afrik.com/article4548.html

Cans, Roger, 2001, *La ruée vers l'eau*, Paris : Éd. Folio : 12.

Caswell, N, 1984, « Autopsie de l'ONCAD, la politique arachidière au Sénégal », *Politique africaine*, n° 14 : 66.

Chambers, Robert, 1974, *La gestion du développent rural*, Uppsala : Institut Scandinave des Études Africaines.

Chambers, Robert, 1990, *Développement rural, la pauvreté cachée*, Paris : Karthala.

Chapuisat, Jérôme, 1982, *Les libertés locales*, AJDA, mai.

Chastanet, Monique, 1998, *Plantes et paysages d'Afrique*, Paris, Karthala, cité par *Grain de sel* n° 10, juillet : 37.

Cissé, Babacar, et Sarr, Abibou, 2004, « Le secteur de la Microfinance dans les pays de l'UEMOA », *Magazine Microfinance et Développement*, n° 1 avril/juin : 15.

Cisse, M. D., Diouf, M. P., 2001, *Manuel de procédures de contrôles de légalité et budgétaire*, Dakar : PADDEL.

Clausel, Jean, 1996, « La décentralisation dans les pays d'Afrique subsaharienne », in *Décentralisation et expériences concrètes de modernisation de l'administration africaine*, colloque de l'Institut international d'administration publique (IIAP) et l'École nationale d'Administration de Tunis (ENA), 19-21 juin, Dossiers et Débats, Paris : IIAP : 12.

CODESRIA, Dakar, 1999, « L'état civil de l'État en Afrique. Conversation entre Mamadou Diouf, Harris Memêl Fotê et Achille Mbembe », *Bulletin du CODESRIA*, 1 et 2 : 45.

Cohen, Daniel, 1997, *Richesse du monde, pauvreté des nations*, Paris : Flammarion.

« Comment appuyer les organisations paysannes sans les instrumentaliser ? », 2004, Dossier sur l'Appui aux organisations paysannes, *Grain de sel*, n° 28, septembre : 23.

Commission Européenne, 1977, *La perception de la pauvreté en Europe*, Bruxelles.

Conac, Gérard, 1988, *Les politiques juridiques des États de l'Afrique francophone au lendemain des indépendances*, in *Mélanges à Gustave Peiser*, Grenoble : PUG.

Conac, Gérard, 1993, *L'Afrique en transition vers la démocratie*, Paris : Economica.

Conseil national du Parti socialiste du Sénégal, 1989, *Rapport sur La politique de décentralisation et de développement des collectivités locales*, Dakar, 29 juillet : 3.

Coquery-Vidrovitch, C., 1982, « Le régime foncier rural en Afrique noire », in Le Bris, Le Roy Leimdorfer, *Enjeux fonciers en Afrique noire*, Paris : Karthala : 67.

Coulibaly, Cheibane, 1998, *Problématique foncière et gestion des conflits en Afrique noire*, Bamako : Le Cauris.

Crinot, Lazare, 1998, « L'accès à la terre et à l'eau en milieu rural, le contexte juridique en vigueur au Bénin » in Françoise et Gérard Conac (dir.), *La terre, l'eau et le droit en Afrique, à Madagascar et à l'Ile Maurice*, Bruylant / AUPELF – UREF : 100-101

« Crise (La) de l'eau, un problème mondial », 1997, *Revue Réveillez-vous*, édition du 22 août : 8.

Crosier, M., Friedberg, E., 1977, *L'Acteur et le Système*, Paris : Le Seuil.

Danda Mahamadou, 1996/1997, Une décentralisation importée ? Genèse des réformes décentralisatrices au Niger, Mémoire de DEA, IEP/Université Bordeaux IV : 70.

Dakhmouche, Larbi, 2001, « La productivité des services publics locaux », in Ferguène, Améziane (ed.), *Gouvernance locale et développement territorial. Le cas des pays du Sud*, Paris : L'Harmattan : 187.

Darbon, Dominique, Gaudusson, Jean du Bois de, 1997, *La création du droit en Afrique*, Paris : Karthala.

169

Debris, Thierry (dir.), 1997, *Rapport de l'Étude de faisabilité du Projet d'Appui à la Décentralisation et au Développement Local*, Région de Fatick, AFVP, août.

Décret n° 66-510 du 4 juillet 1966, *JORS* du 23 juillet 1966 : 891-900.

Décret n° 72-1288 du 27 octobre 1972, *JORS* du 18 novembre 1972 : 1894, modifié par le décret n° 80-1051 du 14 octobre 1980, *JORS* du 11 janvier 1980 : 1298, modifié par le décret n° 86-445 du 10 avril 1986, *JORS* du 10 mai 1986 : 198.

Décret n° 72-1390 du 4 décembre 1972 modifié, JORS n° 4267 du 23 décembre 1972, pp. 2106-2108.

Décret n° 96-228 du 22 mars 1996 modifiant le décret n° 72-636 du 29 mai 1972 relatif aux attributions des chefs de circonscription administrative et des chefs de village, *JORS* n° 5689 du 20 mai 1996 : 244-245.

Décret n° 96-1135 du 27 décembre 1996 portant application de la loi de transfert de compétences aux régions, aux communes et communautés rurales en matière de santé et d'action sociale.

Demante, Marie-Jo, 1998, « Développement local et décentralisation, des relations ambiguës », *Grain de sel* n° 10, juillet : 32.

Descartes, René, 1637, *Discours de la méthode*, Paris, Bordas.

Desmoulins, Camille, 1792, *Jacobins*, 15 décembre.

DGL-Félo (Décentralisation et bonne Gouvernance Locale), 2002, *Note sur l'organisation et le fonctionnement de l'état civil*, préparée au titre du contrat 685-C-00-00-000037-00 avec l'USAID-Sénégal, juin.

Diagne, Mayacine, 2003, *Droit administratif local*, cours polycopié, Université Gaston Berger de Saint-Louis.

Diakité, Amadou Omar, 1998, « Les droits de la terre et de l'eau dans la plaine de Boghé », in Françoise et Gérard Conac (dir.), *La Terre, l'eau et le Droit en Afrique, à Madagascar et à l'Ile Maurice*, Bruylant/AUPELF-UREF : 399.

Dièye, Abdoulaye, 2004, *Domanialité nationale et développement, l'exemple du Sénégal*, Thèse, Doctorat d'État en Droit, soutenue publiquement le 24 juin, Université Cheikh Anta Diop de Dakar : 204.

Diop, Abdoulaye Bara, 1981, *La Société wolof*, Paris : Karthala.

Diop, Djibril, 2005, « Décentralisation pour ou contre le développement local ? », *Le Quotidien* du 29 mars : 9.

Diop, Serigne, 1998, « Exposé d'ensemble sur la question des droits de la terre et de l'eau au Sénégal », in Françoise et Gérard Conac (dir.), *La terre, l'eau et le droit en Afrique, à Madagascar et à l'Ile Maurice*, Bruylant/AUPELF-UREF : 543.

Diouf, Makhtar, 1998, *Sénégal, les ethnies et la nation*, Dakar : NEAS : 124.

Diouf, Mamadou, 2005, *Le financement du développement local*, communication à l'atelier national RADI/Diakonia sur la décentralisation au Sénégal, tenu à Thiès, les 25 et 26 mai.

Diouf, Souleymane 2000, *Le crédit, une arme à double tranchant pour les paysans*, interview réalisée par Christine Jallais, Grain de sel N° 16, novembre 2000, p. 17.

Direction des Collectivités locales, 2002, *Compte rendu de la réunion en formation restreinte du Comité national de Développement des Collectivités locales de l'année 2003*, Dakar, 31 décembre.

Dissou, Machioudi, 1992, L'accès à la terre et à l'eau en milieu rural : le contexte juridique en vigueur au Bénin, séminaire de Kénitra, juin.

Draï, Raphael, 1998, *Création, constitution du genre humain et la répartition de l'eau : approche de l'Éthique et du droit biblique*, Congrès international de Kaslick, Liban : 18-20.

Dubresson, Alain, Raison, Jean Pierre, 1998, *L'Afrique subsaharienne, une géographie du changement*, Paris : Armand Colin : 10.

Duby, Guy, 1985, *Histoire de la vie privée*, Paris : le Seuil.

Dufumier, Marc, 1996, *Les projets de développement agricole*, Paris : Karthala. Propos repris par *Grain de sel* n° 5, mars 1997, p. 7.

Dufumier, Marc, 2004, *Agriculture et paysannerie des tiers mondes*, Paris, Karthala, 600 p.

Dumont, René, 1962, *L'Afrique noire est mal partie*, Paris : Le Seuil.

Dupre, Georges (dir.), 1991, *Savoirs paysans et développement*, Paris : Karthala.

Eisenmann, Charles, 1948, *Centralisation et décentralisation, esquisse d'une théorie générale*, Paris : LGDJ.

ENDA-Graf Sahel, 1999, *Pauvreté, décentralisation et changement social. Éléments pour la reconstruction d'une société politique*, Dakar : Enda, septembre.

Enseignements et apports de l'étude pilote sur les Politiques, Institutions et Processus dans le cadre de la lutte contre la pauvreté des communautés de pêche au Sénégal, Bulletin N° 10 du PMEDP, 2003.

Etounga-Manguelle, Daniel, 1991, *L'Afrique a-t-elle besoin d'un programme d'ajustement culturel ?*, Paris : Éditions Nouvelles du Sud : 21.

Fanon, Frantz, 1918, *Les damnés de la terre*, Paris : Maspéro : 25.

« Faut-il brûler les ONG ?, analyses et interviews », *Walfadjri* n° 3873 du 11 février 2005 : 6.

Ferguène, Améziane (ed.), 2001, *Gouvernance locale et développement territorial. Le cas des pays du Sud*, Paris : L'Harmattan : 12.

FNPJ, 2003, Document de préparation de l'étude de faisabilité du Projet de promotion des Cabinets de Consultants Juniors : 2.

Fumey, Gilles, 1997, *L'Agriculture dans la nouvelle économie mondiale*, Paris : PUF, Collection Major.

Gagon, Gérard, 2002, *Le financement du développement local, un état des lieux en Afrique de l'Ouest*, Cotonou, PDM/Club du Sahel.

Gaudusson, Jean du Bois, 1990, « La décentralisation en Afrique, nouvelles perspectives », in *Encyclopédiae Universalis*, Symposium, 1990.

Gazes, Georges, 1992, *Tourisme et Tiers Monde, un bilan controversé*, Paris : L'Harmattan.

Gellar, Sheldon, 1997, *The Political Climate and Will in Senegal for Political and Economic Reform*, Final Report, prepared for USAID/Senegal.

Gentil, Dominique, Fournier, Yves, 1993, *Les paysans peuvent-ils être des banquiers ?* Paris : Éditions Syros, Collection Ateliers du Développement.

GREF/UNICEF/Service civique national-UNICEF, 2000, *Rapport du stage des volontaires de l'Initiative pour le développement local*, Communauté rurale de Diass, mai, 44 p.

Gide, André, 1935, *Nouvelles Nourritures*, Livre IV, Paris, Editions Gallimard : 15.

Gomis, Souleymane, 2003, *La relation famille-école au Sénégal*, Paris, l'Harmattan : 112.

Grémion, Catherine, 1992, *Quelles méthodes pour évaluer la décentralisation ?*, in AJDA, numéro spécial, 20 avril : 115.

Groupement COWI-Polyconsul, 1999, *Étude des modes d'organisation et des lois en matière de gestion des ressources en eau*, Projet Sectoriel Eau, avril.

Gruber, Annie, 1996 *La décentralisation et les institutions administratives*, Paris : Armand Colin.

Gueneau, Marie-Christine, Lecompte, Bernard J., 1998, *Sahel : les paysans dans les marigots de l'aide*, Paris : L'Harmattan : 275 p., ouvrage résumé par Gérard Winter dans *Grain de Sel* n° 10, juillet 1998 : 30-31.

Guèye, Mamadou Bara, Tall, Serigne Mansour, 2003, *Les Conventions locales au Sahel, un outil de co-gouvernance des ressources naturelles,Dakar :* IIED Sahel, novembre : 5.

Guèye, Mamadou Bara et Tall, Serigne Mansour, 2001, *La ville et le milieu rural contigu. Décentralisation, mutations foncières et devenir des terroirs proches des villes de Mbour et Thiès (Sénégal)*, Dakar : IIED.

Guèye, Sémou Pathé, 1998, « La mondialisation, l'Afrique et les perspectives de la libération humaine », in *L'Afrique face aux défis de la mondialisation*, Dakar : Démocraties africaines, IAD, mars : 23.

GTZ (Coopération allemande), 2000, *La prise de décision dans la société communautaire*, Étude réalisée par le Groupe de Recherche, d'Études et de Formation, Kaolack.

GTZ/GREF, 1998, *La prise de décision dans la société communautaire*, Kaolack, décembre : 15.

Hama, Boubou, 1972, *Le retard de l'Afrique*, Paris : Présence africaine.

Hann, Ibrahima, 2005, « Le manteau clair-obscur des acteurs du développement », *Walfadjri* n° 3878 du 11 février : 6.

Hardy, Yves, 1997, « *Le partage de l'eau, enjeu du prochain millénaire* », *Grain de sel* n° 6, p. 5.

Hatch, John K., 1976, The Corn Farmers of Motupe : a study of Traditional Farming Practices in Northern Coastal Peru, Land Tenure Center, University of Winsconsin-Madison : 6-7.

Herzog, P., 1982, *L'économie à bras le corps*, Paris : Éditions sociales : 310.

Hesseling, G., 1985, *Histoire politique du Sénégal*, Paris, Karthala.

Houée, Paul, 2001, *Le développement local au défi de la mondialisation*, Paris : L'Harmattan.

Hugon, Philippe, 2003, *Les économies en développement à l'heure de la régionalisation*, Paris, Karthala.

Hyden, Goran, 1999, *Governance and democratisation in West Africa*, Dakar : CODESRIA.

IFDEC-UNADEL, 1999, *Déclaration finale des Rencontres mondiales du Développement local*, Sherbrooke, Canada.

Jaffré, Bruno, 1997, *Thomas Sankara*, Paris : L'Harmattan : 27.

Jaglin, Sylvy, Dubresson, Alain (dir.), 1993, *Pouvoirs et cités d'Afrique noire*, Paris : Karthala.

Jouffroy, Théodore, 1843, *Cours d'esthétique*, Paris : L. Hachette : 25.

Kabou, Axelle, 1999, *Et si l'Afrique refusait le développement ?*, Paris : L'Harmattan.

Kamto, Maurice, et Bomba, Celestin, 1998, *Le Droit des Ressources en Eau dans certains pays sahéliens et semi-sahéliens d'Afrique de l'Ouest*, Conférence ouest africaine sur la Gestion intégrée des Ressources en Eau, Ouagadougou, 3-5 mars.

Kanté, Babacar, 2001, *Fédéralisme, décentralisation et «good governance » dans les sociétés pluriculturelles*, Cours d'Université d'été à l'Institut du Fédéralisme de Fribourg, Suisse, session 2001.

Kassé, Moustapha, *L'État, le technicien et le banquier face aux défis du monde rural*, Dakar : Nouvelles Éditions Africaines, 1997.

Kouassigan, G., 1982, « Objet et évolution des droits fonciers coutumiers », *Encyclopédie juridique de l'Afrique*, Tome V, Dakar : Nouvelles Editions Africaines.

Labie, François, 1995, *Finances locales*, Paris, Dalloz.

Lachelier, Jules, 1872, *Lettre à Victor Espinas* (Recueil de lettres), février.

Laurent, Pierre-Joseph, 1995, *Les pouvoirs politiques locaux au Burkina Faso,* Rapport d'études, avril : 14.

Lavigne-Delville, Philippe, 1998, *Quelles politiques foncières pour l'Afrique rurale ?* Paris : Karthala.

Lavigne-Delville, Philippe, 2003, « La sécurisation foncière est aussi une question de citoyenneté », *Grain de sel* n° 24, Paris, octobre : 4-5.

Lavigne-Delville, Philippe, Mathieu, M. et Sellama, N., 2000, *Les enquêtes participatives en débat : ambitions, pratiques, enjeux,* Paris : Coédition Gret/Karthala/Icra, ouvrage résumé par Philippe Lavigne-Delville dans *Grain de sel* n° 17, avril 2001, p. 26.

Lavigne-Delville, Philippe, Villeval, Philippe, 2004, *Capitalisation des expériences... Expériences de* capitalisation, Paris, CRET.

Lebot, Médard, Pesche, Denis, 1998, *Campagnes en mouvement,* Paris : Édition Charles Léopold Mayer et Inter-Réseaux, 121 p.

Lemarchand, René, 1998, «La Face Cachée de la Décentralisation : Réseaux, Clientèles et Capital Social», *Le Bulletin de l'APAD,* n° 16, *Décentralisation, pouvoirs sociaux et réseaux sociaux,* [En ligne]. URL : http://apad.revues.org/document522.html.

Le Roy, Étienne, 1990, *Le Justiciable africain et la redécouverte d'une voie négociée de règlement des conflits,* Afrique Contemporaine, vol. 156, n° 4, pp. 111-120.

Lewino, Frédéric, 2005, *La mer à boire, Le Point* du 24 février : 58.

Lévis, Duc de, 2005, *Maximes, préceptes et réflexions* (Avant-propos). (http://www.even.fr)

Lhopitallier, Laurent, 2005, « Changez de lunettes ! 10 erreurs de perception à éviter *», Grain de sel* n° 21 : 28 (D'après Le Guide pratique des consultants, Centre suisse de vulgarisation agricole, Lindau).

Loi n° 60 -14 du 13 janvier 1960, *JORS* n° 3355 du 29 janvier 1960 : 74-75.

Loi n° 64-46 du 17 juin 1964 sur le domaine national, *JORS* n° 3292 du 11 juillet 1964 : 905 et 906.

Loi n° 66-64 du 30 juin 1966 portant Code de l'Administration communale, *JORS* n° 3832 du 30 juin 1966 : 2106 et s.

Loi n° 72-25 du 19 avril 1972 relative aux communautés rurales, *JORS* n° 4224 du 13 mai 1972 : 755-763.

Loi n°72-59 du 12 juin 1972

Loi n° 72-61 du 12 juin 1961 portant code de la famille, modifiée, *JORS* 1972.

Loi n° 76-66 du 28 juillet 1966, *JORS* n° 4506 du 28 septembre 19976 : 1110 à 1117.

Loi n° 81-13 du 4 mars 1981, *JORS* n° 4828 du 11 avril 1981 : 411 à 418.

Loi n° 84-37 du 11 mai 1984, *JORS* du 28 mai 1984 : 319 – 321.

Loi n° 90-35 du 8 octobre 1990, *JORS* n° 5372 du 13 octobre 1990.

Loi n°90-37 du 08 octobre 1990, modifiant la loi 72-25 du 19 avril 1972 relative aux communautés rurales, *JORS* n° 5372 du 13 octobre 1990 : 477-479.

Loi n° 96-06 du 22 mars 1996, *JORS* n° 5689 du 20 mai 1996 : 194-227.

Loi n° 96-07 du 22 mars 1996, *JORS* n° 5689 du 20 mai 1996 : 228-235.

Loi/ 96/ADP du 26 mai 1996 (Burkina Faso).

Loi 2004-16 du 4 juin 2004.

Lund, Christian, 1997, *Les conflits fonciers et le droit étatique, communautaire et local au Burkina Faso,* Londres : IIED, Dossier n° 70, mai.

Mabileau, A. (dir.), 1993, *A la recherche du local,* Paris : L'Harmattan.

Mana, Kä, 1993, *L'Afrique va-t-elle mourir ?,* Paris : Karthala.

Marx, Karl, 1942, *Marx's Thesis on Feuerbach* (jotted down in Brussels in the spring of 1945), in *Karl Marx Selected Works,* vol. 1, London : Lawrence and Wishart Limited : 473, cité par Robert Chambers, op. cit. : 229.

Mazoyer, Marcel, Roudart, Laurence, 1997, *Histoire des Agricultures du monde,* Paris : Le Seuil : 54.

Mazoyer, Marcel, Roudart, Laurence, 1997, *Histoire des Agricultures du monde,* Paris : Le Seuil : 529 p..

Mathieu, François, 1990, *Les fondements de la crise économique en Afrique,* Paris : l'Harmattan : 15.

Mbembe, Achille, 2000, *De la postcolonie,* Paris : Karthala.

Mbembe, Achille, 1985, *Les jeunes et l'ordre politique en Afrique noire,* Paris : L'Harmattan.

McNamara, R. S., 1991, *La crise de développement de l'Afrique : stagnation agricole, explosion démographique et dégradation de l'environnement,* Washington : Coalition mondiale pour l'Afrique : 95 p..

McNamara, R. S., 1991, *La crise de développement de l'Afrique : stagnation agricole, explosion démographique et dégradation de l'environnement,* Washington : Coalition mondiale pour l'Afrique : 90.

Mercoiret, Jacques, 2003, « Un exemple de rapprochement des acteurs en zone rural à l'échelle d'un département : le cas de Mbour, au Sénégal », in Marc Totte, Tarik Dahou, René Billaz, *La décentralisation en Afrique de l'Ouest,* Paris : COTA-Karthala-ENDA GRAF : 219.

Ministère de l'Agriculture/Groupe de Réflexion stratégique, 1997, *Étude sur la fiscalité locale, Document de synthèse, Rapport final,* SADA Consulting-ACDI, Dakar.

Moderne, Franck (dir.), 1983, *La nouvelle décentralisation,* Paris : Sirey.

Mongo Béti, Tobner, Odile, 1989, *Dictionnaire de la négritude,* Paris : L'Hamattan : 35.

Musset, Alfred de, 1844, *Pierre et Camille,* ch. 2 (Nouvelle).

Nach Mback, Charles, 2001, *Démocratisation et décentralisation, genèse et dynamiques comparées des processus de décentralisation en Afrique Subsaharienne,* Paris : Karthala : 530.

Nach Mback, Charles, 2001, Démocratisation et décentralisation, genèse et dynamiques comparées des processus de décentralisation en Afrique subsaharienne, Paris : Karthala : 259.

Najim, Annie et Vedelago, François, 2001, *L'agent de développement local : Émergence et consolidation d'un profil professionnel,* Paris : UNESCO, Éditions la Lauze : 12.

Napoléon Bonaparte, 1812, *L'Empereur aux députés de la Confédération de Pologne,* Vilna,.

Napoléon III, 1844, *L'extinction du paupérisme,* ch. 5.

Ndao, Thierno Birahim, 2005, « Comprendre les enjeux et les techniques de la coopération décentralisée », *Le Quotidien* du 28 mars : 9.

Ndiaye, Aminata et Friedman, Joanna, 2005, *La microfinance au Sénégal à l'heure du bilan, Walfadjri* n° 3994 du 9 juillet, p. 10.

Ndiaye, Aïssata, 1998, « Crise des valeurs républicaines et citoyenneté », *Démocraties Africaines* n°13, mars : 58.

Ndione, Cheikh Mbacké, 2005, « De la modernisation de l'élevage au Sénégal », *Walfadjri* n° 3992 du 7 juillet : 10.

Ndoye Sène, Arame, 2001, *le produit de la fiscalité locale des régions de Dakar, Diourbel, Saint-Louis et Tambacounda pour la période allant de 1997 à 1999,* manuel rédigé dans le cadre du PADDEL, financé par la Coopération française, Dakar : . 87.

Ndoye Sène, Arame, 2002, *Repères fondamentaux de la comptabilité publique locale*, Dakar : PADDEL : 11 (manuel rédigé et publié dans le cadre du PADDEL financé par la coopération française).

Njoya, Jean, 1994, *Le pouvoir traditionnel en pays Bamou : essai sur la parenté gouvernante*, Thèse, Université de Yaoundé II : 200.

Ogondjo Okawe, Jean Louis, 1985, « L'État africain, un État hybride, néocolonial », in *Mélanges à Pierre François Gonidec, l'État africain, horizon 2000*, Paris : LGDJ : 56.

Ogunseye, Boladji, 1997, *Le secteur bénévole et le développement durable en Afrique : les problématiques des ONG*, Londres : IIED, Série des dossiers sur les ONG, n° 1 : 16.

Olivier de Sardan, J. P., 1995, *Anthropologie et développement*, Paris : APAD-Karthala.

ONU, 1964, *Décentralisation en vue du développement national et local*, New York.

Ortoli, Philippe, 1997, « Un sommet à Washington, une grande messe pour le micro-crédit », *Grain de sel*, n° 5, mars, p. 5.

Pacaud, Thierry, 1995, *Quelques réflexions sur les systèmes d'information sur l'évaluation de l'analyse et le suivi de la pauvreté dans les pays en voie de développement*, in GTZ, *L'expérience de six pays africains dans le domaine des analyses de la pauvreté*, documentation d'un séminaire-atelier, Eschborn, octobre : 119 p.

Parmentier, Jean, 2003, « Littoral capricieux : Quand le droit peine à suivre la nature », *Revue Géomètre*, n°3 Paris, mars : 5.

Partenariat pour le Développement municipal (PDM de Cotonou), 2003, *L'état de la décentralisation en Afrique en 2003*, Paris : Karthala, novembre.

Pech, Thierry, 2004, *Les multinationales du cœur, les ONG, la politique et le marché*, Paris : Le Seuil : 25.

Pecqueur, Bernard, 2001, « Gouvernance et régulation : un retour sur la nature du territoire », Revue *Géographie, Économie et Société*, n° 2-3.

Péneau, Bernard, 2002, « *Peut-on faire de la gestion sans comptabilité ?* », *Grain de sel* n° 20, Paris, avril : 15.

Perroux, François, l'Économie du vingtième siècle, Paris, PUG : 25.

Plan d'Action pour l'Élevage, Ministère du Développement rural, juin 1988.

Plessis, Alain, 1997, « Un socialiste au pouvoir ? », *L'Histoire*, n° 211, juin : 5.

PNUD, 2001, *Rapport national sur le développement humain au Sénégal* : 39, 41.

PNUD, 2003, *Défis et Priorités de la Politique de l'Eau en Afrique*, Conférence panafricaine de partenariat et de mise en œuvre sur l'eau, Addis-abeba, 8-12 décembre.

Poincaré, Jules Henri, 1991, *Dernières pensées, Appendice III*, cité par Marc Julia dans *Point de vue mensuel pour la science*, n° 159, janvier : 5.

Pontier, Jean-Marie, 1978, *L'État et les collectivités locales, la répartition des compétences*, Paris : LGDJ.

Prats, Yves, 1976, *Décentralisation et développement*, Paris : Cujas : 262 p.

Prats, Yves, 1976, *Décentralisation et développement*, Paris : Cujas : 16.

Prats, Yves, Leroy, Etienne, 1979, « Les chefferies traditionnelles et l'administration locale dans les législations contemporaines dans les États d'Afrique noire francophone et à Madagascar », in Gérard Conac (dir.), *Les institutions administratives des États d'Afrique noire francophone*, Paris : Economica : 147.

Programme Bassin arachidier (Coopération allemande), 2003, Situation de référence des conseils ruraux et régionaux des régions de Kaolack et Fatick (Composition par âge, sexe, profession, parti politique), étude réalisée par le Groupe de Recherche, d'Études et de Formation en juillet-août.

Quin, Claude, 1997, « Assujettis, quelle modernisation des services publics ? », in *Les usagers au cœur des réformes*, Paris : La Découverte/Syros : 342.

RADI/Diakonia, 2005, Problématique de la mise en œuvre de la décentralisation dans les collectivités locales, p. 6.

Rist, Gilbert, 1996, *Développement, Histoire d'une croyance occidentale*, Paris : Presses de Sciences Politiques, cité par *Grain de Sel* n° 7, octobre 1997 : 7.

Robert, Anne-Cécile, 2004, *L'Afrique au secours de l'Occident*, Paris : Éditions de l'Atelier : 18.

Rochegude, Alain, 2000, *Décentralisation, acteurs locaux et foncier, mise en perspective des textes sur la décentralisation et le foncier en Afrique de l'Ouest et du Centre*, PDM/Coopération française, Cotonou.

Rousseau, Jean-Jacques, 1750, *Discours sur les sciences et les arts* (Première partie), Académie de Dijon.

Rousset, Michel, 1998, *L'action internationale des collectivités locales*, Paris : LGDJ : 25.

Roux, André, 1995, *Droit constitutionnel local*, Paris : Economica.

Sadran, Pierre, 1992, « Démocratie locale et décentralisation », in *Mélanges à Jean-Marie Auby*, Paris : Dalloz,.

Samb, M., 2003, « Enseignements et apports de l'étude pilote sur les Politiques, Institutions et Processus dans le cadre de la lutte contre la pauvreté des communautés de pêche au Sénégal », *Bulletin du PMEDP*, n° 10. (M. Samb, est Directeur de l'Aménagement du territoire et membre de l'UICN).

Sanogo, Tinougou, 1998, « Droits de la terre et de l'eau dans les zones irriguées du Mali », in Françoise et Gérard Conac (dir.), *La terre, l'eau et le droit en Afrique, à Madagascar et à l'Ile Maurice*, Bruylant-AUPELF-UREF : 251-252.

Sartre, Jean-Paul, 1983 , *L'Être et le Néant*, Paris : Gallimard.

Sawadogo, Raogo Antoine, 2001, *L'État africain face à la décentralisation*, Paris : Karthala : 278 p.

Sawadogo, Raogo Antoine, 2003, « État, pouvoir et citoyenneté en Afrique », in Marc Totté, Tarik Dahou et René Billaz (dir.), *La décentralisation en Afrique de l'Ouest*, Paris : COTA-Karthala-ENDA GRAF : 88.

Seck, Cheikh Yérim, 2000, *Afrique : le spectre de l'échec*, Paris, l'Harmattan, p. 129.

Sénégal, Ministère chargé des Collectivités locales, Conseil national de Développement des Collectivités locales, 2003, *Fonds de dotation de la décentralisation, évolution 1997-2003*, Dakar, novembre.

Sizoo, Edith, 2004, « La vie multiculturelle de quartier, dynamite ou dynamique ? » Extrait de la *Revue Cultures et Développement* du Réseau cultures, Bruxelles : 10.

Smith, Stephan, 2003, *Négrologie : Pourquoi l'Afrique se meurt*, Paris, Calmann-Lévy : 15.

Sonko, André, 1989, *Rapport sur la politique de décentralisation et de développement des collectivités locales, op. cit.* : 11.

Sow Sidibé, Amsatou, 1997, « La loi et le projet de réforme », *Revue CES* n° 2, février-mars : 63.

Srinivas, M. N., Shah, A. M., Ramaswany, E. A., 1979, *The Fieldworker and the Field: problems and challenges in sociological investigations*, Delhi, Bombay, Calcutta, Madras : Oxford University Press.

Sy, Demba, 1997, « Le développement local à l'heure des réformes », *Gouvernance locale*, n° 4, Dakar : 10-17.

Thedieck, Franz (Modérateur), 2001, *Atelier Régional sur la Décentralisation en Afrique Franco-phone*, GTZ-CREDO, Abidjan, 3-7 septembre, Rapport de l'atelier, p. 8.

Thioubou, Aïssatou, 2002, « Femmes et utilisation des ressources naturelles au Sahel », *Les Pénéloppes*, mai.

Totté, Marc, Dahou, Tarik Billaz, René, 2003, *La décentralisation en Afrique de l'Ouest*, Paris : COTA-Karthala-ENDA GRAF : 11 (Introduction).

Touré, Oussouby, 1997, *Espace pastoral et dynamiques foncières au Sénégal*, Londres : IIED, Programmes Zones Arides, n° 9, Londres : 1.

Traoré, Samba, 1991, *Les systèmes fonciers de la vallée du Sénégal*, Thèse, Université Gaston Berger de Saint-Louis.

Trudel, Jonathan, 2004, « Le Tsunami, lendemains de catastrophe », Revue *L'Actualité*, vol. 30, n° 2 : 16.

Venard, Jean-Louis, 1993, « Bailleurs de fonds et développement local », in Sylvie Jaglin, Alain Dubresson (dir.), *Pouvoirs et cités d'Afrique noire, Décentralisations en questions*, Paris, Karthala : 25

Wampler, Betty, 1997, « Le micro crédit n'est pas la panacée », *Grain de sel*, n° 6, Paris, juillet : 26.

Winter, Gérard, 2002, *L'impatience des pauvres*, Paris : PUF, ouvrage résumé dans *Grain de sel* n° 21, août 2002 : 29.

World Bank, 1989, *Sub-Saharan Africa from crisis to sustainable growth. A long term perspective study*, November.

Yacoub, Joseph, 1998, *Les minorités dans le monde*, Paris, Éditions Desclée de Bouwer, 928 p.

Yunnus, Muhammad, 1997, *Vers un monde sans pauvreté*, Paris, Éditions JC Lattès, 345 p.

Yunus, Muhammad, 1997, *Vers un monde sans pauvreté*, Paris : Éditions JC Lattès : 56.

www.ingramcontent.com/pod-product-compliance
Lightning Source LLC
Chambersburg PA
CBHW021906020426
42334CB00013B/505